U0506744

中华『法之道』

比较、融通与转化

费小兵 著

上海古籍出版社

重庆市教委人文社会科学项目（21SKGH074）

重庆市人文社会科学基地项目（2018SKJD04）

重庆邮电大学人才引进基金项目（K2017-04）

序　一

不少学者认为，以古代中国的法律制度为基础的中华法系消亡了；另有学者认为中华法系的发展从未中断，且并未消亡；亦有学者认为仅复兴中华法系中的优秀基因即可，而不须复兴旧的法律制度。

费小兵副教授所撰《中华"法之道"：比较、融通与转化》就此追问：中华法系消亡了，可否涅槃重生？可否在汲取传统哲思与人类文明成果的基础上凤凰涅槃？围绕此问题，她通过挖掘、锤炼、思辨、比较、综合、创新，努力将传统思想智慧进行现代转化，融入法治精神中。

一般认为，中华法系传统文化的基因就是以宗法等级为特征的儒家制度，但费小兵的问题意识是：在中华法系传统文化中没有平等、自由的文化基因和"是"的法哲学吗？能否超越现代性的无根困境，又不回到前现代的道德强制主义？她认为，中华法的哲学观中的道家、佛家的潜含有"是"的本性论和平等、自由的文化基因，可以沟通道与西方的自然法，从而可能创造性转换"法之道"为现代的法治精神。其写作鹄的是在直面现代性危机背景下，重塑在终极上追求纯粹良知的法治精神与法律理想图景（当然终极并不意味着现实当中每一部法律都有那么高的要求）。其理想图景是：人皆自由而有德性，民主而无群氓，以向善德性、光明无私、自由自在为风向。

关键是，道佛两家在哲学上更显形而上学之妙，故该作品以道、佛为特色，虽然其以比较道佛儒三家"法之道"切入。这有助于自觉、自主开显既自生自发又偕时俱进的中华现代法哲学。

作者比较发现，道、佛、儒之"道"字意蕴有区别：致思重点上，道家更多关注历史起源视角的、名之为"无"的本体，此"无"是可证其存在但不可言说的开端，如《老子》言"有生于无"，从而人可效法全然存在，忘我而证立逍遥自由。佛家强调从遮诠法、否定式视角上，直观发现现象的本质即超现象的本体，但本体非实体，强名曰本体；佛学恰要破"我执""自我意识"（心），是心行灭处、非彼岸、无自性、无实体的本体，如《心经》"色即是空"，在此空性意义上证立众生平等。孔、孟更关注仁、诚、良知，以沟通人天，性与天道虽不可说，但宋明理学、心学、近现代熊十力等新儒家把佛理转化为实体观之上的体用不二说。古往今来不少学者只看到三家之"道"字意涵相似之处，没有发掘其意蕴不同之处，这是作者学习佛学后的进步。

但作者认为，道佛儒三家"法之道"虽有区别，但也有相通约义素，这就构成中华法哲学本体论的特质。首先，三家的相通约义素是内在超越的本体观，即皆重视悟道（只是三家路径有区别），那么，三家皆倾向于本体与现象非二元，本体就存在于现象中。只是在本体论上的差异在于，佛家认为本体与现象非两个东西，本体与现象皆无实体；而道家认为道人本一，儒家认为天人合一。

其次，三家思维方向上也有相通约义素：皆倾向于无名即超越逻辑的灵性直观；皆倾向于超越我，如佛家的无我、道家的忘我、儒家的毋我，皆是心性修养；皆倾向于无为，即心灵的内在超越，以期超越妄念、虚伪、造作、假想法则（三家对无为的要求程度不同）；三家皆认为人可有超越我或我执的觉知，这是三家相似的右脑思维模式。总之，三家皆认可人在内在超越时的良知源于道；人之潜能中的纯粹良知遇到事物时，有一种来自良知的判断力。所以，三家之相通约义素就构成中华"法之道"的特质。

接下来,作者由三家相通约义素启迪出中华"法之道"的内涵。三家皆有中道之说,"悟道"皆被称为"见性",故"道"与"本性"在此意涵上互摄。作者从佛学中的"本性"词源切入理解中华"法之道"。"本性"是内涵"是"(绝对存在、本体)的哲学,不过其是无实体的本体。因为"本性"的梵文是"buddha-dhātu",其词根之一dhātu 是"是、界、绝对存在、真如",另一词根 bu(或 bhu)是"相对存在",两个词根合起来是"绝对存在与相对存在的不二中道",即本性无实体,是现象自身的、非一非异的、非空非有的本体,故其中有"是"的本体论哲学。但此本体不比附现实自然之天,或人格化、或非人格化的天,因为其非实体,不能用任何可言说或心理想象之物代替。

作者深入阐释"法之道"的内涵:本性未离开现象,因此是现象中众生的崇高本质,非实体有,亦非空的本性与知善知恶之良知,二者是体用不二的;人可能打破"自我意识"的幽禁,从而在超越"我"时的本性呈现超善恶的本觉,人在本觉状态下自然呈露出的后得智是纯粹良知,应对事物时是一种判断力,能够直观判断是非而形成善恶法则,即可名为"法之道""本性法"或曰"中国自然法"。其推衍逻辑是:体用不二之本体=无遮蔽的本性→后得智→纯粹良知→"法之道"。

作者还进一步推衍,中道"本性"启迪出"法之道"的三层推理结构:1. 通过无执之现象,发现现象中没有固定的实体,启迪出"法之道"的内容即"法之理"是可变的、因时制宜的;2. 通过无实体之本体,启迪出现象中"法之道"的本体性不变,但其超越性决定了现象界那些执迷我相的个体(如天子)不能代表超越的、无我执的、纯粹良知的、无为的"法之道";3. 中道观下的"法之道"是可变与不变统一的法精神。

在此基础上作者反思中华"法之道"从古向今的理念转型,并反思、继承、借鉴梁启超等近代学人的转型词汇与理念。首先，梁启超在《中国法理学发达史论》中同时用"自然法""性法"代替"道"，其论证"性法"时是从禅学入手论证众生之平等的普遍本性，与其儒家自然法的尊卑观自相矛盾；但在辛亥革命后，梁启超认为佛家优于儒家，佛家的自由观可挽救时弊，并赞同民主精神、主权在民。其次，谭嗣同之《仁学》，是以佛家华严学为逻辑线索，写作现代宪法精神。但他理解有"一个"灵魂，因而是实体观。最后，作者梳理了熊十力《新唯识论》关于"本性""本体"等词汇之混用，并继承其体用不二的本体之名。

　　总之，作者去其帝制时代糟粕、流传至今之陋习，将重点放在反思近代学人的"性法""自然法""本性"等概念上，逐渐恢复了源于佛学、道家的自由、平等的思想，这些思想有助于国人接纳现代思想，因而她在反思理解"法之道"的近代转型心路过程中就暗含了现代转化。

　　但作者认为，尚需与西方的自然法精神进行纵深比较，才能进一步提升近代转型的心路症结。《弥兰陀王问经》中记录的是作为西北部印度国王的希腊人弥兰陀王与那先比丘的对话，作者发现，该经呈现了那先比丘的佛学之"道"与弥兰陀王思想中的古希腊本体论的精神碰撞。由此引入，可对佛家思维与古希腊罗马的逻各斯精神及其实体本体论等进行义理比较与沟通。目前学界尤其是法学界，还没有人如她这般研究该经对沟通自然法与道的桥梁价值。

　　作者总结道，"法之道"源于未遮蔽的本体，约对应于西塞罗归纳的、正确理性下的 natural law（自然法）精神，但现代是人本位的，因此，人本位的"法之道"在现代可代替神本位的西塞罗之自然法，即"法之道"可以与西方之现代功利论、义务论理性的自然法共时性存在。

　　综上，此专著主要以创新性构思为特色，并定义"法之道"：它是来源于人类在纯粹良知下的无知之幕的、潜在可能的、超善恶的至善本性，是纯粹良知这种判断力判断善恶而形成的法则。

当然作者还是冷静地写道：中华法系看似消亡了，实则只有转化，没有消亡，圣人隐，则圣法显。这是现代性法治精神的救赎，也是中华"法之道"的复活。她为了预防对"法之道"的狂热而开出的药方是，"法之道"应与源于西方的自然法共时性存在，即在现实的多元救济制度中，需要在不同法域间进行功能划界与互补："法之道"的精神可直接适用于新兴的社会法法域，但在传统的民法等法域则隐而不用，运用现代观念即可。

该专著由 2016 年四川大学优秀博士后出站报告修改而成，既具学术水准，也有实用价值，已受到评阅专家好评，今历经波折，由上海古籍出版社出版，是一幸事，故乐为之序。

陈兵

（四川大学道教与宗教文化研究所教授）

2023 年 10 月 30 日

序 二

　　小兵是我近年来新识的朋友，我还不曾见她时，就读到她探讨《老子》法观念的大作，惊为逸世超群的大才，后来识了人，她心灵的纯净无邪就和她书中所写的至善观念一样，是浑然相通的一体。她是我多年来难得一遇的一位知行自然合一且如赤子一般坚定初心的知识人。她在求学从教的多年历程中曾遭受不少困顿，但依然不为形役，不随俗俯仰，安于与闻达无缘的纯哲学思辨且乐在其中。我曾有和她同样的心路历程，同样去了声闻鲜达于人的学界边缘，既无"居高声自远"的外力可以凭藉，也无显赫的头衔冠带可以吸引从者，在这样的环境中自处，一直心无旁骛坚持做毫无功利可图的纯哲学宗教思辨还能乐在其中，我觉得小兵做到了，而我不能做到，她是我由衷钦佩的有真如定慧的学人和行动者。我和她数次深谈，每次都为心境不能如她一样安定感到自己的缺憾，也因此反省：自己每每看到外部人事的复杂和阴郁，其实都是心不清净的外显，是自己修行的定力不够。

　　说来惭愧，我一直没有静下心系统研读儒释道三家经典和证述三道合一古今流变的思想史诸家著作，只是浮光掠影读了些皮毛，没有学力对小兵这部新作做学术的精准品评，好在陈兵教授已经做了精到的系统引述，我权且勉力而为，努力调动自己一点向学求真的有限灵性，暂做些以形而下体悟形而上的粗浅指引。

　　五四时有笔名为"侠人"的评论家纵论当时思想界，曾言：

　　吾国近百年来有大思想家二人：一曰龚定庵，一曰曹雪
芹，皆能于旧时学术社会中别树一帜。然二人皆老学派也。
（定庵名为学佛，实则老学甚深，其书中亦屡言老聃。）吾国社
会中，凡上等思想人，其终未有不入老派者，实非社会之福也，
其故可思矣。

　　在中国思想史上，很多知识人晚岁才归于佛老之学，且因此消
沉退隐，不再关心世道的进益，只求自己心灵的平静。小兵这部新
作改变了我对此道的一贯印象，在寻找儒释道三家"体用不二"的
辨微钩玄中，《中华"法之道"：比较、融通与转化》试图将三道合一
的中华法哲学引入世界法治现代性的潮头，其中蕴含一种"吾心光
明"的理论激情，着实让人欣喜。

　　此书以"无名""无我""无为"通约儒释道三家的论证，足显作
者明心见性、直抵本原的慧根，"佛道儒三家的相似处是：皆以'无
为'法为上，以'超越我'（无我）为走向至善的起点，以'超越逻辑的
直观'（无名）为主要思维方法"，"三家皆肯定道之崇高地位，皆称
悟道为见性；皆认可人的本体与现象不可分，故认可人之内在超越
下的良知源于道；人的可能之纯粹良知遇到事物时，可直观判断出
善恶法则，这就是中华'法之道'，三家的相通约义素就是中华法哲
学本体论的特质"。这种化约通类的高度概括，将魏晋以来儒释道
三家历次由战趋和、互鉴互证的历程归结为几个直观体悟的精要
范畴，具有很强的说服力。

　　此书的另一重大创新之处是试图通过对南传佛教经典《弥兰
陀王问经》成书历史和经义的详细考略，论证释家佛性论可能影响
了古希腊罗马自然法思想的形成，从中华法文化三家合一再迈出
一步，寻找东西法哲学本体论思想的相互沟通。"'良知'其实是
东、西方理想法则的共同义素，是二者可言说的重叠共识。""通过
《弥兰陀王问经》中东方直观思维与希腊逻辑思维的沟通切入，能

够实现中华法哲学本体观与西方的西塞罗之自然法之沟通的可能性，但是中华法哲学本体观是人本位的，在人文主义的现代能够代替神本位的西塞罗之自然法。"罗素在《西方哲学史》中曾述及希腊早期的奥尔弗斯教派（或译为俄尔甫斯教）对后来希腊宗教、哲学乃至基督教的深远影响，而奥尔弗斯教派的信仰和同时代（公元前7、8世纪）在印度流行的信仰有惊人的相似之处。东西方文化在起源时代可能有过相互影响，哲学史上已有很多明证，小兵此书又增添了一个有力的新证。

此书对人类社会法治的未来充满了乐观而并不盲目的信心，将良知和至善的法之道视为人类社会应当追求的终点，儒释道三家合一的中国法哲学就引领了这个终点。"佛家重视因果律及其十善、十恶，道家重视'天网恢恢，疏而不漏'，儒家重视在'个人、家、国、天下'的因果递进关系中，以修养为起点而治理天下、实现'至善'。可见三家在终极上不重视彼岸他者（如外在于人的造物主）的惩罚，而皆以良知、善、重因果为方向，所以能够从其沟通或共通性中，融通三者，发现追求良知、至善的法之道——即中国的法本体论。"历来译介的近代西方自然权利理论，不少是以性恶论为起点的，而此书用于中西法文化比较的基点则是回归到原始儒家和希腊罗马的古典自然法。回到起源，回到人类初生时代简单而自然的困境与抉择，在工具理性超压覆盖本真追求的当下世界，这既是一个美好的愿望，也可能是反思病因、超越自我的理性选择。

此书表达了对中华法系涅槃复生的期许："在儒家、道家、释家、墨家、法家等诸子百家抛弃其糟粕后，其优秀的文化基因是可能在现代规范的前提下作为现代法治的道德支撑、精神基因而涅槃重生的。换言之，中华法系是可以新生的，它必须在直面现代人的生存境遇与新的自我意识、权利意识来获得重生。"这不是作者简单重申文化自信的大话口号，而是她多年研习传统中国法文化悟道还真的诚挚心愿。

　　行文至此，不揣冒昧，我想到近年研习《红楼梦》中法文化的一点微末心得：中国第一部真正尊重女性和弘扬女性主体性的文学作品《红楼梦》，其作者思想的形成并未受到任何外来政治法律哲学思潮的影响，而是从传统中国文化资源——儒释道三家中的朴素平等观出发，表达了对女性的由衷同情和尊重，也表达了作者对宗法社会中阶级区隔的深刻批判，这足以证明中国文化具有自我反思和自我完善的内驱机制。我因此与小兵同愿。

　　是为序。

柯岚谨识

（华中科技大学法学院教授，法律文化学者）

2023 年 11 月 12 日

目　　录

导　　论

第一节　问题意识：在中华没有平等、
　　　　自由和"是"的法哲学吗？

一、引子：从"法之道"探寻中华法哲学与西方法治精神的沟通可能

当下中华最急需解决的深层问题是什么呢？其中非常突出的一个问题是道德堕落和信念缺失；另一个问题是全球化时代背景下，开放多元社会中的宗教冲突、文化冲突和不宽容（例如各种恐怖活动）。例如，徐显明认为，"中美贸易摩擦的本质是遏制与反遏制"，其遏制的更深层的原因是"涉及道路、制度、文化甚至会被上升为是由不同民族所代表的文明之争"，"四十年前亨廷顿的文明冲突论成为美国极右翼的重要理论根据，他们不能容忍黄种人文明超过白种人文明"。[①] 为了防止亨廷顿预言的"文明的冲突"成为现实，防止各种以宗教力量为主的国家将其他宗教、思想或国家当作假想敌，防止误解陌生的思想控制自己，学者应努力通过哲学

---

　　① 徐显明：《中美贸易摩擦的本质是遏制与反遏制》，在法律出版社学术委员会2019 年年会上的致辞。

义理沟通各大宗教和思想的教义，促进彼此的理解和沟通，才能促进人类永久和平，并在理论上探索提升道德的路径。

不仅如此，法学界的一大瓶颈是缺乏中华传统法哲学（以下简称"中华法哲学"）的自主性建构，及其对世界法哲学的贡献。本书以当下中国最严峻的问题为缘起，以中华法哲学的自主性建构为鹄的，以期通过努力来弥补本体论逻辑进而建构中华法哲学。而佛教已经融入中华思想传统，其本来即有本体论逻辑，因此可借鉴佛教哲学，融通儒道佛三家的"法之道"，转化为中华法哲学视域下的现代汉语"法之道"。由佛经《心经》切入，通过佛性（又译为道、本性）融通道家、儒家之"道"推衍出"法之道"的定义（在西方现代范式看来是自然法的精神基因），建构中华法哲学视域下的"法之道"，更与西方自然法概念的拉丁文渊源——古罗马西塞罗之"natural law"（目前主流译为自然法）进行比较，[①]可能实现中国与西方自然法精神之源头的沟通，并由此实现在东方哲学思维模式下建构中华法哲学本体论的探索。

为何要由"本性"一词切入研究中华法哲学？因为，"性"字与三教悟道相关：佛家曰明心见性，道家、儒家曰养性。概括言之，三家皆希求以明心见性、超越自然欲求而达致生命境界升华。例

---

① 西塞罗在《论法律》中较早明确提出了"自然法"概念，并系统地作了相关论证。参见［古罗马］西塞罗：《论法律》，王焕生译，上海人民出版社 2006 年版。有学者认为，亚里士多德在《修辞学》中指出，"普通法制按照自然的法则规定的法律"，而被称为古代的自然法之父。参见舒国滢：《"法理"研究的不同层次》，崔林林主编，张守东执行主编：《道法古今：自然法与中西法律传统》，法律出版社 2021 年版，第 67 页。但是明确提出"自然法"这个词的还是古罗马的斯多亚学派，如芝诺把"自然法"赞颂为"神掌管和指挥万物的永恒的、普遍的法律"。参见［美］约翰·菲尼斯：《自然法与自然权利》，董娇娇等译，中国政法大学出版社 2005 年版，第 297 页。而西塞罗《论法律》是斯多亚学派的代表作，他是第一个用拉丁文系统写作自然法的学者，较早明确提出了"自然法"概念，且是在希腊化佛教产生之后的作品。虽然亚里士多德曾有似曾相识的说法，但在亚里士多德那里实则是自然（理性）高于约定（法律）的，没有把自然与法律完全合成一词，因此斯多亚学派是"自然法"一词的直接渊源。笔者就此词请教过黄涛与陈庆，在此感谢。

如孟子说:"存其心,养其性,所以事天也。"(《孟子·尽心上》)儒家孟子通过修养品行,发挥心力,尽其心,养其本性,从而"至诚若神",达到贯通天人、知天、事天的境界。佛家很彻底,认为常人"无明"(不明白本性),这"无明说"与西方的一神宗教之"原罪说"异曲同工,都是对现实世界不完美人性的批判。不过,道家的老子等对人性也有批判,认为道生万物后,万物如果异化,"吾将镇之以无名之朴"(《老子》第三十七章),让它"法自然",返回无名之朴。孔子对现实的礼崩乐坏也有批判。但无论老子,还是孔子,虽然对现实有批判,但对现实之根即"生生不息"中这个"生"字都没有批判,例如孔子认为"性与天道,不可得而闻也"(《论语·公冶长》),"四时行焉,百物生焉,天何言哉"(《论语·阳货》),是"天""性"生养万物,天道却不可说——而佛家认为"生"是由于人的"无明",西方的一神宗教批判"生"是由于人的"sin"(原罪)。对"生"的批判,或有其历史流弊,但其最大意义是:让"生"保持向善的动力,而非仅仅局限在"生"的自然欲求中。不过,"生"的自然权利应该得到保障,但"生"的自然权利或应有来自终极性、至善性、本体性的证成,才能得到坚固的尊重和保障,并且不趋向堕落。从"无明"到"明",至少比西方宗教中的原罪之人永远脱离不了"sin"容易。"无明"与"明",都是在此岸,只不过,"明"的此岸可称为人间净土、人间的极乐世界;当然,在许多人心目中,它还是遥遥不可期的理想,但至少,发现"明",即发现人的"本性",并从中推衍出"法之道",可以为"无明"的自然欲求立法,并呈现出理想图景,给人以可能达到的希望。而这个"明",被王阳明演说得淋漓尽致,即"明"代表了中华思想传统中"道"未被遮蔽的状态,"明心见性"也就体现了通过让心澄明,去见"道",也就是见"本性"之意。

由"本性"一词切入研究中华法哲学还有其他的缘由。例如,有朋友问:"在中国没有接受'平等'的文化基因吗?"这个问题的背景是,当代中国法治虽有进步,但法治精神与传统专制等级文化似乎存在张力,贫富悬殊、生态破坏也日益加剧。在这样的背景下,必然会产生这个问题：中国有无接纳法治及其良法之基准（自然法的精神基因），例如"平等"的文化基因？西方因依托"人人皆有神性"的基督教文化基因，才能很快接受"平等"的现代自然权利观念；但中国呢？

笔者回答：有。这平等、自由的精神基因就在佛家、道家原初思想中。因为佛教主张众生皆有佛性而平等。而在拙作《〈老子〉法观念探微》（中国政法大学出版社 2013 年版）中，笔者论证了道家老子的平等思想是"人人皆是道之化生"。无论是在佛家还是道家看来，人人皆因在终极上与宇宙终极因直接联系而无比崇高且平等。佛家之"佛性"与道家之"道"都是涉及宇宙本体、终极因的概念表达（第一章将对二者有比较）。有别于近代西方的古典自然法的是，笔者还将从人的恐惧、恐怖心理（尤其是对暴死之恐惧）出发，建构并阐释由佛性这一本体论衍生出的"法之道为恐惧立法之过程逻辑思维导图"。

关于佛性（buddha-dhātu），佛教中还有几个梵文词汇来表达它："胜义谛"的梵文是"paramārtha-satya"（关键词根 sat 含义：是，真，真实，实，有，胜，善，妙，妙善，微妙，有智，有智者，有法，有物，正，法，美，萨，贤，贤良）、"第一义空"的梵文是"paramārtha-śūnyatā"（关键词根 śūn 是 sat 的派生）。① "buddha-dhātu"的词根 dhatu 含义是"界，是，绝对存在，真如"，但其另一词根 Bhu（或 bu）的含义却是"相对存在"，两个词根合起来的含义是"绝对存在与相对存在的统

---

① （北凉）昙无谶译《大般涅槃经》卷 27《师子吼菩萨品》："十二因缘名为佛性，佛性者即第一义空，第一义空名为中道，中道者即名为佛，佛者名为涅槃。"梵文"paramārtha-satya"中，paramārtha 指第一义，其中，parama 指最高的、首要的、第一的，artha 指要义、义理。《大般涅槃经》卷 13《圣行品》："一切行无常，诸法无我，涅槃寂灭，是第一义，是名中智。知第一义无量无边不可称计，非诸声闻缘觉所知，是名上智。"《大般涅槃经》卷 16《梵行品》："有业有报，不见作者，如是空法，名第一义空。"《大正藏》第 12 册，第 524、443、461 页。凡夫见到色的表象，执取色为实有，而菩萨摩诃萨见到色的真实义，亦即见色的空性，见色相实为见空相。"见色的空性"指的是见到现象的相对存在性。参见释证真：《从第一义空论述中道佛性义：以〈大般涅槃经〉为主》，《第十届两岸四地佛教学术研讨会论文集》，香港中文大学，2015 年。

一"——这一概念，在佛教传到中国后，"佛性"一词是汉语造字的结果，是西域高僧用中华本有的、关乎形而上的"性"字加上造字"佛"字（bhu 的音译），来翻译"buddha-dhātu"；中国的北传佛教如来藏系称之为如来藏，表示佛教视域中如来的智慧德相，也可勉强说是万物的本体（不陷入现象、但无实体的本体）。但无论叫如来藏，还是叫本体，都须将般若空慧、观照贯彻始终，否则都可能被实体化——这是"中国化佛教"或"相似佛教"的根本问题。如来藏，是大乘佛教概念中万物的本体（即流变万物皆有的终极因、不变本性），前述几个概念是从不同角度表达了这同一观念。"绝对存在与相对存在的统一的一真法界"，又是"既非绝对存在，又非相对存在的统一"，即是非实体的"本性"。离四句绝百非，任何语言一旦表达出来，都可能被误解。

以下将引用佛教经论，以更准确地阐释佛教的"本性"。古希腊哲学和印度哲学同属于印欧语系，且印度人种繁多，其中说梵文的印度人种和一些说类似语言的古希腊人在人种上同属于古雅利安族，一般而言，印欧语系的人们极大可能具有相同的生存方式、共同的语言，对宇宙万象的认识、把握，无论是方法还是结论，必然有相通之处。① 但尼采推崇的、高贵族统治的、不平等的雅利安人（含婆罗门）传统，却在两千五百年前就被佛陀批判。②

---

① 日耳曼、斯拉夫、雅利安、凯尔特、拉丁、希腊—阿尔巴尼亚、波罗的、吐火罗安纳托利亚、巴斯克属于印欧语系。其中，印欧语系中的雅利安人，包括爱尔兰—威尔士—苏格兰—高卢属于凯尔特，波斯—普什图—库尔德语—俾路支—塔吉克—奥塞梯属于西雅利安，巴基斯坦—印度斯坦—孟加拉—吉卜赛—南尼泊尔—僧伽罗—马尔代夫属于东雅利安，立陶宛—拉脱维亚—亚美尼亚属于波罗。高加索亚人种包括高加索人和西亚雅利安人。参见《不列颠百科全书》、TITUS 计划、高加索语系的语言地图（由 Jost Gippert 制作），引自《高加索诸语言》，载中文维基百科：https://www. so. studiodahu.com/wiki/%E9%AB%98%E5%8A%A0%E7%B4%A2%E8%AF%B8%E8%AF%AD%E8%A8%80，2022 年 7 月 1 日访问。

② 尼采的哲学思想与他追溯雅利安人的太阳神崇拜有关，参见［德］尼采：《查拉图斯特拉如是说》，储琢佳译，江苏凤凰文艺出版社 2017 年版。

释迦牟尼圆寂（前 486）后一百五十多年，亚里士多德的弟子亚历山大大帝攻占了埃及、波斯、大夏以及印度的北印五河之地（前 327），其后，希腊人在印度与大月氏人（中国北部向西迁徙的少数民族）等民族争相统治印度几百年，其间，印度佛教与古希腊、罗马哲学相互交流、相互影响，或有可能希腊、罗马哲学会加深印度人对"佛性"一词的本体论表达（例如对说一切有部的影响），也或有可能佛性一词曾对古罗马的哲学有影响。传来中国的佛性论也是在此时期之后，由大月氏贵霜王朝迦腻色迦王派人送给汉哀帝，而促进佛教在中原的兴盛的。金克木先生曾指出梵文中存在系词现象以及这一现象与"存在"的词源关系："梵语及其同族语中，'是'和'有'是同一个词"，意味着梵文存在着"是"，并且其"是"与"to be"具有一样的功能。希腊哲学是 eimi 的学问，印度哲学是 sat 的学问，也即希腊哲学和印度哲学皆是"是"的哲学，只是由于我国汉语翻译的特点，才造成印度哲学和佛教哲学在汉语中似乎无"是"的状态；陈村富在《希腊哲学史》中论述了印欧语系"是"的词根有两个：as 和 bhu，其中 as 和希腊文 es 原是一个词；古梵文语法经典《波你尼经》也收入了 as 和 bhu 这两个词根，并把 as 和 bhu 列为相互注释的关系；这两个词根中，as 指单纯的、抽象意义的、静态的、绝对的、不含时间变化限制的存在，是因、果同是之存在；从 as 派生出 sat、satta、sattva、satya 等词，佛经上便用来指终极的、真实的、绝对的存在（如 paramārtha-satya）；bhu 指变动的、具体意义的、相对的、有时间性的存在，是因果相异之生成。①

林晓辉从"存在"（beingness）的本性就等于理性，推论出

---

① 参见林晓辉：《佛教哲学中的"是"》，《五台山研究》2007 年第 1 期。笔者认为，道家之道为"万物之母"，似乎有点因果相异之生成的意味，但道家也谈到人与万物齐于一体，"道法自然"，自然即本有之德，人修行到"外其身"，超越我之身体，"含德之厚，比于赤子"，赤子（果）身上即有道（因）的本然之德，或许其意涵也有因果同是之意味，不过没有佛经在逻辑上说得更清楚、精准。对佛道两家的区别将在第二章展开。

"Bodhisattva"一词中的 sat(永恒存在)也等于理性。笔者不同意此结论,因为林晓辉只关注 sat(永恒存在)的一面,就将流变的相对存在(bhu 词根)与永恒的绝对存在(sat 词根)分裂为二,不是对"佛性"这一种本体论概念的完整理解——因而就无法理解"bhutatathata"(真如)、"buddha-dhātu"(佛性)、"paramārtha-śūnyatā"(胜义有、第一义空)等佛教核心词。它们皆有词根 bhu 是相对存在,也皆有词根 dhatu、sat 是绝对存在,表达的是同一个概念。

　　而要理解相对存在与绝对存在何以结合起来表达同一个概念,必须理解在佛教中要破我执,在自性上"我"不存在(即个体之"我"不是自生者,而是因缘所生),"我"仅是一个流变(bhu)的相对存在(有生老病死,是有限的存在)——但恰恰明白了流变(bhu)的相对存在,才能理解绝对存在的存有;反之,只有理解了相对存在的永恒运动、生生不息,才能明白这生生不息的现象自身的永恒运动及其终极因就是不变的本体(但一定是超越个体之"现象"才能见到无实体的本体),没有"一个"与现象、相对存在分裂的理性、理念、本体,即"佛性"是"真空妙有"、一体不二。因而"佛性"一词指的是在相对存在中自我展现的永恒存在(但不是"一个实体"),既含有相对、流变之意,又含有永恒存在之意,如果只重视 sat 并将之理解为理性、理念,就会被误认为"buddha-dhātu"(佛性及其缘起思想)一词不是佛教的核心;或仅认为"buddha-dhātu"(佛性)一词是佛教的核心词,从而否认"有"sat(是)词根的"paramārtha-śūnyatā"是胜义谛,从而否定佛教的本体论;或不理解"paramārtha-śūnyatā"一词是佛陀在论证眼见、不见的过程中证明相对存在(作者、存在者)是"空"、不实在、流变而反观到的终极永恒存在。[1]

---

[1]　(刘宋)求那跋陀罗译《杂阿含经》卷 13(三三五):"我今当为汝等说法,初、中、后善,善义善味,纯一满净,梵行清白,所谓第一义空经。""云何为第一义空经? 诸比丘! 眼生时无有来处,灭时无有去处。如是眼不实而生,生已尽灭。"《大正藏》第 2 册,第 92 页。

　　林晓辉又认为，阿耨多罗三藐三菩提的梵文"Anuttara-samyaksambodhi"可以重新翻译成"绝对观念"，并等同于黑格尔哲学上的"绝对观念"。本书后面将论证，佛性是不一不异，那么，黑格尔的"绝对观念"是"一"、精神，因而"Anuttara-samyaksambodhi"不能被翻译为"绝对观念"，只能翻译为"最正确的认识"（或保持原译：无上正等正觉）。笔者与林晓辉观点的微小区别还在于，后者认为"真如"与亚里士多德的"being as being"（形而上学）无区别，笔者却认为"真如"与亚里士多德的"形式论"中的"本体"（on）有区别，虽然二者的词根一样。但《金刚经》言："无有少法可得，是名阿耨多罗三藐三菩提。"①无有一法可得，才是阿耨多罗三藐三菩提，即没有一个"一""绝对观念"，佛教中的"真如"（佛性、本体）仅是在流变中的真如，缘起中的真如，没有一与多的分裂，亚里士多德的"on"只是"一"，从而是二元分裂。

　　但无论如何，sat 一词来源于 as，它是希腊语中的 es，即"是"（希腊哲学中表达本体之词）。as 在英语中的意思翻译为汉语是"如同"，在佛教梵文中是"是、存在"，因此 as 这一个词可以作为沟通希腊哲学和佛教的桥梁。

　　而"存在"的希腊文是"εστιν"，英文是"to be"（作为"存在"的英语表达为"being as being"）。亚里士多德注重"logos"和"nous"精神（尤其是"nous"），其"形式"论中的"本体"一词的希腊文是"on"（是），on 是希腊文动词 estin 的分词形式。因此本体论的主要内容是与 estin 这个希腊文的含义密切相关的。②而 estin 这个希腊文的词根 es 与"佛性"的词根 sat 来源于 as，的确有相同的词根。

　　希腊的本体论通过希腊化时期古罗马马其顿对希腊的征服，

---

① （后秦）鸠摩罗什译：《金刚般若波罗蜜经》，《大正藏》第 8 册，第 751 页。

② 王路：《"是"之研究述评》，《哲学动态》1999 年第 6 期。

传到了罗马,却被斯多亚学派尤其是其中的法学家西塞罗转化为
"natural law"(汉语习惯译法"自然法")中的"理性"(reason)义素,
也就是"本体性"义素。① 但请注意,西塞罗强调使用的却是"本
性"(natura)一词,则亚里士多德的"形式"(on)及其"理性"一词,
在西塞罗这里一定要接受"本性"(natura)的审查,只有其中"正确
的理性"才是合于"本性"(natura)的。 例如西塞罗说:"自然
(natura)赋予他们的必定是正确的理性","法律是允行禁止的正
确理性","德性是完美发展的理性,它存在于自然(natura)之
中"。② 他认为宇宙中存在普遍"本性"(nature),这"普遍本性"是
一种"德性",这"德性"来源于进入最高境界的自然,而在这种最高
境界下的"德性"的普遍法则被定义为"自然法"。③ 这样,西塞罗
的"德性"作为审查"理性"的至上性境界,就不再完全等同于亚里
士多德的"形式"(on,是)了,因为,强调"理性"的"正确"与否,就使
得"本性"或曰"自然"(nature)有了关于"内容"是否有"德性"的价
值判断,其"nature"(本性、自然)就不是仅凭"as"(是,形式)义素能够
涵盖得了的——拉丁文中的"natura"与"nascor"(天生)、"naturalis"
(出生时)等词相关,有"生成""来源于"之意蕴,甚有"理性"之意
涵,更包含了判断"as"(是,形式)构成的"理性"是否"正确"的"德
性"意涵。不仅仅是"形式",而是包含了作为境界性的价值判断,
即"nature"(本性、自然)蕴涵了"最高境界"的德性"至上性"。因
而,在西塞罗这里,可以用一个简化公式归纳:自然＝本性(及其
德性)＝智慧＝正确理性。由此可见,西塞罗的"自然"及其自然法

① "natural law"即西方的"自然法"有"终极性、至上性、本体性"这三大意素。参
见耿云卿:《先秦法律思想与自然法》,台湾商务印书馆1973年版。
② [古罗马]西塞罗:《论法律》,第57、61页。另参见[古罗马]西塞罗:《论共和
国　论法律(影印本)》第一卷,中国政法大学出版社2003年版。此版本是拉丁文原文
与中文对照版,能直接见到"自然"一词对应的拉丁文。
③ [古罗马]西塞罗:《论法律》,第41页。

蕴涵了"本体性"(as：是,存在)和"德性的至上性""终极性"三个意素。

而 buddha-dhātu(佛性)、paramārtha-śūnyatā(关于真空妙有、第一义空、终极存在的论述)等佛教核心词,既强调终极存在(或曰绝对存在、本体)与相对存在(或曰流变现象)不可分的义素,又内含有"终极存在""终极真实"或"终极因"的义素,也含有"清净究畅,一切敷演,是一难有自然法也",①即一真法界有"圆满清净的至上德性"的义素。由此可见,"佛性"一词也具有与西塞罗的"natural law"(自然法)一样的三义素：终极性、至上性、本体性。②

因而,在中国有接受"平等"的文化基因和"是"的哲学——起码在佛家中有明确的"是"的哲学和平等的精神基因,在道家也中有平等的精神基因。并且,从汉语"佛性"对应的梵文 buddha-dhātu、paramārtha-satya 的意涵可得出与英文"natural law"(尤其是西塞罗式的自然法)共有的自然法的三义素。不过佛性(本性)即非实体论基础上的一元论,也非二元论。所以其推衍出的法之道与西塞罗的自然法有区别,详见第三章。

附带说明：在"法之道"的定义尚未完成(并替代"自然法"翻译"natural law")之前,涉及现代汉语中习惯常用的西方范式时,为了方便读者理解,本书会使用"自然法精神"或"自然法的精神基因"来表达中华法哲学中所内在追求的超越性、终极性、至上性、本体性精神;在"法之道"的定义初步论证而完成前,主要使用传统语言"法之道";在佛性(本性)与道家、儒家之"道"进行融通梳理之

---

① 失译：《般泥洹经》卷上,《大正藏》第 1 册,第 179 页。意即一切敷演(随缘)的一真法界有圆满清净的至上德性。注意,此处"自然法"中的"法"字指的是宇宙万有一切存在事物,而不是"法律"之意,"自然"指的是"圆满清净"。关于西塞罗的自然法理论与佛性的比较,参见本书第三章。

② 最初总结出自然法有"终极性、至上性、本体性"这三个要素的是耿云卿,他在《先秦法律思想与自然法》中通过自然法三要素分析认为,道家有自然法观念。

后，"本性法"与传统语言"法之道"并列使用，且可互为替代；"本性法"成为中华法哲学的现代术语后，其内涵有与"自然法"相似的要义。"本性法""法之道"与"自然法"，这三个在不同文化视角中使命有所不同的词汇，是由于中华民族在传统向现代转型过程中，文化输入与传统碰撞而产生的词汇，但其实质是指向同一个东西：具有终极性、至上性、本体性、超越性精神的理想法则。

二、三家心性观与近代用"性法""自然法"翻译"natural law"的关联

如果不从梵文原意阐释，汉语"佛性"一词能否也与英文"natural law"有共通的自然法义素呢？承前所述，"buddha-dhātu"一词的中文译法，是以中国哲学中表达本体的"性"字加上音译而创造的"佛"字，合成为一词"佛性"，是对佛教哲学"本体"一词的表达。但回到中国汉语场域，读者一看到此处题目中的"性法"一词，或许就会起疑问："佛性"之"性"字与"自然法"这个词有何关系？在拙作《〈老子〉法观念探微》中曾提到，1864 年丁韪良翻译《万国公法》成中文时，将"natural law"译为"天法"或"性法"。其时，清朝总理衙门选派陈钦等四名京章协助商酌删润；人们似可从中发现，丁氏的译法实有所本。葛瑞汉说，中文"日常用法中的'性'的意义，即'某物初具的品性'，无疑是英语'nature'所含有的意思，拉丁语的'natura'源于'nascor'（天生）；由于'性'源于'生'（出生，生命），它极易被理解为'nature'的精确对应词"。从语义学上讲，中国古代哲学中"性"与"自然"实有其重要的联系，即语义上的互通、互释、互证。"性法"的意义，则有二端：一、"可为立法之标准"或"为立法者之罗盘针"；二、"且能补制定法之不足"，"故行法之人，不可不知性法"。可见"natural law"最初曾被译为汉语"性法"而非"自然法"的，程燎原认为"性法"之译不仅符合西洋"自然法"的部分本义，而且还能与中国传统思想或哲学义理沟通。①

　　这个"性"字在汉语中原初就表达"生命的由来"、"至上性"（如"天命之谓性"），②并且也恰恰关涉"佛性"一词的含义：真如本体（本体与现象的不二，生命的本质，绝对存在与相对存在的统一）。对于有传统文化传承的中国人而言，这本无需解释的，但对于现代中国人，有必要说明一下：

　　中国文化从伏羲、女娲之《易经》文化为可知之始端，其后传承中国《易经》文化的两大支脉——道家和儒家，其中道家重视"守

---

　　① 参见程燎原：《"性法"、"天法"、"自然法"：清末的译论略述》，李贵连主编：《近代法研究（第一辑）》，北京大学出版社 2007 年版。

　　② "性"是形声字，由"心"和"生"两字合成。先秦时期遗文中皆以"生"字表达"性"字，"性"字为先秦遗文所无。参见傅斯年：《性命古训辨证》，广西师范大学出版社 2006 年版，第 3 页。《广雅》："生，出也。"《玉篇》："生，起也。产也。"《说文》："生，进也。象草木生出土上。"其所释与其他古今解字辞典无歧义。可见，"生"这个字的甲骨文的符号形象与《说文》等古辞典的解释基本一致，其初始义是："草木生长"。引申义才是"产生；活着；生命；滋养"，参见《古今汉语词典》，商务印书馆 2007 年版，第 1276 页。笔者认为，这引申义素恰是"生"的形而上含义，指"活着"的"生命"的"生产""出生""生长""滋养"等整个新陈代谢过程，体现了生命不断"成长"的"动态"的普遍特征。可见古人惯用简单的图画形象来象征形而上的意涵。"生"字之音韵见《正韶》："息正切，音性。"即读作"性"，可作为"性"的通假字。秦以后的"性"字以"生"为右旁，以"心"为左旁，故古人常把"心性"二字连用。从文字发生学的意义上，说明"性"字源出于"生"字。另外，"性"字还有《孝经·说曰》释义："性者，生之质也。"《广雅》亦曰："性，质也。"所谓"质"即本质也，即"性"字本义是"本质""本性"，与"本"相关。"本"字，金文写作 ，《说文》："木下曰本。从木，一在其下，草木之根柢也。""本"字下部加粗，表意艸（草）下部的"根"，即"根"为"本"。于是"生"就意味着从"根""本"中"生长"出来，或有"根""本"的才是"活着"的"生命"。每一个"生命"皆有其"本"，"本"就是事物的"本质"或"根本属性"，是决定该事物的生死存活最关键的东西。《说文》解释"性"是："人之阳气，性善者也。"古人将"阳气"又称作"元气"。"人之阳气"是使事物得以成为能够自动"生长"的"生命"之"根"。而"根""本"是生命的根本属性，即汉语思想表达生命本来的性质，简称"本性"，它通于"道"，在先秦道家看来，是道性的体现。"道"体现的"上德"乃"至善"，故人之"本性"亦为"善"，在此意义上，许慎的《说文》才将"性"解释为"人之阳气，性善者也。"参见费小兵：《〈老子〉法观念探微——开启中国自然法及其目的价值体系》"导论"，中国政法大学出版社 2013 年版，第 2—9 页。

雌"，儒家重视"乾阳"，但都以心性修养为起点。如儒家《中庸》曰：
"天命之谓性，率性之谓道，修道之谓教。"这里的"性"字指的就是
合道、合天命的"本性""道心""天心"，而后天被习惯污染的叫作
"人心"。因而儒家强调"学达性天"，就是要通过学习、修道，教化
被习惯污染的"人心"，回归"本性""道心""天心"。所以，儒家以
"修身齐家治国平天下"为重心。

　　又如《老子》第五十四章曰："修之身，其德乃真；修之家，其德
有余；修之乡，其德乃长；修之邦，其德乃丰；修之天下，其德乃博。"
《老子》第二十五章主张"道法自然"，就是要保持这种效法道之本
然的"率性""本性"，只是道家比儒家走得更彻底，注重"上德不
德"，不强调形式、表面上的礼仪之德。但无论如何，道家与儒家皆
主张通过"存心"、"修心"（洗涤世俗心而获得道心、赤子心）而达致
"养性"（涵养生命的本性）。① 另外，道家的"道法自然"指效法道
的本性，其意涵与佛教的"本性"一词的意涵有微妙区别：佛教是
要求人破除"我执"才见到"本体的本性"，道家要求"无欲"的"我"
在效法道，是"我的本性"在效法"道的本性"。

　　而众所周知，中国传承的印度佛教大乘法脉是真实的（一直有
来源于印度的高僧传法），传承了印度佛法的本土高僧们虽然不太
熟悉印度的语言逻辑，而常常以本土传统的道家的玄学语言来解
说佛教（因汉语不太重视"是"这一逻辑语法），但其实他们自己能
够超越语言游戏，知道内在的真意，只是其表达不容易为外人所
知。正因此，在印度高僧的协助下，中国佛教以中国传统、本土习
惯中表达形而上追求的"性"字加上音译的"佛"字，合成了一个词
汇以表达佛教所追求的相对现象自身呈现的永恒终极本体

————————

　　① 注意：道家的"本性"是"道性"，如王弼解释是道无所法，自然流露为道性。参
见［德］瓦格纳：《王弼〈老子注〉研究》，杨立华译，江苏人民出版社2008年版，第2—3
页。不过，道家的"本性"之意涵与佛教的"本性"一词指意涵有一微妙的区别，关于佛道
两家的区别，笔者将在下文详谈。

"buddha-dhātu"——"佛性",却没有用"佛本体""佛之存在""是"来翻译"buddha-dhātu"(但换成今日以希腊逻辑思维为主导的哲学家,一定会翻译成这些词,如"是")。"佛性"一词,及由其而产生的禅宗"明心见性"一词,遂渐渐构成了中国哲学的重要渊源,并被宋明理学所吸收(例如朱熹吸收大慧宗杲的思想)。

在本来就注重"修性"的道家和儒家又吸收禅宗"明心见性"说之后,释道儒三家皆注重"心、性",因而,随着佛教在中国的上千年流传,三家之"心、性"尤其是"性"字在词义或哲学意蕴上随着岁月的延伸逐渐相互靠近、互融互涉。尤其是到了宋代以后,许多三家归一说认为,三家在心性问题上的旨归是一致的,这种观点尤其是在中下层知识(文人)阶层中普遍流传;不过,从学术观点上考察,陈兵教授认为三家心性观虽有区别,但的确也有一致之点,正好构成一个从低到高的心理学阶梯结构。①

综上,虽然三家各自重心略有不同,如道家强调"修心养性",儒家强调"存心养性",佛家强调"明心见性",②但佛道儒三家的"修身"其实皆关涉"修心",以及在此基础上的对宇宙之"道"(本体)及其"性"(本体之本性)的直观理解、把握或体认,只不过,三家的侧重、路径不同(这将在第二章论述)。

承前所述,丁韪良翻译"natural law"为"性法"时,其助理即四名中国官员作为文人,必然是熟悉这流传已久的三家之"修心养性""存心养性""明心见性"中的"性"字之意涵。他们一定熟悉《康

① 陈兵:《三家一贯心性法门》,载显密文库:http://read.goodweb.cn/news/news_view.asp?newsid=63837。

② 在此要感谢 2016 年 1 月 16 日笔者的博士后出站报告答辩会上盖建民、段玉明、张勇、张泽洪、索南才让五位答辩专家的建议,例如盖建民教授提出有的断语要解释清楚,张勇教授提出此处要对三家之"心""性"分别说明;张泽洪教授提出脚注 12 中对道家的"性"字解释应重点从王弼入手理解。段玉明教授提出关于"性"与"恐怖"关系的论证要更严密。

熙字典》中关于"性"字的解释，如"天命之谓性"（《中庸》）、"性者，生之质也"（《庄子·庚桑楚》）、"性字从生从心，是人生来具是理于心，方名之曰性"①等等。注意：这里"人生来具是理于心"是宋代理学汲取扬弃华严宗的"理法界"观点而来。这四名官员应是懂得"性"字之思想意涵，才可能与丁韪良讨论，用"性法"翻译"natural law"，得知西方的"natural law"是西方表达至上性、终极性、本体性的词汇，才用"性法"来翻译"natural law"——如同一两千年前用"佛性"一词翻译梵文中表达至上性、终极性、本体性的词汇一样。后来，日本法学家户水宽人在《法律学纲领》频繁用"自然法"翻译"natural law"。他这本书在中国曾被大力推广，因为其时日本实力强过中国，其开放、现代化程度让中国学者羡慕不已，因此中国人也用"自然法"一词。

　　而清朝由于很快被民国代替，其用"性法"一词翻译"natural law"不再流行，便渐渐被流行的"自然法"一词取代。但在需要重塑法治的良法基准之时，"性法"的意涵却是需要重新估价并尊重的，"natural law"被翻译为"性法"或许比后来日本法学家户水宽人翻译为"自然法"更对应受"佛性"影响的宋代之后的儒道佛三家对"道"的理解。②

　　而中国的显流文化——孔子之教本来曾经非常高明，但却被后儒扭曲，尤其是先秦之后的儒家，如谭嗣同言："二千年来之政，

---

① （宋）陈淳：《北溪字义》卷上，熊国祯、高流水点校，中华书局1983年版，第6页。

② 在2015年11月14日华东政法大学的广富林读书会之凯尔森读书会上，西北政法大学张书友副教授说，丁韪良翻译"义务"等词汇是错误的，"义"字之本义是"道义"，与现代法律中duty的意涵"不利后果"是不一样的，因而用"义务"一词翻译duty是不恰当的；另如，"权利"一词，他认为也是翻译有问题，"权"之古义为"权衡"，用来翻译"right"也不恰当。笔者认为，关于这两个词，他说的有一定道理。但关于"natural law"一词，如果说其西方意涵更注重古希腊的"本体"、"德性"而非仅仅是近代西方社会契约保护的"自然欲求"话，那么，笔者却认为丁韪良翻译为"性法"或许比后来日本法学家户水宽人翻译为"自然法"更对应受"佛性"（含"是"的哲学）影响的宋代之后的儒道佛三家之"道"的理解。

秦政也，皆大盗也；二千年来之学，荀学也，皆乡愿也。"①因而，近代许多中国新思想家不再以专制异化之儒家礼教为始基，而多从佛教出发证成新思想，就算是新儒家熊十力等人也是援佛入儒。如梁启超言："晚清思想家有一伏流，曰佛学。……晚清所谓新学家者，殆无一不与佛学有关系，而凡有真信仰者率皈依文会。"②

　　而笔者通过研究佛教本身与近代学者的佛教维度，也发现了佛教"人人皆有佛性"（及道家"人人皆是道"）的文化基因，从而发现了中国人有接纳"人人平等"的文化基因——这也是作为西方范式下法治之良法基准的自然法精神基因之一。

　　而最关键的是，之所以说中国古代三家经典文化中含有西方范式之自然法的精神基因，是因为，佛教之《心经》"色即是空"，转换为现代语言即是"现象本身开启本体"（体现本体性）。另外，道家《老子》之"无中生有"即"道乃万物之始"（体现终极性），以及儒家"天命之谓性，率性之谓道，修道之谓教"，三者皆被国人称作"道"，是中国人心目中最崇高、体现至上性的概念。③ 而佛教《心经》等经典中提到了佛性的"不殆""不生不灭，不增不减"，这些描述都指向的是超越相对、无常现象的永恒存在——本体，或曰终极因。汉语"佛性"一词也是属于表达"本体论、神圣性、崇高性"的佛教核心词汇，就算不用梵文，直接通过研究"佛性"一词的汉语经典

---

　　① （清）谭嗣同：《仁学》，姚彬彬导读、注释，高等教育出版社 2010 年版，第 38—40 页。

　　② 参见梁启超：《清代学术概论》，朱维铮导读，上海古籍出版社 1998 年版，第 99 页。近代中国的自然法研究与佛学现代化有渊源。佛学现代化萌芽于魏源、龚自珍，溯源于杨文会（字仁山），他是谭嗣同、欧阳竟无之师，欧阳竟无是熊十力之师；谭嗣同的《仁学》（1898 年）中的佛学本体论内容含有自然法的精神基因；熊十力转入新儒家，他的《新唯识论》（1932 年）深受谭嗣同、章太炎的影响，其哲学基石"心物不二""体用不二"却采自于佛学本体论，其融通儒释道中也深蕴自然法的精神基因。他在海外的传人是牟宗三、唐君毅、徐复观，但他在大陆还有弟子任继愈，任继愈的学生陈兵回归了佛家立场。

　　③ "各家所欲言而不能尽的道，国人对之油然而生景仰之心的道，才是中国思想中最崇高的概念。"参见金岳霖：《论道》，商务印书馆 1987 年版，第 16 页。

文献渊源,也能找到与西方的"natural law"相同的三义素,即共有"自然法的三要素":本体性、至上性、终极性。[1] 因而可以说,佛经中潜藏有西方范式的自然法的精神基因。这可与道家、儒家结合,站在中华法哲学的视域下,整合为中华的法哲学本体论的逻辑建构(或借鉴)之一,即新范畴"法之道"。

三、研究中华"法之道"及其现代理念转换的意义

作为 20 世纪 90 年代的大学生、21 世纪初的研究生,我们曾深受学界之"现代"精神的熏陶,至今笔者仍认为,西方的"现代范式"是有很大价值的,其学术规范、逻辑精神依然是今日中国学术的基础。但是,我们不能局限于西方范式,不能局限于逻辑对智慧的局限,而应实现东西方不同思维范式的融通(这条融通之路从近代以来一直没走完)。因此,我们知道逻辑确定性的价值,希望以自己较有原创性的逻辑整理与探寻,增添关于"法之道"(中国法的超越精神)的有学理上的逻辑说服力的命题系统,在学理的普遍有效性的基础上,争取让中国学者和其他国人理解中国经典、接受中国经典的"普遍性"。[2]

而中国从远古的"天下殊途而同归,一致而百虑"《周易·系辞下》之说始,中国文化中就有多元文化殊途同归从而可相互融通的包容见解,这种包容能够接纳各种合于逻辑的、融通各派创新出中

---

[1] 近代论述道家自然法的,以耿云卿为主要代表,他以自然法三要素分析认为道家有自然法观念。另有吴经熊、杨鸿烈、王叔岷、罗光等学者涉及自然法论述。耿云卿对自然法三要素的分析,参见耿云卿:《先秦法律思想与自然法》,第 1—7 页。关于"西方的自然法"概念,参见《大英百科全书》哲学科学中的通用陈述,描述和(或)皆是自然事件的进程(如牛顿运动定律);在法理学和政治哲学中,指对全人类共有的权利或正义体系,来自自然界而不是来自社会法则或确定的法律。

[2] 参见瞿振明:《学术自主还是学术自杀?》,载爱思想网:http://www.aisixiang.com/data/33648.html。

国法本体论的学理阐释。它也恰暗合反对偶像人格神、主张开放思辨的原始佛教，暗合承认多元的哲学新趋势，可化解当今世界的文明冲突和战争。因而，这源于《易经》的"融通范式"不仅是传统中国佛道儒三家得以融通的原因，亦是本书研究的前提预设。

由此，笔者认为站在人间佛教、应用佛学或经世佛学的视角，研究"佛性"与道家之"道"、儒家之"道"的相通约义素，及其启迪出的"法之道"定义（即中华法哲学的本体论），应有以下几方面的意义：

（一）本书相对于已有研究的独到学术价值

1. 在主题和应用价值上，研究以"道"为本的中国法精神转化为"法之道"的概念，并转型出现代目的价值体系，将古典精髓整合进法治的精神根据中，并回应信息时代而形成的新"法之理"，呈现出东方法律理想图景，促进主体性中国自觉的话语表达，以弥补西方传入之世俗法治的心灵秩序缺漏，安顿法治的崇高指引，真正地实现文化自主。

2. 在研究方法和学术价值上，本课题以中国话语体系为基础，打破学科壁垒，运用信息思维、纯粹力动现象学（吴汝钧）、后现代心理学、符号学、哲学解释学、修行人类学等，内在地、系统地对中华法精神中的三教之道及德、仁、义、礼、信等价值观念进行比较、沟通、整合，并进行现代汉语的话语转型。

（二）中华之"道"基因可增补近代西方传入之世俗法治的心灵秩序缺漏

从先秦子学、魏晋玄学、隋唐佛学、宋明理学，到直当下，中国不可逆转地走向法治时代，[①]及权利或自然欲望得到张扬的时代。

---

① 魏敦友认为中国已经进入"法学时代"，参见魏敦友：《当代中国法哲学的使命》，法律出版社 2010 年版，第 1—3 页。这一说法引起笔者的关注，并认为，更确切的说法是"法治时代"，因为"法学"是一门学科，而法治是一种在法的治理之下的生活方式；作为不同时代的区别，应该是不同生活方式的区别，所以笔者用"法治时代"一词代替他的"法学时代"一词。

时代使命是要满足国人反专制的呼声,但却不能堕落为仅彰显欲望自由的时代,否则"为权利而斗争"可能堕落成"为恶俗而斗争",故急需探寻中国文化中能够接纳法治及其自然法的精神基因。而这恰恰潜含在具有全然的、德福一致的自由、平等、善恶因果精神的佛家(及道家、儒家)源初之积极思想中;其本体论,蕴藏有自然法的三要素(至上性、本体性、终极性)。笔者继承并扬弃近代入世佛教或应用佛学,立基于版本学、比较哲学等多方法,由佛性之本性(佛性)精神切入,融通东方之道与西方自然法精神,重新诠释、总结出新道统和法本体论,为公民人格奠定道德人格基础,升华法治的道德底蕴、中国文化依据、生命意义和价值支撑,化解生态危机。

并且,本书所理解、追求的"法治时代",不是用异化的人的思维中的"规则"来规制、规训、惩罚人类,而是源于人之佛性(至善之潜在本性)及其呈现之良知发现的规则高于人的欲望、意志和思维,简言之,是人的良知来自我管理人类,是德福一致的时代。

而笔者分析中国哲学中有"自然法的三要素",也不是为了比附西方,而是认为在法治化的深水区,要解决现实中的许多瓶颈,必须坚定法治的信念,这就需要对法治之良法基础——"自然法",重新进行不容置疑的至高性论证,才不会被一些偏执的人所污蔑、诋毁。

(三) 通过佛家之"道"可实现中国之道与古希腊罗马自然法精神的沟通

至迟在希腊化时期或前 2 世纪,亚历山大大帝征服了印度,随着经商、传法或战争,印度文化与西方有所沟通,佛家与古希腊罗马之古典中的自然法精神(及其平等精神)就有过相互影响。① 这

---

① 本书所称的"古典"专指古希腊、古罗马和印度、中国的轴心期时代之经典。

使得笔者可以管窥佛性平等与古罗马斯多亚学派之平等精神相似的历史缘由；另一方面，佛教早在汉哀帝时期或之前就传入中国，与道家、儒家融会贯通，这已经是不争的事实，但释道儒三家之间哲学和政法实践等方面的微妙区别、以道儒两家误读佛家的关键词等等，则很少有人做过梳理。因而研究"佛性"启迪出的"法之道"，可沟通中国之道与古希腊罗马古典中的自然法精神及其法哲学。

尤其是，回到原始佛经，从佛教中的"是""法""法界"的多重义素等，也能看出其是东西方轴心期形而上思想的桥梁。例如《那先比丘经》是那先比丘与希腊人弥兰陀王的对话，涉及佛家思维与希腊哲学思维的碰撞；又如《僧伽吒经》言"如法治世"，[①] 其"法"字指的是超越无常世界的终极因、真理，具有至上性、本体性、终极性，"如法治世"可阐释为遵循至上之自然法精神治理人世，其"法"之德性是法治自我的本质（良法）构成之一，而非与法治冲突的德治。这近于亚里士多德的原意，故与其说有中西之争，毋宁更是古今之争。这有助于弥合全球化时代中华文化与法治之间的冲突，无偏执地融通、总结东西方自然法，防范现代性对古典法治精神的异化，探寻公序良俗之内容（如自然法的新原则和目的价值新体系），促进中华文明在国际上的贡献及其主体地位，化解文明冲突，弥补相关研究的缺漏。

另一方面，近代中国面对欧洲思想的压力，传统思想资源的枯竭使得新学家们急于寻找可行的沟通途径。朴学被视为琐碎，理学被视为空虚，而一向被视为非主流、异端的佛教和公羊学则成为他们容纳西方的可选津梁，因此新学家对佛教的兴趣更多地来自政治的意欲。[②] 故梁启超指出公羊学政治话语中也蕴含着佛教的

---

① 《大正藏》第 13 册，第 964 页。
② 参见蒋海怒：《晚清政治与佛学》，上海古籍出版社 2012 年版，第 4—7 页。

种子,佛教是晚清思想的伏流,"'今文学家'多兼治佛学。……晚清所谓新学者,殆无一不与佛学有关系"。① 近代以来,试图通过佛教而沟通中西的使命延续了几代人,至今尚未完成,不过随着戊戌变法的失败而淡出历史舞台。但在当今和平年代,孙中山以来的革命话语应该让位于改革、改良的话语,因而随着辛亥革命的胜利而被抛弃的近代政治佛学,在当今应该重新焕发新的时代意义和使命。由此,佛教不仅在近代维新时期成为中国哲学建构性的主力,未来还有可能在被重新诠释后,成为重塑道德和法治精神的源泉。尤其是,佛教的普世价值观,如平等精神、自由精神、追求至善(自然法)精神等,可以作为中西方文化(及其法治文化)沟通的桥梁,为当今中国法治改革与传统文化间的冲突破局。

(四) 道释儒三家的直观、觉悟思维可弥补现代性的几何学思维

佛、道等东方经典中不仅潜含有本体,及其呈现之普遍潜在的良知直观发现的本性(及其即将被论证、定义的法之道),而且唯识学的逻辑,及佛教词汇"根本智""直观"展现的思维内容,可吸收并超越近代西方思维的二元分裂。本研究将立基于版本学、比较哲学等多种方法,由佛教(兼先秦老庄、孔孟)经典切入,探寻其法之道,探寻与西方现代范式之理性逻辑不一样的思维方式,整合两类思维,达致主客统一,平等与自由、个体与整体不矛盾,程序与心证协调的法治精神。

基于以上理由,本书肩负时代使命,深入经藏,试图探索出新时代的法本体论和新道统,以期望为法治时代的中国和世界向有道德的、和平的方向发展,增添一点正能量。

---

① 梁启超:《清代学术概论》,第99页。

第二节　近现代关于中华的"道""中国自然法"
或曰"本性法"的研究综述

研究中华之道及其法理念，意义重大，但法学界对中华三家（释道儒）之道及其法理念或相关精神基因的挖掘和现代转化极其不足，尤其是没有对三家推衍出的法之道（对应西方范式中的自然法精神）或相关本体论进行挖掘，更没有系统地、内在地研究佛教与先秦道、儒精华（抛弃儒学之宗法等级观念）融通后的"法之道"，以及融通西方古典自然法，而重新定义自然法，或创造出一个涵盖自然法与道的新概念——"法之道"，并发展出当代更完善的法本体论，探寻法治的新道统，重塑现代法治的至善精神。

一、近现代学界关涉"道"和"性法""自然法"的研究

从鸦片战争到20世纪中叶，是近代中国研究向现代范式转型的时期。

近现代法学界用自然法取代了"道"等词在中国法精神中的崇高地位。丁韪良曾用"性法"翻译 natural law，这比用"自然法"来翻译更合于道的精神，因为此"性"字与三教悟道相关。近代对道、儒的研究中明确说有自然法或自然法观念。例如梁启超等人改用日本人译的自然法，梁启超的《中国法理学发达史论》（1904年）明确提出了中国的儒家有自然法，此观点曾被广泛认可；而近代论述道家自然法的，例如耿云卿的《先秦法律思想与自然法》，以自然法三要素分析认为道家具有自然法观念。另有吴经熊、杨鸿烈、王叔岷、罗光等学者涉及自然法论述。从此，"自然法"一词逐渐代表进而替代了"道"在中国法精神中的崇高地位，反过来"道"却必须比附自然法，故蔡枢衡清醒地呼吁中国法理学应有自觉的自我发展。

　　这些介于近代与现代之间的中国学者，自幼研习古文，国学功底深厚，又具有国际视野，了解西方思想；其中许多人与同时代的国际著名学者齐名，其厚重的学问颇值得我们当代人回顾、重视。在汹涌而来的西方哲学面前，在新的语境中，如何让传统精髓不至于隐没，是他们的内在动力。由此，他们担负起了佛、道、儒等中华传统道本体论之现代转化的历史使命，所以其表述内容与传统的理念、词汇甚或命题大不相同。而我们也应继承这样的使命，进行三家经典的返本开新。

　　另一方面，近现代学者对国学经典的精深阐明中，有的学者在对道、儒的转化的研究中明确说有自然法或自然法观念，但不少学者隐含有关涉佛性法本体的研究，而没有明确说其与自然法有关，不过仔细阅读还是能发现其关联。本书传承、反思、扬弃前辈之观点，推衍出中华法哲学本体论即"法之道"的概念。

　　佛教学术的现代化萌芽于魏源、龚自珍，但最有影响的现代化源头应归之于杨文会（字仁山），他开创了佛教的现代国际传播，创办金陵刻经处并广泛传播已被忽略上千年的法相唯识学，是谭嗣同、欧阳竟无、释太虚等人之师，被誉为"近代中国佛教复兴之父"。并且，他的弟子欧阳竟无培养了熊十力，熊十力却转为现代新儒学的开山鼻祖——所以，某种意义上可以说杨文会是中国哲学现代转型的一个渊源。

　　不过，若再进一步溯源，在魏源、龚自珍之前的 18 世纪（清朝中后期），就有一个在文化人中颇有影响的"居士"团体，以彭绍升、汪缙、罗有高、薛起凤等人为中心，在其学术思想的佛儒关系中，佛教已不再是某种调适性资源，而成为建构之主力；这个佛教居士团体早已影响到龚自珍、康有为、梁启超等人。[1] 进一步回溯，中国三家之融通在宋代已有大成。但中国古代文献在表述方式上的简

---

　　[1] 参见蒋海怒：《晚清政治与佛学》，第 1—72 页。

洁、隐喻以及采用的遮诠方法,是不适应现代人的,所以我们不得不借用西方的现代定义方法,如德国古典哲学等逻辑方法,让中国古典精华明白无误地展现在当代世人面前,从而去伪存真,揭开被隐没的古籍之真义。因而,有时代使命感的近现代学者都不得不直面西方学术规范,致力于佛家、儒家、道家学术的现代转化。由此,在杨文会的影响下,近代人开启了应世佛教、人间佛教、批判佛教或政治佛教,诞生了几派对社会有大贡献的人间佛教力量,如居士派、寺僧派、维新派、学院派等。① 他们虽然都有条件地、由少变多地接受了近代西方的学术法则,并逐渐学习消化了西方的史学方法,但在经典与史学的地位上,他们与新史学派以史化经的立场不同,而着力最深的还是经典文本与经典史的探究,最终坚守了经学的优越地位。

维新派佛教的代表人物主要是杨文会的弟子谭嗣同。有人将谭嗣同、康有为、梁启超、章太炎、严复、宋恕、杨度等人的佛教思想称作"政治佛学"。② 康有为、梁启超等维新派人物和革命派的章太炎(同时又是学院派)等人皆受杨文会的影响,故梁启超言:"晚清所谓新学家者,殆无一不与佛学有关系。"③例如,谭嗣同的《仁学》(1898 年),立基于佛教华严宗,融通儒、道,推演出平等民主、经济自由,批判君主专制和纲常礼教等新宪政主张,被梁启超称为"应用佛学",其本体论内容含有自然法的精神基因。梁启超的《佛学研究十八篇》较详细地考证了印度佛教与汉传佛教的传播等知识。

学院派还有马一浮、韩清净、王恩洋、汤用彤等人,亦是现代佛教的先驱。学院派开启了佛教概念在现代性社会中的转化与运用。两岸学者陈善伟、王兴国、王俊中等人对近代先驱们都有

---

① 参见刘成有:《人间佛教的实践旨趣》,《第十届两岸四地佛教学术研讨会论文集》,香港中文大学,2015 年。

② 参见蒋海怒:《晚清政治与佛学》,第 271 页。

③ 梁启超:《清代学术概论》,第 99 页。

评述。

　　笔者却主张无宗派立场的文化融通，即非佛家、非道家、非儒家的立场，认为只有这样的立场才可能最无偏执地理解各家各派，去蔽呈真。

　　而新儒家熊十力，作为佛教居士欧阳竟无的传人，表面上被定义为新儒家，实际上也以佛教的本体论为构架基石。[①] 熊十力的《新唯识论》(1932 年)深受谭嗣同、章太炎等人的影响。他认为佛教是"顽空"，他虽仅关注"心为物主""有"的一面而似乎转入新儒家，但其哲学基石"心物不二""体用不二"[②]却采自于佛教本体论（但被吕澂批判其不是纯正佛教本体论），其中也深蕴自然法、本体论的精神基因。欧阳竟无的另一弟子、熊十力的同门师兄弟刘衡如，撰文《破新唯识论》批判了熊十力。从杨文会、谭嗣同、欧阳竟无、章太炎到吕澂、印顺等人的佛教研究开始了现代转型，熊十力原创性地开启了儒佛融通的现代中国哲学，而梁启超会通中西，企图以对传统经典的全新诠释作为西方传来的现代法政的精神基石：他们是研究三家融通及其现代转型的先驱。

　　至于他们之间的学术争论，笔者以为，是站在不同的立场所致，不伤其追求真理之初心、赤诚弘道之初衷。如吕澂、印顺等人提倡"正本清源、回归佛陀"是为了追求佛教真知，弘扬正确佛法；熊十力提出援佛入儒，并建立新儒家，或是为了接受梁漱溟所警之言"此时、此地、此人"，是为了顺应时代所需，面对西方哲学思潮挑战，建立现代中国人能够接受的新儒学即中国哲学。他们皆对笔者深有启发：一方面，笔者尽量返本，理解中华三家的"法之道"真义，另一方面，笔者也要应对时代使命，给予回应，并尝试进行创造

----

　　① 熊十力本人在《新唯识论》中强调他既是儒家又是佛家，他骨子里究竟是儒家还是佛家，值得探讨。

　　② 参见熊十力：《新唯识论》，中国人民大学出版社 2006 年版，第 1 页。

性转化。

二、当代法学界关于中国是否有自然法精神的研究

（一）现当代法学界依凭现代范式主张中国无自然法的学者占主流

现当代中国法学界多数学者进一步以西方现代范式和隐含预设为标准，认为道、礼等词不是自然法，或者说中国无自然法。

当代中国法学界专门研究"法之道"的学者目前尚未见到，唯有程燎原从文献学角度研究近代翻译而撰有《"性法"、"天法"、"自然法"：清末的译论略述》（2007 年）一文。该论文从文献学视角研究近代翻译西方的"natural law"为中文的过程，认为，"性法"之译不仅符合西洋"自然法"的部分本义，且能与中国传统思想或哲学义理沟通。在笔者看来，该文展现了用中文翻译西方语言的困境，似乎无论翻译为"性法""天法"或"自然法"，都依然有很浓厚的中国文化气息，而难以表达西方"natural law"的 logos 理性意涵。

不过在中国研究自然法的学者是很多的。就大趋势而言，当代中国多数学者都是把"自然法"等同于"西方自然法"（即逻辑实验范式下的以自然欲求反抗神权的自然法），以西方现代范式为标准从而认为中国"无自然法"。他们比近代学者更精熟西方的范畴、问题，其观点有时代意义，但不少人对国学缺乏深入的内在了解。认为中国无自然法的，有俞荣根的《儒家法思想通论》（1998年），及刘新等人。论文方面，截至 2011 年以"自然法"为关键词跨库检索 CNKI 全文数据库，共有 374 条文献信息，其中核心期刊的63 篇，硕士论文 21 篇，博士论文 7 篇。[①] 而笔者发现，从 1962 年

---

① 杨博、时溢明：《近年来国内自然法研究综述》，《河北理工大学学报（社会科学版）》2011 年第 2 期。

到 2015 年，以"自然法"篇名为跨库检索 CNKI 全文数据库，共有 786 条文献信息，其中，CSSCI 来源期刊有 117 篇，核心期刊共有 182 篇，2001 年以后有 7 篇博士论文，53 篇硕士论文；但以"自然法精神"主题检索只有 19 条文献信息，以"中西自然法"检索 4 条，以"佛教法律"检索 7 条，以"儒家自然法"检索 15 条，以"道家自然法"检索 6 条，而以佛教"本性法"或"自然法精神"为篇名、主题检索均为 0 条文献信息。

其中依凭现代范式主张中国无自然法的代表作，依凭现代范式主张中国无自然法的论文，有梁治平的《"法自然"与"自然法"》(1989 年)，及陈晓岚、付春杨、罗昶等人之文。

这些观点曾推动了反思"文化大革命"、解禁人权、走向法治的浪潮。的确，在狭义的逻各斯意涵上，natural law 与汉语中的"道"存在思维区别，但具有批判现实法制功能的"道"却在现代性中被误读、遮蔽了。

另外，大陆研究西方自然法的也值得关注，如吕四伦等人。舒国滢的近文《17、18 世纪欧洲自然法学说：方法、知识谱系与作用》(2014 年)较深入地分析了近代西方自然法之几何学思维和理性主义知识谱系。李季璇的论文《早期作品并非不重要洛克〈自然法论文集〉译后》提到"本性法"一词，他说："自然法也就是人类的'本性法'，是与理性的本质相符的'理性法'。"①

这些对于比较中国哲学中的直观思维与西方的现代逻辑思维，比较中西方自然法精神，都颇有价值。

（二）当代依然有人认为中国有自然法或有自然法精神

从迷恋西方转回主张中国有自然法的学者，如原来研究哈耶克的邓正来，2006 年出版专著《中国法学向何处去》，提出"中国自

---

① 李季璇：《早期作品并非不重要洛克〈自然法论文集〉译后》，《科学文化评论》2011 年第 1 期，第 9 页。

然法"一词,并质疑西方的现代范式,可惜他没有来得及阐释这个"中国自然法"就去世了。有人说,他有点像《阿甘正传》里的阿甘,他开始向一个方向(西方)猛跑,他的激情引起大家跟着他往那个方向猛跑。突然有一天他改变方向(向着东方),于是跟着他猛跑的人懵了,①只能呆呆地傻站着不动,茫然无所适从。

对国学有较深功底的研究如崔永东等人,他能够立基于帛书研究而撰有论文《"中国古代无自然法"说平议》(1997年),法学界似唯有他基于帛书版本展开研究(笔者也是立基于简帛版本研究)。又如张国华、饶鑫贤、严存生、刘广安、张飞舟等人也持"中国古代有自然法"观点;亦有站在现代范式,认为中国有半截子自然法,或有自然法观念而无概念的论文。

到2011年后,法学界的情况似乎有点改变,除了笔者的博士论文《〈老子〉法理念探微》外,有对国学有一定了解的张弛、郭冰九、李洪卫等人的论文。2014年有颜铨颖等从孔子等比较中西自然法的论文。但尚无人提出以佛教作为沟通东西方的桥梁。

最近两年,智利的马科斯·哈拉米略(Marcos Jaramillo)所撰《"法"贯中西——以真正的自然法为中心》(2016年)一文,似乎更客观、无偏见地认为中国之"道"(比近代欧洲主张自然欲求的自然法)与真正的自然法之间有更多相似处。除此之外,近年来,除了章礼强(2018年)研究道与自然法的会同,其他比较中国儒家与西方自然法等方面的论文,依然多是站在现代范式,而认为中国有自然法观念而无自然法概念,似有削足适履之嫌。

(三) 当代法学界建构中国法哲学、体现中国主体性的研究

近年来,当代法学界有识之士开始认识到,只有建构中国法哲

---

① 该观点参见雷勇教授于2011年12月17日19:00—22:30,在西南政法大学渝北校区图书馆学术报告厅的邓正来讲座"现代性世界背景下的中国法学研究"上的点评。参见邓正来:《现代性世界背景下的中国法学研究》,付子堂主编:《法理学讲演录(第八卷)》,法律出版社2013年版。

学才能体现中国主体性。问题是,中国的道、德、仁、义、礼、智、信等价值跟西方的权利、责任、自由等有何哲学关联? 此需更深入的厘清,具体而言,法学界尚待进一步以内在了解的"哲学研究"视角,即中国自身的话语体系对中华法精神进行整体性的目的价值话语转型。虽有学者对传统所持的是社会学或"文化的研究"视角,但文化习俗中有的糟粕不一定与中国古经典的原义吻合,需要从经典返本开新出未来法律理想图景。

近些年,汉语法学界中越来越多的人逐渐认识到以内在了解的"哲学研究"视角,即中国自身的话语体系对中国法哲学进行整体性的话语转型和理念建构,才能体现真正的贡献。郑永流(1992年)较早提到中国法哲学,认为要对现实中各种矛盾进行区别对待。张文显(2001年)等人果敢提出当代中国法哲学的研究范式应从阶级斗争范式向权利本位范式转换。赵明(2003年)发现李步云为中国法哲学研究提供了基础、方向和标准。邓正来(2008年)提出中国法哲学的基本使命是根据中国自己的法律理想图景引领中国法制的建设,并指导中国主动参与"世界结构"重构进程。魏敦友(2011年)在邓正来的基础上提出新道统论,认为这才能实现当代中国法哲学的建构使命,解永照等人对此研究有所推进。特姆·鲁斯克拉(Teemu Ruskola)的《法律东方主义》(2013年)、魏磊杰认为,中国法哲学主体性建立的破解之道就在于如何实现从法律东方主义迈向东方法律主义。陈金钊(2014年)通过与严存生的商榷、推进,认为中国的法治建设需要法哲学层面的顶层设计,不仅要借鉴西方分析性文化对形式逻辑的重视及实证主义思维的缜密,也要继承中国整体性文化的优势及其对方法的整合功能。从2013年至2017年浙大举办了三届中国法哲学国际研讨会,推动了相关研究。如於兴中(2017年)认为,"后全球化时代""无王期"的到来给中国法哲学的建构带来机遇,提出国人有能力建立属于中国的德性法理学;汪雄涛(2017年)认为,基于汉字表义系统的法哲学研究是大有可为的，尤其有助于修正我们之前的方法论；卓泽渊的《法的价值论》（2018年修订版）有一节涉及中国传统的法的价值观，但主要关注人的生命、平等、自由、公正等价值，认为可能建立起基本的、较稳定的价值准则体系。李步云、陈林林、张志铭、朱新力、蒋传光、今井弘道、孙育玮等强烈认识到，只有建构中国法哲学才能体现中国主体性。

另外，孙笑侠（2019年）也认为应当建立依据自身特征关注中国的法治模式，中国司法公信力应兼顾司法职业性和司法平民性之间的矛盾。刘作翔（2019年）认为在法治中国建设中，应对各种规范体系予以科学、恰当的法律定位。今井弘道、林端、付子堂等也通过比较中西文化，探求中国的文化心理结构、道德宗教，或者是儒家伦理与现代法治的关系。

赵明的《中华法系的百年历史叙事》（2022年）等，从中华法系百年转型等视角研究了中国法哲学与中国传统法的精神意向等。这些中国法哲学的研究思路有助于本课题研究。

不过，在当代中国，依凭现代范式主张中国无自然法的学者依然占主流。当代法学界却很少有人基于版本、文本研究深度吸纳佛学、道学、儒学的最新研究养分，从释道儒三家"法之道"的现代表达、转化、诠释中总结出创造性转化中的中华法哲学"法之道"的定义、义素、特质、结构等方面的全面阐释。

三、当代道、佛、儒学界涉及"道"等词的研究

（一）当代佛学界已进入思想史和文本考据或学理梳理的阶段

当代佛学界，中国国内集中在思想史研究。从20世纪至今，是佛教研究的转型时期。国外主要集中于文本考据或学理梳理，日本当代的考据不如其近现代，在近代做得较好的，有南条文雄等人。另外，近代日本还有研究禅思想史的如忽滑谷快天，从佛教吸取资

源而建构哲学体系的如田西几多郎，等等。现代西方的佛教哲学研究在表述上更有逻辑性，如俄国的舍尔巴茨基（Th. Stcherbatsky）、德国的赫尔曼·奥登堡（Hermann Oldenberg）、英国的李斯·戴维斯（Rhys Davids）等人。当代中国佛学界，主要集中在思想史研究，如楼宇烈、方立天、王瑶、龚隽、麻天祥、张雪松、释净因、夏金华、李四龙、吴有能、蔡耀明、刘成有、张风雷、贾晋华、学愚、宣方、冯焕珍、刘宇光、谭伟伦、赵飞鹏、释惟善、南怀瑾等学者，他们不断深入佛理和思想史研究。

日本池田大作的著作《佛法·西与东》（1996 年）比较简略地分析了《南传弥兰王问经》（以下简称《弥兰王问经》）中自我与无我的辩论等，而未涉及其中的自性（即本性）话题。蒲长春的《论佛教与希腊文化的相遇》（2007 年）等论文介绍了龙军比丘的经验论证与弥兰陀王的逻辑演绎论证的交锋（不过笔者认为龙军也有逻辑演绎的一面），但无人从《弥兰王问经》发掘出其对于中国之道与古罗马自然法之间的桥梁作用。

"本性"中的"性"字曾被用来指称三教之悟道。周贵华的《唯识、心性与如来藏》（2006 年）认为中国化的本性论容易偏向梵我论，是错误的。赖永海的《中国佛性论》（2012 年）认为佛性论的中国化体现在佛教的儒学化、心性化，其本体论的思维模式影响了中国思想。杨维中的《大乘"三系判教"与如来藏系经典的地位新论》（2016 年）一文认为，没有任何一种经典明确将如来藏思想作为独立于"空""有"以及密教之外的独立派系看待，因此反对释印顺将如来藏作为独立的第三系。林晓辉的论文《佛教哲学中的"是"》（2007 年）认为佛性论是关于"是"的本体论。笔者不赞同林晓辉的观点，而认为佛性虽有"是"这一本体论或"界"的含义，但却与古希腊罗马的本体论不一样，是空慧贯彻到底的"中道"本体论，与梵我论、神我论或熊十力的"本心"不一样。

近年出现了解释学如美国唐纳德·罗佩兹（Donald S. Lopez）

的佛教解释学。心理学方面,中国台湾吴汝钧的《唯识学与精神分析》(2014 年)和美国汤姆·斯通(Tom Stone)的《精通情绪》(2015年)、肯·威尔伯(Ken Wilber)的《意识光谱》等将禅学整合进入后现代心理学,对本课题创新地用现代汉语阐释古典具有启发。

　　另一方面,当代法学界关于佛教法的研究论著也极少,未曾涉及佛教法哲学的现代转化。仅有的研究也多集中在佛教古代法规、戒律、伦理、傣族佛教法规等形而下方面。佛教法思想研究的代表作是劳政武的《佛律与国法》(1999 年),该书认为佛教法律源于原始佛教徒相聚中发生问题而产生的戒律。性戒是戒除人们皆厌恶的杀、盗、邪淫、妄语等恶行,并进而根治心理动机上的贪、嗔、痴、慢等所引发的犯意,而这些犯意皆源于人性心理感觉上皆有的恐惧。因而在世界上各大宗教和古典哲学观念中,这些与性戒相关的恶行都是被否定的过错和罪恶。① 另有陈晓聪、杨荔薇等人的博士论文研究佛教法。但是,没有人通过佛教经典研究佛性(本性)论如何作为沟通中华法哲学本体论与西方自然法的桥梁。

(二) 当代道家学界已进入考证考古文本与新道家提出的阶段

　　在当代中国道家学界,虽然还有传统派、修行派或居士派研究,如任法融等人,但学院派主流对老庄等研究总体已进入仔细考证考古文本、特定版本的阶段,如陈鼓应、严灵峰、刘笑敢、高明、刘殿爵、许抗生、美国的韩禄伯、艾兰、英国的魏克彬等研究帛书《老子》或其他版本。德国的瓦格纳用哲学解释学方法建立了王弼《老子》的批判性版本。笔者借鉴他的方法和唐玄宗李隆基"异本合刊"的方法,建立了郭店楚简本与长沙帛书本结合的《老子》批判性版本。②

　　张祥龙(2011 年)从郭店楚简《老子》甲本发现了"天下之物生

---

① 参见劳政武:《佛律与国法》,台北老古文化事业公司 1999 年版,第 5 页。

② 参见费小兵:《异本合刊之〈老子〉:楚简本+马王堆帛书本——兼论建立〈老子〉批判性版本》,《荆楚学刊》2016 年第 2 期。

于有,生于无"中水平域式的地位,"有"和"无"有同等的本体价值;美国学者艾兰《湮没的思想——出土竹简中的禅让传说与理想政制》(2015年)结合郭店竹简,发掘战国时期老子等思想家关于禅让传说与理想政制的阐发;刘笑敢《老子:年代新考与思想新诠》(2015年)也在郭店楚简、帛本等版本基础上,以辩证法和道分别为自然和无为提供经验性的论证,由此对《老子》进行深层剖析和体系的有机重构,并关注其现代应用;高华平(2019年)从郭店楚简《老子》文本加上《庄子》《韩非子》等著作对今本《老子》的引文章数,说明今本《老子》一书到秦始皇统一前至少已具有了六十四章的内容。

另一方面,新道家立场可使《老子》研究获得新思路。"当代新道家"这个说法是董光璧(1991年)基于当代新科学世界观向道家某些思想的复归而提出的概念。2010年,胡孚琛提出"道学",使道家、道教研究融为一体。张岱年、冯达文、成中英、宫哲兵、陆建华(2011年)、许抗生(2015年)等完善了新道家的内涵。刘军宁(2014年)认为儒家不足以也没有能力垄断中国的自由传统,因此应从"新道家"将中国的"天道"思想和西方传来的自由主义相结合,使中国的宪政民主获得坚实的本土根基。刘仲林(2016年)等人也从生命本质等方面赋予了广义当代新道家之人文新义,其特别强调了中西文化会通。

当代法学界对道家法的研究多认为"道"是中国封建法文化渊源,如徐进认为道家不是"法律虚无主义",程维荣(2000年)、龙大轩(2004年)等人认为"道"是中国封建法文化的渊源。但笔者觉得,"道"作为哲学本源,其相关的世俗法律是可与时偕进的。李晓明(2004年)发现早期道家对儒家的礼治学说并没有持鲜明的反对态度,反而给予了相当程度的兼容。但任强(2012年)认为道家法哲学从本体论的角度超越现象世界回答其本真问题,否定主客观之间的对立,批判一切经验世界包括儒家的有为法;杨杰(2019年)等梳理了先秦道家法律思想对后世法治的启发。而笔者觉得

"道"作为形而上本源，其形而下表象是可与时偕进的，也可能创造性转化和容纳儒家中的"仁"精神，而在精神价值上抛弃其与专制帝制有千丝万缕关系的"礼制"，在现实的民间法上理解法文化与儒家的关系。

另外，关于黄老道家，王沛的《黄老"法"理论源流考》（2009年）、杨二奎（2010年）等对黄老道家的法律思想做了历史脉络的梳理。王沛认为黄老重名，与老庄有所区别以后才具有更多的法理论，由此，王沛开始从黄老之法源流中梳理出古典的"应化之道"。程梅花（2018年）认为老子与黄老道家之管子二者所论之道有可知可得可效法之同和可言说与不可言说之异，由此形成二者法哲学思想致思取向"为学"与"为道"的不同。这些研究发现了从《老子》、早期道家到古代新道家（黄老道家）的某些法思想变化趋势。而古代新道家即黄老道家之要点是法政思想，主要研究者者有郑开、唐兰、裘锡奎、余明光、王中江、泽田多喜郎等。此外，陶佳（2014年）、王威威（2018年）等也对黄老道家法思想做了历史梳理；曹峰（2016年）重点从"道名法"三元结构研究"名"；崔晓姣（2020年）认为"刑名"确立之目的在于成就万物之"自然"。但这些研究还有不足，尚需从古代新道家转化为当代新道家法哲学。

（三）当代新儒家延续内在超越的生命哲学观研究

关于近代的儒佛关联，正宗传承的中国佛性论依然保留原始佛性论的本义，但朱熹等人误读了佛性论，或有的佛教以佛附儒，才导致佛性论的儒学化，尚需认真辨清区别。熊十力的成名作《新唯识论》即把佛性转化为儒家的本心，借鉴佛教建构儒学；牟宗三建立良知坎陷说，杜维明、Robert Neville 等波士顿儒学延续其心性修养与内在超越。陈来等关注经学史，成中英等关注儒学哲学的建构，从易学本体学对儒学做诠释，力图让儒学不仅是信仰，更是知识。儒家法律学界，俞荣根《礼法传统与中华法系》（2016年）站在两三千年儒家维度认为，"礼法"才是中华法系之"道统"在法律体制上的外在表现,是中华法系的法统形式。张伟仁《先秦政法理论》(2014年)等将先秦诸子的政法理论罗列出来。艾兰《湮没的思想——出土竹简中的禅让传说与理想政制》(2015年)、储昭华(2017年)、张自慧(2021年)等研究呈现出新气象。但尚需对中华法哲学作整体现代转型,也无人对仁礼、义利、调解等法精神作现代价值转型。

将儒家法与西方宪政哲学结合的有蒋庆等人,这种结合是否牵强,众说纷纭,尚待历史定论。江山、廖凯原等清华学者基于中国范式研究法哲学,但其言说方式较难被当代学者理解。何勤华的《宗教法本质考》(2014年)分析了宗教法的共性本质。而吴玉章、范忠信、赵晓耕、高鸿钧、李秀清、齐延平、魏敦友等人的相关比较法文化研究,对本研究也有一些参考价值。

当代道学界和儒学界的研究对于从三家融通中开启出自然法的精神基因(即"法之道")提供了潜在资源。另外,刘小枫在《共和与经纶》中也承认佛教有平等精神。马新主编的《中国文化四季》(2017年)开始用中国话语体系叙说中国传统的思想范畴,呈现出新气象。

(四) 西方哲学界研究三家之"道"的方法及其启迪

现代的西方哲学家和汉学家,由于问题视角和历史使命不同,不可期待其将佛、道、儒或中国的自然法精神这一命题作为研究重心,但他们对佛教或汉语哲学的研究亦应被关注,如德国的雅斯贝尔斯(Karl Theodor Jaspers)、美国的史华慈(Benjamin I. Schwartz)、迈克尔·拉法格(Michael LaFargue)等,以及当代一些美国的后现代超个人主义心理学家如康菲尔德(Jack Kornfield)等,试图打通佛教思想与西方哲学的分裂。顺带提及,对死海古卷原始《圣经》的发掘和重新认识,发现《多马福音》等与东方修行的关联、相似,或许会打破西方人的偶像宗教观及其二元分裂的自然法认识。总之,近现代西方有对"中国之道"关注的作者群,其作品中有二元论的视角,但近来也有不被国人关注的、超越二元的综合哲学视角。他们总体上展现了关注"中国之道"的另类视角和不同于中国传统的研究方法。

综上学术史发现，近现代逐渐不再用"道"等字眼表达中华法精神的本源，而用 natural law（曾译为性法，后译为自然法）来代表、替代道在法学界的崇高地位。演进到当代，多数学者以西方现代范式和隐含预设为标准审视中国，自然法遮蔽了"道"，从而认为中国无自然法，或有自然法观念而无自然法概念；德、仁、义、礼等中华法精神也似乎不是现代法的价值。这一语词替换、演进的过程体现了近代向现代转型过程中国人逐渐对中华法精神的疏离、陌生，和对西方法的价值的某种偏向。而目前法学界许多学者都忽略了承认差异与包容的世界哲学新趋势，这样的新趋势使得通过符号学等新方法实现不同哲学、思想之间的沟通成为可能，使得有崇高的法精神的中国古代经典思想能够与西方经典思想进行深入的义素异同比较，而绝不仅仅是简单的比附。所幸的是，从近代至今一直有学者认为儒家、道家有自然法或自然法观念，目前依然有个别学者关注中西自然法比较，如邓正来提出"中国自然法"这一个名词；当代法学界有一些学者开始发掘、恢复、创造性转换中华法哲学的词汇、范畴与精神，取得了一些优秀成果。

但学界多数人忽视了用中华自身的话语体系整体地、系统地对中华古典中以"道"为本的法精神作现代汉语转型，并将东方的目的价值体系整合进法治精神之中。而本课题紧跟信息时代承认差异、包容和高度综合的哲学新趋势，结合释道儒三家的学术前沿，可创新法哲学的新境界，将古典精髓融合进法治的话语体系中。并且，学界没有吸取德国逻辑范式、哲学解释学，让佛家与道家、儒家法哲学的整合发展出一套可被现代人理解的、具有逻辑规范的哲学，并超越现代性范式，运用前沿方法（信息思维、版本学、符号学、心理学等）综合性、专门性、深入性、系统性地对佛性论结合老子、孔子之道推衍出的"法之道"进行梳理。

此外,研究"法之道",更有其当代的意义:由于亚里士多德的法治是"良法"这一"形式"加上"普遍遵守"这一"质料"或曰经验内容,其逻辑结论是,法治本身成为"形式"(理性)治理作为"质料"的人民,最后通过此治理让人民回到彼岸实现最高的纯形式(理性神),但拥有"质料"即感性肉身的人怎么也无法达到纯形式的高度,于是形成二元分裂。二元分裂哲学导致中世纪神学(例如阿奎那神学)也是二元分裂的,在理论上使得人由于有此岸的肉身,永远也无法达致彼岸的最高德性。无根的现代性状态下的法治时代反专制的使命可以遏制人性的腐败,但却不能从根源上杜绝,所以有可能堕落为仅彰显欲望自由的时代,法治理念如"为权利而斗争"就可能堕落成"为恶俗而斗争"。在物理学中,量子力学已经走向一元论,以至于霍金嘲笑西方哲学已经落后于物理学了。若能回到中华文明本有的文化基因中寻找一元论的根,或可增补近代西方传入之世俗法治的终极性德性、心灵秩序之缺漏,从理论根源上解救人性的腐败。这也可能是中国哲学对世界人类的贡献,是中国人为国际哲学界增添的最有价值的精神之瓦。

因此,在中国急需以多元思维范式研究三家之道推衍出的"法之道"的现代阐释及其现代语词转型,以之升华法治的道德底蕴,从而对人类产生新的贡献。这将为中华文化与法治之间的冲突破局,化解东西方文明冲突,为法治提供来源于东方的文化依据、生存意义和价值支撑,弥补当下研究的缺漏。

第三节 用跨学科方法协助阐释经典

一、以哲学解释学、现象学、符号学、比较哲学为方法

笔者赞同应该让说着古汉语的佛经转为说着西方哲学用语的佛经,以现代学术用语帮助我们揭示原创者所用文字之真正意义,

使佛教哲学发展成为一套可理解的、具逻辑规范的哲学，为佛教哲学走向现代化，为以后的发展注入新的发展力，这也许是研究佛教哲学的一种新思路。①

在研究方法上，本书慎重地审视传统中国经典如佛教是否正确完整地理解了原始佛教，因而重视借鉴西方尤其是德国逻辑范式、哲学解释学来揭示释迦牟尼原始经文的原意。但是，对于经典的思想与价值的关切一定要进入经典内在的义理之中，甚至要回到思想史场景中，让经典活起来，这就必须既有逻辑上的义理学习和反思，又必须有超越逻辑的直观思维和回到实践来"悟道"、理解佛经的佛教传承之实践方法。本书也不得不重视新的研究方法，如超越逻辑的后现代方法，如符号学家格雷马斯（Algirdas Julien Greimas）、李幼蒸、龚鹏程等东西方学者从不同视角倡导对多元文化的符号学研究，可启发我们从整体性和综合性上研究三家融通的可能。在此基础上，本书立足于综合、直观思维，②重点使用符号学、哲学解释学方法与比较语言学、哲学比较研究法，并附带在思想史的脉络中，厘清相关佛教现代化中的一些疑难问题，继承近代佛教研究中对佛教学术术语的现代转化。从而既展现东方的根本智与直观、敏感思维，也以西方的现代逻辑范式来梳理佛教相关义理，实现东西方两类思维范式的接轨。尤其是在第一章等处，将采用比较法分析释道儒三家，并且附带依凭思想史的背景介绍而厘清相关佛教概念现代化中的一些疑难问题。③

---

① 林晓辉：《佛教哲学中的"是"》，《五台山研究》2007年第1期。

② 参见费小兵：《〈老子〉法观念探微》第一章第二节。

③ 吕澂说："今谓教理由文字研究势不可废，训诂、达意二法亦不应偏重。但训诂应有比较的研究为之依据。译籍则异译之比较，原典之比较，得文句精确之解释，而后训诂为无病。又达意应由批判的见地尽其运用，或则以一部前后所说为批判，或则以著作家根本思想为批判，或则以当时一般思潮为批判，乃至典籍流传之地域写本，古今学说之变迁交涉，种种方面皆当理解。而后观一部大意不致偏失，通全体之理论亦端绪可寻。如是得佛教教理，其真相矣。"参见吕澂：《佛学研究法》，广陵书社2009年版，第60页。

二、用喻象学、文本学和训诂法分析相关经典版本

本书意欲创造性地从佛家的"本性"（佛性）和道家、儒家之"本性"推衍出"法之道"（旧译自然法精神），但其前提是要明白经义。而仅用前述哲学解释学等尚不足以在疑难经义解释上寻得原初的释迦牟尼之本义，所以，配合以文本学、训诂学，甚或必要的对相关词句的梵文、巴利文比较研究，都是必要的。例如，本书引用的佛经，首先是释迦牟尼的弟子记录释迦牟尼语言而形成的《阿含经》，即被传统佛教认为是小乘的经典。既然史学界已经考证出这是释迦牟尼时代的文献，具有最大的似真性，最接近释迦牟尼之本义，因此相对来说最有权威性。

其次，释迦牟尼涅槃后的佛经，只要合于佛法三要义（诸行无常、诸受是苦、诸法无我），无论是否是释迦牟尼亲自所说，都属于佛教经典；其哲学意涵只要合乎佛理、佛法，都是可以被引用的经典。无论是《阿含经》还是《般泥洹经》等，本书使用的文本主要来自日本《大正新修大藏经》，主要从其中的《心经》《弥兰王问经》等切入。本书引用的《老子》文本，在通行版本基础上，结合楚简本、帛书本，形成了一部批判性《老子》版本，参见拙著《〈老子〉法观念探微》附录。

三、用跨学科方法协助阐释经典

本书还试图以信息论思维结合来源于佛教唯识学的纯粹力动现象学、心理学、符号学、哲学解释学、训诂等方法诠释三教经典中的"道"等，并由"道"创造性转化为现代语词"法之道"。

在一些很难用传统解经方法让现代读者读懂的地方，本书尝试用心理学、量子物理学等现代科学方法协助阐明难解之经义。

即在量子物理学嘲笑西方哲学已死的年代，本书将用现代汉语重释佛教哲学（及其法哲学），并且或许可能让科学界发现，与前沿物理学之主客体不分的思想最接近的恰恰是东方的佛教。由此，本书将返本开新，开启出科学与人文统一、内含至善本性的法本体论，总结并重新定义"法之道"，即将西方"natural law"翻译过来，将国人习惯使用的"自然法"替换为"法之道"。

第一章 道释儒三家"法之道"的异同：探寻中华法系本体论的特质

首先，道德堕落、信念缺失，是当下中国最严峻的问题；其次，霍金嘲笑西方二元哲学已经落后于物理学，故急需寻找非二元论的哲学，这样可增补近代西方传来之世俗法治的心灵秩序之缺漏；最后，中华的法哲学缺乏自主性建构及其对世界法哲学的贡献，是法学学术界的一大瓶颈。基于这三个缘起，本书试图将中华传统思想之精华进行现代转型，汲取人类文明中合于良知的良法善治，从中华儒道佛三教的法精神中返本开新揭示此时代的中国法治精神，以期解决时代的无根与阐释力问题，实现法治基石上权利与道德的结合。儒家创始人孔子言"性与天道，不可得而闻"，几乎没有关于本体方面的详尽解释、阐明，宋明理学家们却借鉴佛教来建构儒学。道家创始人老子的致思方法是从关注"根""母""始"入手，关注"无中生有"的历史视角，其重点是从宇宙发生论探索本体，而这就需要借用佛教中的本体论，来建构中华法哲学。总之，本章回到三家最原初的圣人如释迦牟尼、老子、孔子那里，在比较异同的基础上，融通儒道佛三家的"法之道"。

第一节 佛教向东与道儒两家融通之历史线索

在公元前几个世纪或公元后，印度就长期是雅利安人、希腊人、波斯人、叙利亚人和印度本土各族人互相争夺领土的战场，完全没有战乱的时期极少。阿育王（前 273—前 232 在位）放下武器、笃信佛法后，派人向东、向西四处弘法，其足迹到了师子国（今斯里兰卡）、缅甸、泰国、叙利亚、埃及、希腊和中国等地，可推测在公元前 232 年阿育王去世之前，佛法就可能传播了到中国。到了公元前 2 至公元 2 世纪，大月氏人迦腻色迦王（78—120 在位）亦同时向西一向东传播佛教。大月氏人即史书称之贵霜王朝（《汉书·西域传》谓之阎膏珍人），在西汉哀帝、平帝年间从敦煌祁连山间向北迁徙，到布哈尔（土耳其斯坦），后南下占领帕米尔高原及阿富汗，都城在北印度的克什米尔。其后占领整个中印度，并成为全印度的共主；迦腻色迦王是贵霜王朝第三代国王，于汉哀帝元寿元年派使臣奉佛法进入中华帝国，面见汉哀帝。该事实有许多史书为证。宗教势力随政治势力而向北，尤其是沿着丝绸之路的西北路线向中国发展。此后，在皇族的推动下，佛法在中国的传播特别迅猛，并与儒家、道家等互相吸收，逐渐扎根、融入中国本土文化。

　　在三家融通、比较之前先要做一点说明，本书所崇尚的儒家不是荀子和秦汉以后成为帝王师的儒家，而是先秦的孔子，并且对孔子也一分为二：其有超越私天下的"大同社会"理想，也有为了医治时疾而应对私天下之专制社会的"小康"礼制制度设计。在本书中所要吸取的是孔子超越私天下的"大同社会"理想及其"仁学"思想，而非为了医治时疾而应对私天下之专制社会的"小康"礼制制度设计。①

----

　　① 李幼蒸、杨朝明、陈琦萍等皆有对儒家的一分为二的看法，如李幼蒸将儒学分为"仁学"与"儒学"，认为"仁学"是可以被当代中国人继承的，而儒学不必全被当代人吸取。参见李幼蒸：《仁学解释学》，中国人民大学出版社 2004 年版。该书以仁学和儒学相对比，用"仁学"一词专指孔孟伦理学，以区分于古代儒教经学和宋明理学。陈琦萍认为孔子之后，尤其是秦汉以后的儒家与孔子有鲜明差异。参见陈琦萍：《真假孔子》，东方出版社 2016 年版。中国孔子研究院杨朝明也提出真假孔子之辨。其实，早在近代，谭嗣同就在其《仁学》中提出秦汉以后尽是"荀学"而非"孔学"，也提出回归孔子之"仁学"而抛弃被专制帝王利用之儒学的口号。另外，邓晓芒对中国人集体潜意识（转下页）

而中国汉以后的儒释道相互吸收关系被有的学者归纳总结为三期：第一期是魏晋南北朝时期的葛洪提出的"三家一致"，第二期是隋唐时期的"三家鼎立"，第三期是宋元明时期的"三家合一"，尤其是南宋，三家合一呈现出发展趋势。[①] 笔者认为宋元明时期应该称作"三家融通"，而非"三家合一"，因为三家还是各有其主要观点与分歧。下面是三期之大致脉络：

第一期：魏晋至唐，三家印证之萌芽。

魏晋南北朝时期就开始用中国固有文化来理解佛教之传统，认为佛教与中国传统圣贤思想的观念趋于一致。郗超（336—377）著的《奉法要》，就用《大学》与《中庸》来印证慎独之要，用儒家忠恕之道与佛教四无量心比较。宗炳（375—443）著《明佛论》论："孔、老、如来，虽三训殊路，而习善共辙也。"[②]张融（444—497）死时遗令左手执《孝经》《道德经》，右手执《小品》《法华经》。梁武帝（464—549）主张三家一致，三家同源，"穷源无二圣，测善非三英"（《述三教诗》）。[③] 白居易（772—846），以《诗经》"风雅颂赋比兴"之"六义"比附佛经"十二部"之内容。[④] 唐代圭峰宗密（780—841）也有"孔、老、释迦，皆是至圣"[⑤]的说法。陈寅恪认为，南北朝时，即

（接上页）中的"百家争宠"，争做帝王师、而非做超越性的独立学问的心态做了深刻的反思，认为文人应该有学术的"独立意识"，才能做出好学问来。参见邓晓芒：《必须把传统文化批判推进到新的层次》，载《共识网》。

① 参见黄心川：《"三家合一"在我国发展的过程及其对周边国家的影响》，《哲学研究》1998年第8期，第25—28页。

② （梁）僧祐：《弘明集》卷2，《大正藏》第52册，第12页。

③ （唐）道宣：《广弘明集》卷30，《大正藏》第52册，第352页。

④ 张清泉：《北宋契嵩的儒释融会思想》，台北文津出版社1998年版，第27—29、34页。

⑤ （唐）宗密：《原人论》，《大正藏》第45册，第708页。东晋名士孙绰已有"周孔即佛，佛即周孔"之论。慧远以佛统儒玄，"内（佛）外（儒）之道，可合而明"，在佛教史上，"慧远结束了从东汉以来佛教义学主要同《老》《庄》结合的历史，转向了主要同儒家紧密结合，儒教的许多基本思想，被逐步组织到佛教的教义之中"。唐代宗密以判（转下页）

有儒释道三家科考之目，至李唐之世，遂成固定之制度。①

第二期：宋代以后：三家会通有大成。

宋以后三家融合，并以佛教之发展推动儒学之复兴，已成为学术界的定论。② 学者们对宋代儒佛关系展开了较多讨论。③ 洪淑芬认为学者们目前的研究方法与范围，多半采取佛学与理学的比较会通，再从两者的共同思想判断佛学对理学的影响。诸如理学家的本体论、性情说、宇宙观，还有入道工夫的"静坐"与"主敬"等思想的形成，也被部分学者认为与佛教密不可分。但是，学者在研究儒佛之关系时，却可能难免落入主观的预期心理，进而陷入过度诠释的论述危机中。而如果进一步深入、直接探讨佛教僧侣孤山智圆、明教契嵩、大慧宗杲等的儒学思想，并观察其思想在当时的学术地位及影响力，将可以为佛教对宋学之影响寻求进一步的解套。④ 因此，深刻而广泛的融合主要在宋代，儒道佛三家都在不同程度地彼此融合，但佛教僧侣孤山智圆、明教契嵩、大慧宗杲对朱熹等理学家的单方面影响是直接而明显的。

洪修平认为，入宋以后，在三家合一逐渐成为整个社会思想文

（接上页）教汇通三家，完成了佛教儒学化。宋代契嵩为此做了权威性总结，他的《辅教篇》回答了韩愈、欧阳修的辟佛，明确了"治世者，非儒不可也；治出世，非佛亦不可"。新儒家正是要在新禅宗止步之地，再向前迈进一步，全面地肯定人伦、世事是真实的，而非虚妄的。但其本体建构，则主要取资华严宗。陈少明：《被解释的传统》，中山大学出版社1995年版，第92—93页。

① 陈寅恪：《冯友兰中国哲学史下册审查报告》，《金明馆丛稿二编》，上海古籍出版社1980年版，第250页。

② 韩剑英：《"宋学先觉"孤山智圆思想研究》，中国人民大学2007年博士论文，"摘要"，第3页。

③ 熊琬、蒋义斌、周晋的专著分别探讨了佛教与儒教的关系。见熊琬：《宋代理学与佛学之探讨》，台北文津出版社1991年版。蒋义斌：《宋儒与佛教》，台北东大图书股份有限公司1997年版。周晋：《道学与佛教》，北京大学出版社1999年版。

④ 洪淑芬：《论儒佛交涉与宋代儒学复兴——以智圆、契嵩、宗杲为例》，台湾大学2006年博士论文，第2页。

化基调的背景下，中国佛教对内禅净两宗趋于合一，对外与道、儒进一步融合，成为其发展的基本趋势和最重要的特点。[1] 但据严耀中考证，"三家"一词在《旧唐书》中共出现 24 次，比除了《新唐书》之外的其他二十二史中此词所出现的次数加起来的总和还多。而在明代之前，只有三家的概念，根本没有"三家合一"概念的流行。所以，笔者不以"三家合一"的概念而是用"三家会通"的概念来理解宋代的三家融通思想。本书要考察的三家会通思想，考察的不只是所谓"三家在道德价值观念上的一致性"，[2]更多注重在佛、儒、道在思维方法、理念等方面的会通。下面先简要考察宋代儒道两家的"三家会通"思想。

儒家方面，孙复（992—1057）认为，"儒者之辱，始于战国。杨墨乱之于前，申韩杂之于后。汉魏而下，则又甚，佛老之徒横于中国"，"去君臣之礼，绝父子之戚，灭夫妇之义。儒者不以仁义礼乐为心则已，若以为心，得不鸣鼓而攻之乎?"而石介（1005—1045）尝患文章之弊、佛老之蛊，著《怪说》《中国论》，言去此三者，乃可以有为。[3] 李纲（1083—1140）以为，三家都是求道之教，但儒家根于道，而开出世间治理的措施，对于治理世间而言，应该以儒为主。刘子翚（1101—1147）认为三家本同，儒为最完善之教。在张商英

---

[1] 参见洪修平、陈红兵：《中国佛学之精神》，复旦大学出版社 2009 年版，第 78 页。

[2] 古人极少用"三家合一"这个词，至少是明代以前基本上没有人使用过此词。作者曾请友人复旦大学吴松弟教授通过电脑光盘检索，三家合一之称在整个《四库全书》中只出现过八次，且全都是在元代以后。也就是说，在明代之前，只有三家的概念，而根本没有三家合一概念的流行。或者说，明代以前的人尚未认识到三家在外在形态上有合一的可能性。当然，明代人所说的"合一"，仍可分两个层次。其一依然是以往"三家归一""三家一家"的那层意思，即主要指三家在道德价值观念上的一致性。严耀中：《论"三家"到"三家合一"》，《史学研究》2002 年第 11 期。宋明理学作为"新儒家"比道家、佛家更为一贯地坚持道家、佛家的基本观点。他们比道家还要道家，比佛家还要佛家，故可以说其本身就体现着三家合一。冯友兰：《中国哲学简史》，北京大学出版社 1997 年版，第 272 页。

[3] 周予同：《中国经学史讲义》，上海文艺出版社 1999 年版，第 277—278 页。

(1043—1121)看来,释道儒三家中只有佛教能对治人的根本问题,显然高于儒、道二家。① 对士大夫不知佛法渊源而议论佛教,张商英病之再三。除欧阳修批评二程之外,他也批评二程。指出他们对"出世"一词所说界定不当。所谓出世间法,指的是戒定慧、解脱知见,与本于"色、受、想、行、识"的世间法不同。② 而周、程、张、朱、陆、王诸大儒表面上反对佛教,实际上是佛教的直接继承人。③

　　道家方面,道教金丹派南宗创始人张伯端(983—1082)融三家思想于道教修行,明确提出了"三家归一"的理论,认为"教虽分三,道乃归一"。④ 道士张守真(?—1176)也借天神之口,宣扬调和三家的主张。

　　佛教方面,永明延寿(904—975)认为,"儒道仙宗,皆是菩萨,示助扬化,同赞佛乘"。⑤ 三家是一家之物,万乘是一家之君,佛教

---

① 闫孟祥:《宋代士人的三家观念》,《光明日报》2010 年 11 月 3 日第 7 版。

② 黄启江:《北宋佛教史论稿》,台湾商务印书馆 1997 年版,第 389 页。

③ 任继愈认为,"周、程、张、朱、陆、王诸大家,在青少年时期都有'出入于佛老'的治学经历","如果仔细考察,会发现宋、明诸儒并没有真正反对佛教,倒是可以认为他们是佛教的直接继承人。也可以说,他们是接着佛教的一些中心问题,沿着他们的路线继续前进的"。任继愈:《佛教与儒教》,《文史知识》编辑部:《佛教与中国文化》,中华书局 1988 年版,第 12 页。顾伟康认为,在山水里,儒道佛三家并不如想象般地相互"敌视",事实上,以排佛著称的朱熹,在武夷书院中,尚有专为接待佛道之士的斋房。顾伟康:《禅宗六变》,台北东大图书股份有限公司 1994 年版,第 276 页。

④ 张玉璞:《宋代"三家合一"思潮述论》,《孔子研究》2011 年第 5 期。

⑤ 此话原文为:"儒道先宗,皆是菩萨,示劣扬化,同赞佛乘。"后校勘为:"儒道仙宗,皆是菩萨,示助扬化,同赞佛乘。"(宋)延寿:《万善同归集》,《大正藏》第 48 册,第 988 页。1987 年中华书局出版的由石峻、楼宇烈、方立天等主编的《中国佛教思想资料选编》第三卷第一册,没有校勘,保持原样,但断句不同:"儒道先宗,皆是菩萨示劣扬化,同赞佛乘。"(第 77 页)而任继愈《汉唐佛教思想论集》(人民出版社 1998 版,第 289 页)曾引用这段话为:"儒道仙家,皆是菩萨,示助扬化,同赞佛乘。(《万善同归集》卷六)"任继愈先生把"仙宗"改成了"仙家"。对此重要改动,书中并未见任继愈先生有任何说明。于是以讹传讹,后面的学者基本沿袭了此一说法。如王雷泉、洪修平、李四龙等为代表的学者的文章无不如此。分别见王雷泉:《中国佛教走出围墙困境及进入主流社会的路径》,《法音》2013 年第 1 期,第 21 页;洪修平、陈红兵:《中国佛学之精神》,第 79 页;李四龙:《论儒释道"三家合流"的类型》,《北京大学学报》2011 年第 2 期,第 47 页。

不宜偏爱,偏爱则竞生,竞生则损教。① 智圆(976—1022)的三家融合主要以儒释的调和为主,"旁涉庄、老,兼通儒、墨",②推崇韩愈,弘扬古文,尊崇中庸,比拟古道,③他认为,儒释道三家"本同而末异,其于训民治世,岂不共为表里哉!"④契嵩(1007—1072)认为,"佛老与周孔,自古帝王并用其教以治其世俗,几乎百代,是佛之教巍巍然关乎天地人神"。⑤ 天台宗山家派的广智一派的传人明智中立(1046—1115)以孔子、诗书之语印证佛道,儒生不能对答。⑥ 余英时指出,北宋不少佛教大师不但是重建人间秩序的有力推动者,而且也是儒学复兴的功臣。例如智圆和契嵩不但同精于韩文,而且同提倡《中庸》,这是佛教内部的学风。而智圆和契嵩正是北宋初至中期提倡儒学最力的两位大师。⑦

　　总之,宋明时代的三家融通已有大成,有大成者且对后世有大

---

　　① 张清泉:《北宋契嵩的儒释融会思想》,第38页。

　　② (宋)智圆:《闲居编》,《卍新续藏》第56册,第865页。

　　③ 张清泉:《北宋契嵩的儒释融会思想》,第37页。

　　④ (宋)智圆:《闲居编》,《卍新续藏》第56册,第899页。日本道元禅师曾对以智圆为代表的提倡三家一致作了激烈批评:"而今大宋朝,寡闻愚钝之徒多,彼等曰:'佛法与老子、孔子之法,一致而非异辙。'大宋嘉泰中,有僧正受,撰《进普灯录》三十卷云:'臣闻孤山智圆之言曰:"吾道如鼎也,三家如足也。足一缺而鼎覆焉。臣尝慕其人稽其说,乃知儒之为教,其要在诚意。道之为教,其要在虚心。释之为教,其要在见性。诚意也,虚心也,见性也,异名同体。究厥攸归,无适而不与此道云"'云云。如此僻计生见之徒唯多,非但智圆、正受! ……自昔惑于名相之徒,不知正理之徒,将佛法齐与庄子、老子也。于佛法聊有修习者,从昔以来,无有一人重庄子、老子。"[日]道元:《正法眼藏》,何燕生译注,宗教文化出版社2003年版,第681—682页。从以上道元的批判看,宗杲禅解老、庄,无疑也在道元的批判之列了。至于为什么道元要如此批判的背后原因,篇幅所限,也非本书讨论的主题,只好留待将来作专题讨论了。

　　⑤ (宋)契嵩:《镡津集》,《大正藏》第52册,第688页。

　　⑥ 黄启江:《北宋佛教史论稿》,第212页。

　　⑦ 余英时:《朱熹的历史世界——宋代士大夫政治文化的研究》,生活·读书·新知三联书店2013年版,第75、85、76页。另参见陈进:《大慧宗杲禅学思想研究》,中山大学2015年博士论文。

影响者,在佛教如大慧宗杲,在道家如王重阳、丘处机,在儒家如朱
熹和王阳明。尤其是阳明心学已有独立思想处,传诸后世,启迪出
反思专制之萌芽的李贽等人。阳明心学传到日本和韩国,皆被发
扬光大。

汤一介先生认为,儒家倡导的"万物并育而不害,道并行而不
相悖",道家主张的"有容乃大"思想,使得儒道两家排他性较小,而
包容性与调和性较大,这是中国固有传统能够大胆接纳、吸收佛教
思想的前提;隋文帝下诏"法无内外,完善同归"促进了六朝时就已
有肇始的三家调和的声音,宋明理学、心学大量吸收佛道资源,明
朝更有进士林兆恩统摄三家,建立了"三一教",至今不绝如缕;在
汤先生看来,包容调和,不具有绝对之排他性,乃是中国三家能和
平竞争共处、不诉诸武力,因而没有引发宗教战争的思想观念基
础。① 笔者认为,佛教的核心教义"佛性论"不是外在超越(外在的
二元分离的本体或上帝),而是与儒、道相似的内在超越(现实存在
者的内在原因),并且也主张无为,主张"八万四千法门门门皆是入
门路径"的道路多元与宽容等观点,与中国固有儒、道思想有相似
处,这也是三家能够和平相处、沟通甚或互摄、融通的原因之一。

第三期:近代,三家融通并渐向现代转型。

清初不少反对专制的思想家受佛教影响,或受王阳明心学传
人李贽的影响。如王夫之《相宗络索》基于佛教禅宗顿悟法门而认
为唯识学重点应该在于一刀断七识(打破我执)、转识成智,而非顺
世流转;并且他认为中国先秦思想中原有一刀断七识的内容,只不
过没有这个说法、这个词汇而已;由此,他将转识成智引入儒学,并
在此"智"的基础上建立道德本体。② 这种创新理解唯识学的方法
为现代新儒学熊十力开启了先河。

---

① 引自孙尚扬:《论汤一介的宗教观》,《学术月刊》2015 年第 9 期。
② 参见张晓芬:《论王船山〈相宗络索〉》,未刊稿。

　　雍正皇帝崇信禅宗,撰写《拣魔辨异录》等书,批判三峰汉月法藏和潭吉弘忍师徒为代表的三峰禅派,但却不以作者私人名义而以皇帝名义取缔法藏弘忍法系,①形成皇帝对禅宗的话语权威,从而打击了禅宗乃至整个佛教的独立自由发展。清代文字狱带来思想的禁锢,使得清朝全盛时期的乾嘉时代难以涌现创造性思想,不过,清朝对佛教不排斥,这使得佛教可以惨淡经营,默默传承。到了清朝中后期的十八世纪,彭绍升、薛起凤、汪缙、罗有高等名士虽因儒教大环境而从小学习理学,成年后却不排斥佛教,自称佛教"居士",形成一个在文人中较有影响的佛教居士团体。② 这个文人居士团体影响到龚自珍、康有为、梁启超等人。这风气也使得有革新精神的现代新儒学,从一开始就存有一个重要潜质是"援佛入儒",甚或可说是"外儒内佛"。

　　而道咸年间的龚自珍、魏源等人作为佛教居士,是学佛精英与积极入世、经世致用相结合的居士,将儒家公羊学与佛教合流,并带着佛教的开放精神率先接受西方,成为新文化的先锋。

　　承前所述,杨文会(字仁山,1837—1911)率先将佛经的精神进行了现代化的阐释,他主张应用佛学,以华严宗和唯识学为宗,持大乘如来藏思想和唯识学结合的立场,他创办的金陵刻经处和其弟子欧阳竟无创办的支那内学院是近代佛教复兴和光大的理论中心;③并且他与李提摩太合译《大乘起信论》为英文,该书在全球广泛流传。不仅如此,他还有不少著名的弟子,如欧阳竟无、释太虚等人,形成了代代相传的法脉。而将佛教直接、完整、明确应用于政治法律理想图景建构的先驱却是杨文会的弟子谭嗣同,他的《仁学》即是以佛教为理论基石的现代政治法律思想建构著作。

---

　　① 参见杨曾文:《清雍正崇信禅宗,曾下令取缔"佛门败类法系"》,载凤凰网:http://fo.ifeng.com/special/qdbjfojiao/qdemperor/detail_2014_07/16/37363253_0.shtml。

　　② 参见蒋海怒:《晚清政治与佛学》,第1—72页。

　　③ 参见梁启超:《清代学术概论》。并参见张相给谢无量《佛学大纲》写的序言。

总之，近代应用佛学的特点是，无论是作为佛教现代化萌芽的魏源、龚自珍，作为佛教现代化之溯源的杨文会，还是他的弟子、孙弟子，以及以改造儒家为现代法政哲学之基石的梁启超等人，他们进行三家融通的使命自然与唐宋时期的三家融通大不一样：面对西方强劲的武力包装下的西洋哲学，后者如同其武力，不再以融通、温和的姿态传入中国，而是以优胜劣汰、你死我活的面貌出现——仿佛是"如要西洋哲学活，就要中国哲学死"。那么，如何让国人不再对中国哲学陌生，从而不要让中国哲学"死"，并且不让中国精神、中华民族"死"——临危受命——就构成现代化转型时期文人如杨文会及其法脉弟子们对经典进行时代阐释的迫切使命，使得近代有价值的学者的特点皆是积极、精进。

承前，近代首位将佛教应用来经世安邦治国的是谭嗣同的《仁学》，其内容充满了激进的政法哲学气息，而除了谭嗣同之外的其他新学家康有为、梁启超等，似乎没有受杨文会的直接影响，而只是阅读了杨文会所刻之佛经，受了些简介影响而新学家对佛教的兴趣似乎更多地来自政治的意欲。[①] 而直面作为竞争参照物的西方哲学，回应现代化使命的集大成者、影响力巨大者，莫过于熊十力。熊十力师从欧阳竟无，在熊十力的《新唯识论》等著作中已经对儒佛道融通后的精神及其现代转化作了非常详尽、体系完整的建构。虽然后世标签他为"新儒家"，但笔者认为他作的是"三家融通"后建构的中国哲学（是不同于传统儒学，也不同于西方的哲学本体论），熊十力"新儒学"是依凭佛教改革后的儒学，其比宋明理学对佛教的吸收更明确、直接、充分、大胆。

综上所述，从魏晋南北朝到现代，中国人一直以开放的"殊途同归"心态接纳外来之佛教，佛道儒三家互相吸收、互为融通，甚或有人提出三家合一。这说明中华民族是一个开放、多元、包容、善

---

① 参见蒋海怒：《晚清政治与佛学》，第6—7页。

于接纳吸收外来精华的民族，中华文化曾是一个开放、多元、不断学习更新的文化。秉承这样的文化传统，本书将继承此开放、包容、吸纳、融通心态，重新梳理出佛道儒三家中与本书提出的法之道（自然法精神）相关的异同和融通之所在。

第二节　道释儒三家源初理论中的"道"之异同

先秦儒家没有形而上学方面的详尽言说、建构，宋明理学和现代新儒家多是从佛教中学习形而上学的建构。所以涉及自然法精神的形而上学追寻时，首先还是应以佛家之"道"和道家之"道"的比较为先，至于宋明理学和现代新儒家，笔者赞赏的也仅是其对先秦孔子之"大同理想"及其"仁学"的继承，至于宋明理学的其他与农耕社会适应、但不一定适应现代信息社会的某些礼教则不是笔者所继承的。

对于佛家和道家，笔者也以其源头释迦牟尼和老子的经典为主要理论来源。在此前提下，佛道儒三家关涉"法之道"方面的区别主要如下：

一、对本体、本性的认识视角和致思重点之异同

（一）佛家与道家本体论的区别

在对终极因的探索视角和致思重点上，佛经如《心经》强调"色即是空"，翻译为现代哲学语言是"现象即本体"；又如《华严经》言"一念之间，悉包法界"，[1]指现象中的每一个体、每一念头皆是本体的体现，可说是"一即一切"。可见，佛家相对更关注本体的视

---

① （唐）实叉难陀译：《大方广佛华严经》卷1，《大正藏》第10册，第1页。

角,这些对本体的描述非常直截了当,而不太关注历史的视角,因为佛家认为没有悟道的历史不过是轮回的历史,意义不大。故佛家更重视"缘起"(原因)的无处不在,认为"无中生有"也是有原因的,所以没有绝对的宇宙起点。

道家更多关注宇宙生成论的视角,以寻根为致思重点。如《老子》第四十二章谈到"道生一,一生二,二生三,三生万物","有生于无",这"生"字就有历史溯源、探宗寻根的意味。所以道家虽然也强调有个至上的东西(字之曰道)是万物、根本、本质,从而也有本体的观念,但其致思方法却是从关注"根""母""始"入手,从关注"无中生有"的历史视角,其重点是从宇宙起源论探索本体。道家通过寻根的方法,也寻找到其本体,这个本体就是"有生于无"的"无",或"虚而不淈"的天地之根,这个根不是"有",而是被叫作"虚""无",如果说"一生二"中的"二"指的是"阴、阳",那么生"二"的"一"是不可见的始基(如《老子》第一章曰"万物之母"),"一"不可见因此可被称为"虚无",而"道生一"中,这个道是比"一"这个不可见的"虚无"更"虚无",为了言说的清晰化,严遵勉强将之叫作"虚之虚"。①　就是说这个"根"不仅不可见,而且"非常名"(不可说),"道"不过仅是小名,故将之叫作"常道"是不精准的(或者说"常道"、规律仅仅是它的表象)。

但是,佛教之道,却反复强调"色",如《心经》反复强调"色即是空,空即是色。色不异空,空不异色",就是说佛教更强调现象即本体,不会说本体是"无""虚无"。道家以"无""虚"来理解本体,更多是从寻找"万物之宗"的历史视角来看的。佛教的"空"不等同于道家的"无",承前所述,"空性"或曰"佛性"的梵文"buddha-dhātu"的词根 dhatu 含义是"是,绝对存在、真如",但其另一词根 bhu 的含

---

①　参见费小兵:《〈老子〉法观念探微》第一章第三节。笔者梳理出《老子》之道的五层境界。

义却是"相对存在"，两个词根合起来的含义是"绝对存在与相对存在的统一"，巴利文中也一直强调"佛性"是"过去存在、现在存在、将来也存在的永恒存在"。这是在发现万物皆流变的前提下，发现终极因不是一个实体（而是色即是空，是万物自身的本质），因而叫作"空性"，在"空性"（bhu，相对存在）的前提下理解 dhatu（终极因、是、绝对存在、真如）。简言之，佛教的"空性"是"存在"或曰如来藏，而非道家的"无"。

但言说至此，可能又会让人误读道家，以为道家理解的道是"什么也没有"。错也。《老子》第六章强调"谷神（元神）不死……是谓天地根，绵绵若存，用之不勤"，因而，"道家之道"的意涵中有一层是"元神"之意，当然，"元神"已经是"有名"的了，故《老子》第一章曰"有名万物之母也"，指的就是是万物之母的道之其中一层意涵，是万物生生不息的根源、动力因、精微始基，但它本身不是精神、意识。因而老子、道家的道不是"什么也没有"，并且老子不否定万物的生生不息，这一点与儒家更接近。那么，不是"什么也没有"的"道家之道"难道不就是佛教的"存在"吗？

答案是，在佛教中，无明的含义是：一念"我执"起，才有万物生。所以"元神"在佛教看来似乎雷同于生起万物的"无明"种子"阿赖耶识"（第八识）。大乘佛教虽然不否定已经生起的无明及其生生不息的生命万花筒，但却强调个体内心应该打破"我执"、回归本体（buddha-dhātu）"不动、不生"的精神境界或曰无住涅槃——一种打破我和一切现象的无限及随之而来的精神光明境界，并以此"如如不动、不生"的精神境界来入世（而非隐遁），以随缘、无执着（无所住）的自在、自由心态来面对并智慧解决一切俗世事物，这就是《金刚经》"应无所住而生其心"的意涵：无所住、无执着地生活于生生不息的俗世间，而生起"守在如如不动、不生的本体"的心灵境界。

由于佛教对生起万物的"无明"种子"阿赖耶识"（第八识）的批

判态度,从此逻辑也必然在态度上不赞同道家理解之"元神"是一种功德。由此,道家之"道"的一层意涵被佛教所否定,①从而也就否定了道家理解的"道生养万物是一种功德"的态度。

而与佛教价值观相反,道家与儒家都在价值观上赞同道生万物,及万物的生生不息,并强调道的尊贵之处在于从根源上"生养万物",而不是认为万物的诞生是"无明"一念起分别而导致。因而,问题争论的关键还不是这个终极本体是"存在"还是"虚无"的问题,而是是否强调打破"我执"(破除无明)——这或许才是佛、道二家经典文字中的区别之关键。这个重点将在对儒家本体论述之后,由下一小节来论述。

(二)孔子的本体论及其与道、佛的区别

关于道家《老子》的本体论,感兴趣的读者可以看拙作《〈老子〉法观念探微》第一章第三节梳理出来的《老子》之道的五层境界,在此笔者就不详细介绍,但儒家的本体论却需要较为详细地说明一下。

儒家在本体论上有何独到处? 很多儒者如王阳明或现代新儒学的熊十力、牟宗三等皆认为"仁"是儒家的本体论,君子或统治者外在行为合礼、内在心性合仁,即"以'仁'为价值核心、以'礼'为规范表达、仁礼合一"就是孔子政治哲学的基本点,所谓"文质彬彬,然后君子"(《论语·雍也》)是也。而杨伯峻认为"吾道一以贯之"是孔子自己的整个思想体系,因而贯穿这个思想体系的必然是它一以贯之的核心"吾道",分别讲是"忠恕",概括讲是"仁"。② 笔者持如下的观点:孔子之"道"在本体论上与老子之"道"没有多大的视角差别,只是孔子更重视人道而已,③而道家和佛家更重视超越人道

① 老子之道有五层意涵,参见费小兵:《〈老子〉法观念探微》第一章第三节,第80—103 页。

② 参见杨伯峻:《论语译注》,中华书局 1980 年版,第 16 页。

③ 参见印顺:《我之宗教观》,中华书局 2011 年版,第 113 页。

的道或空性（当然，后者也是重视人道的，只是儒家在中国被许多帝王看中，官方用得更多而已；下文将讲到，佛家、道家也重视政治德性的塑造，也重视人道的实践）；但"道"同样是孔子的本体论，不过孔子的"道"不仅仅等同于"仁"，也不仅仅等同于"礼"。

因为，孔子曰："志于道，据于德，依于仁，游于艺。"（《论语·述而》）笔者认为这句话把孔子的思想全貌和纲领表达出来了，并且"志""据""依""游"这四句话的先后顺序体现了一个价值上的高低，"志"是目标，因而是最高价位的；"据"是位、处和杖持也（《说文·手部》），因而"据于德"指寄居德位，以德为用；"依于仁"，"依"是"倚也"（《说文·人部》），此处指倚重，是指依靠"德"中的"仁"德，可见"仁"德是孔子心目中最重要的德。因此，这里展现出在孔子这里"道、德、仁"的关系是后者被前者涵盖的关系，但后者是前者最重要的实践落脚点。"游于艺"中的这个"艺"字是很重要的（包括六艺），但不是本书研究之重心，而"义"也是孔子非常强调的重要品质，那么"义"和"艺"都是孔子的重点。包括六艺的"艺"是实践技艺，但"义"和"道、德、仁"一样并列，都是孔子的精神价值追求。故本书重点研究孔子之精神价值追求之一的"义"而非"艺"，在此说明。由此，从孔子整体思想的视角来看，"道、德、仁、义"是上下链接关系，并且后者是前者最重要的实践落脚点，这是理解孔子之道及其政法哲学的枢纽。

下面可以具体探索"道"与"德""仁"的关系：

首先，"志于道"，"志"乃是其终身目标、追求、方向，也是其本体论。孔子说："吾道一以贯之"，那么道就是孔子之最高心灵指向、目标，所有思想皆是从此处流出来。

不过《论语》中有只言片语涉及"天道"，例如："子贡曰：'夫子之文章，可得而闻也。夫子之言性与天道，不可得而闻也。'"（《论语·公冶长》）这说明孔子几乎没有关乎本体方面的详尽解释——这是孔子与佛道两家最大的区别之一。当然，钱穆言："故学孔子之学,不宜轻言知天命,然亦当知孔子心中实有此一境界。"①或许是孔子认为"性与天道"太高妙、不可说,所以不言说。何为道? 道之普遍含义就是古人心中的形而上道理。②《大禹谟》言:"人心惟危,道心惟微,惟精惟一,允执厥中。"在儒家看来,人的心灵领悟到、或认定的那个一切万物之根源,被称做"天道",那么,人祛除尘杂、"人心"后的本真之"道心"所指向的方向一定就是"天道"所指引的正确方向;《孔传》曰:"故戒以精一,信执其中。"这个天道惟精惟一,守住这个"精一",就是守住"中道"。因此,孔子言其"志于道",乃是说自己受天的正确方向之指引,为了这个中道、这个志向(真理),乃敢以全身心付出,赴汤蹈火而在所不惧,由此,孔子对"道"的实践、行动之方式上似乎不太等同于道家,③孔子说"人能弘道,非道弘人"(《论语·宪问》),也就是说人可能以自我的主动积极去应对天道、天命,敢于弘道,以自我的实践、担当、承担去实现道与天命,所以天命是存在于人的主动实践行为中,孔子强调"天行健,君子当自强不息"(《周易·系辞》),而不是消极等待——这就是孔子的天命观。因此,在孔子那里,统领一切的还是"道"。何谓"精一"? 孔子曰:"天何言哉! 四时行焉,百物生焉",《中庸》:"上天之载,无声无臭,至矣。"《老子》第二十一章:"忽呵恍呵,中有象呵。恍呵忽呵,中有物呵。窈呵冥呵,其中有精呵。其精甚真,其中有信。"("有信"指有信息。)《老子》又说"无中生有","无""虚"就是道家式的"道"、本体,或孔子的不可言哉的"天道","精"就是精微始

---

①　钱穆:《论语新解》,生活·读书·新知三联书店2012年版,第7页。

②　许慎《说文解字》释"道"为"所以行也",段玉裁注曰:"道者,人所行,故亦谓之行。道之引申为道理。"另参见赵明:《先秦儒家政治哲学引论》,北京大学出版社2004年版,第60页。

③　例如老子说"上德不德",认为要最后要消解一切道德仁义的束缚,才能回归道的本真,即老子追求"道治"。老子的思想在此姑且不论。只是让读者明白,同样追求道,方法却是多元的。

基或者说"元神"，合起来的"精一"就是指"道"是无为、虚无的本体（一）和"有精"的德用（现象）二者的统一。孔子思想中是有本体论的，只是隐而不言而已，但一句"志于道"已经把他以"道"为本体、目标清晰地呈现出来了。

孔子在《周易·系辞》中说："鼓天下之动者存乎辞，化而裁之存乎变，推而行之存乎道，神而明之存乎其人。默而成之，不言而信，存乎德行。"如何实践"德"是孔子认为人与天道相感应而必然存在的通道。在诸子中，孔子的方法是独到的，独到之处在于孔子特别强调"德"的实践尤其是德之中的"仁德"。

所以，孔子要"据于德"，德是其整个思想的凭据！道是方向，它不可捉摸，但能够贯通道的德却相对更可感或可以捉摸，道生养化裁万物、使万物尤其是人之神明"默而成之"的体现就是一种大德，所以德是道的用、表现、现象、存在方式——故"道"是"合德之道"。许慎《说文解字·心部》解释："德（悳），外得于人，内得于己也。"孔子的一些言语体现其"据于德"，如"以直报怨，以德报德"（《论语·宪问》）表达德是人与人相对等的付出或互助，"己所不欲，勿施于人"（《论语·颜渊》），表达对别人的宽容、宽恕（恕）、尊重和忠诚（忠），"己欲立而立人"（《论语·雍也》）则表达对别人比对自己更好的惠泽之德性。窥一以见全貌，这些言语之内容都必须是在身心所自得，惠泽使人得之上，才能实现的。

综上所述，"道"是"合德之道"，"德"是"合仁之德"，"仁"是"合义之仁"，"道、德、仁、义"之上下链接式关系自成体系，并且，"仁"是"德"的落脚点，"德"是"道"的落脚点，在孔子未言明的心中泰然存焉，构成其道之本体论的整体内涵——其关键在于，落脚点才是孔子最关心的人道、社会实践。在下文"关于实践的区别"中将进一步谈"仁"德这个重点。

最后，在孔子的思想逻辑中，"礼"与"道、德、仁、义"是何关系呢？在孔子看来，上古之尧舜禹时代是"和"的时代，"和"是"道、德、仁、义"实现后的社会状态。而假如达不到这样的"和"的大同社会，那么，通过"礼"这个外在的标准、原则，来保障"道、德、仁、义"落实，如孔子曰："知和而和，不以礼节之，亦不可行也。"（《论语·学而》)当人们知道什么是"和谐"而达不到时，即"大同社会"离当时的人性、社会整体风气还太遥远时，孔子强调，凭借"礼"来节制现实中不和的行为，还是可行的。在尚未实现"和"的"大同社会"之前，最起码也可以达到实现"礼"的小康社会（"礼"在古时是指典章制度）。①

故"道、德、仁、义"与"礼"之内外关系是存在的，而孔子强调，"道、德、仁、义"以"仁"为落脚点、核心，以"礼"为走出乱世、达到小康的起点！

综上，笔者总结孔子的本体论是：孔子的"吾道"也就是一个以"道"—"德"—"仁"—"义"为上下链接递进式的内在德性整体其中以"仁"为"道、德"价值的落脚点，以"礼"为走出乱世之起点的法律规则，是一个整体的本体论系统。换言之，孔子的本体论是有的，但其却没有明确说出本体是什么，是要在孔子这个整体观中理解其本体论，只是以"德""仁"作为其本体的实践落脚点（而没有如新儒家熊十力、牟宗三一样把"仁"作为本体），是在对"德""仁"的实践中去把握、体会、理解"道"的；在社会中，人道实践才是孔子的落脚点。

在笔者的《〈老子〉法观念探微》第二章中，已经从《老子》第三十八章推衍出一个"道—德—仁—义—礼"从高到低的价值等级体系，而孔子建立的是一个以"道"—"德"—"仁"—"义"为上下链接递进、以下位价值为落实重点的本体系统，这说明孔子与老子在对

---

① 在《礼记》中，孔子认为的"小康社会"是："大道隐没，天下为家，各亲其亲，各子其子，货力为己"，与这种贫富不均、贵贱不等相适应，产生了典章制度、伦理道德，以正君臣，以笃父子，以睦兄弟，以和夫妇，以立田里，以贤勇知，相应地还要设城郭沟池以为固，由是，谋用是作，而战争由此起。

"道"这一本体的基本理解上是一致的。如果说孔子与老子思想相比有何区别的话，则在于孔子是立足于人道、现实社会，强调在现实社会中如何其实现道。何者是现实政治社会中的人道之落脚点？"仁"就是孔子认为的现实社会的实践落脚点，先通过"礼"治的方法实现小康社会，之后再依凭"仁"德实现"四海之内皆兄弟"（《论语·颜渊》）的"大同社会"（《礼运·大同》），这"大同社会"也可转换为现代话语中的"永久和平"、或"人间天堂"吧。

而老子西出函谷关说明道家更强调对"道"这个本体的内心坚守，而似乎没有孔子那样强烈地追求将"道"在当时进行社会立即实践。因而，虽然老子和孔子对道（本体）的理解和致思方向差不多，但各自的实践重点却似乎有所不同：孔子更注重对人道的弘扬，对政治的主动参与。

由于道家与佛家在本体论上已有区别，且除了上述区别，道家与儒家在本体上的理解大体相同，佛家与道家本体论的区别也适用于儒家，在此不再冗述儒家与佛家在本体论上的区别。

总之，道家与佛家问题争论的关键还不是这个终极本体是"存在"还是"虚无"、是本体论还是宇宙生成论的问题，而是是否更彻底地强调打破"我执"——这才是三家区别的根本，顺此逻辑，下面将探讨三家关于"我执"的观点。

（三）三家相似处：体用不二之本体论

承前，佛道儒三家虽视角不同，但在形而上，皆以超越感性和理性（即超越六欲）的直观思维（如佛家之观照、道家之直观、儒家之静虑）从不同致思角度发现宇宙的"终极因"（或称为天、道），中国思想界统称其为"道"，现代哲学术语可勉强名为"本体"。由于它们皆具有自然法的三要素：本体性、终极性，以及超越一切现象的至上性，因而站在法理视角下可将之归纳入"法之道"的意涵中。

这"道"或曰"本体"，无论是从道家、儒家视角还是从佛家视角发现的，落实在现实中，其法则皆关涉事物自身的因果律。如佛家重视因果律及其十善、十恶，道家重视"天网恢恢，疏而不漏"，儒家重视在"个人、家、国、天下"的因果递进关系中，以修养为起点而治理天下、实现"至善"。可见三家在终极上不重视彼岸他者（如外在于人的造物主）的惩罚，而皆以良知、善、重因果为方向，所以能够从其沟通或共通性中，融通三者，发现追求良知、至善的法之道——即中国的法本体论。

儒佛道三家之理都是在"法之道"的指引下才得其正当性。如《庄子·大宗师》曰："夫道，有情有信，无为无形；可传而不可受，可得而不可见；自本自根，未有天地，自古以固存。"这段话中的"无为无形"等皆表明道不是一个有人格的造物神。《庄子·寓言》曰："万物皆种也，以不同形相禅，始卒若环，莫得其伦，是谓天均。"这段话不仅说明道是在自然、均衡地运行，并且万物"始卒若环"，就是死生循环之意，有轮回之意蕴在其中。《庄子·天运》："天有六极五常，帝王顺之则治，逆之则凶。"六极五常，"六极"指东、西、南、北、上、下，"五常"即"五行"指金、木、水、火、土。这里有反唯心倾向的自然法则之意。又如前述之《论语》曰"天何言哉！四时行焉，百物生焉"，《中庸》"上天之载，无声无臭，至矣"，体现了天不是一个人格化的神；《老子》第六十二章"道者，万物之注也"也体现了道是不离开万物的本体，而非与万物分裂的彼岸人格神。[①] 可见，三家之道皆倾向于反对外在他者、人格化的造物主之主宰，道家与儒家的本体论大致相当。

这说明三家皆有如下相似的观点：本体与现象不可分或曰天人合一，即三家皆倾向于主张本体与现象不可分，本体就存在于现象中，用中国哲学术语概括即是"体用不二"。

---

① 纪昀《阅微草堂笔记》也谈道："夫玄黄剖判，融结万形。形成聚气，气聚藏精，精凝孕质，质立含灵。"意思是说万物生灵是由聚气而藏精，由藏精而孕质，最后由气、精、质而运化出精神。所以，纪昀批判了那种"谓天帝有废兴"（即将天帝说成是兴造万物的源头）的观点，肯定了朱熹"以理诘天，并皇（天帝）矣之下临，亦斥为乌有"的观点。

站在法学视角,这"体用不二"的本体论就是中国的"法之道",这个哲学核心观点是中国或东方的自然法精神得以在融通中定义为新的法之道的前提。

二、关注打破"我执"的异同

(一) 打破"我执"的区别

承前,佛、道二者致思的重点不同,道家强调万物源于"无中生有",佛家《心经》却强调"色即是空",即强调现象万物相对本体而言是"空",即强调现象万物因"缘起""无常""流变"而是非固定不变的实体,故称为"空"。可见,佛家更重视"缘起"(原因)的无处不在,认为没有绝对的宇宙起点——哪怕这个起点被称为"无"。由此,佛家认为,只要没有守住本体,都是在"我执"导致的无明中缘起、轮回,因而"看破我执""看空我执"或曰"诸法无我"(在终极上没有实体不变之我)成为佛教的另一致思重点。

道家《老子》将这个"强名曰道"的"无"称为万物之本体,道是"无",老子认为万物是由道而生的"存在",但却从来没说万物是"空"。而佛家是彻底的"无为法",即佛家认为一切现象界的行为(包括"我"、我思、我动)都是无明的运动,只有彻底看破"我执",彻底无为,即视一切"人为"为"空"花泡影,才可守住本体;当然,守住本体后,依然有"人为"、甚或大乘佛教的普度众生、积极入世的"有为"(被称为无住涅槃),但却在终极上认为这个"人的有为"与不变的本体比起来,不过是如梦幻泡影、如露亦如电的流变、不实在,即是"空性"。

道家的《老子》中没有明确谈到"无我",但是《老子》第七章谈道,"天地之所以能长且久者,以其不自生,故能长生。是以圣人退其身而身先,外其身而身存",有通过先"退其身"、后进一步"外其身"达到"无我"的修养进程。《庄子·逍遥游》言"至人无己",有

"无己"之说。与之相关,《庄子·天地》言:"有治在人。忘乎物,忘乎天,其名为忘己。忘己之人,是之谓入于天。"可见"无己"的前提是"忘己"。这个"忘"字是动词,表明是人在主动"忘记"自己而达到"无己"——与佛教的意趣略有区别的是,佛教的方法是"看空",是在见识上"发现无我",而非通过修行的行动渐入"无我";庄子另有言,"朝彻而后能见独"(《庄子·大宗师》),"见独"就说明还是见到一个东西,无论这个东西被叫作"道""天""无"或"虚",但还是"独",是"一个",并且,"忘我"即"忘记自己"不等于佛家的"看空自己",站在涅槃的视角"看我本来空"——是"看空"而非"见独",因而,庄子的"忘我"与佛家的"看空自己"在方法和视角上略有不同。老子或庄子认为道不可说,但却是有"一个""天地之始"或"万物之母",要用"一个""这个""那个"来表达,佛陀却连"一个""这个""那个"的词汇都不敢用,不仅是不可说,并且在观念上"没有一个",最多可以说"就这样吧"。这是二者的微妙区别,至少在文字上是如此。

其次,孔子是否超越了我执? 这应从《论语》开始思考,其《子罕》曰"子绝四:毋意,毋必,毋固,毋我",钱穆认为孔子常曰"何有于我哉","则吾岂敢"(《论语·述而》),此即说明孔子无我。[①] 关于"毋"字,《说文·毋部》解释:"毋,止之也。""止之"的含义之重点是"禁止、不要、不可以",而"禁止"与"无"的义涵却有微妙的区别,"无"是"没有"之意,"禁止"是"有"但"禁止其行为"的意涵。因而"毋我"的含义是"禁止以我为中心",而不是"没有我"。因而,孔子的"毋我"与佛陀的"无我"也有微妙的区别:佛陀言之"无我",是在"本来无一物"的本体境界上看待我等所有现象,例如《心经》中发现"是诸法空相,不生不灭"的本体后,接下来几句话,是回过头来看万物:"是故空中无色,无受想行识,无……无苦、集、灭、

---

① 钱穆:《论语新解》,第 7 页。

道……"。这是表明发现本体后,站在本体的视角看万物和我,皆是空空如无,连本体也是空空如无(无苦、集、灭、道)。换言之,这种状态的"无我",是站在涅槃或本体状态看待万物,这种涅槃后的妙心状态又被称为"不生万物"的状态,也就是看到万物,但视万物为"空"(不固定、不实在、不永恒),万物的生生不息相对本体的真实而言是虚幻的。而孔子不同于佛家之处在于,孔子曰"何有于我哉","则吾岂敢",这是说"我"不敢、"我"没有做到,是自我谦虚的表现,如同前面的"毋我"(禁止以我为中心)一样,都是谦虚、大公无私的表现,但并没有完全将万物和我视为"空相"。

最后,顺带说一说"相似佛教"对佛性本体的误读,例如章太炎认为道家《庄子·逍遥游》等文中提到"至人无己""大同而无己""忘己"皆指的是佛教之"无我",①由此"无我所显,真如可指",②即太炎认为用道家的方法"忘己"就可以看到佛教意义上的"真如"、本体。但假如如他所说,仅以此为标准,那么,有的宗教也讲人要谦卑,也要求忘我,但却有一个创世主或彼岸他者为主宰者,没有要人打破我执,反之要有"一个我的灵魂"去天堂或地狱;有的学派认为有"一个"万物的灵魂、大宇宙、绝对精神等等,在"无我"之外却始终要寻找"一个东西",如章太炎通过"忘己"而推论出的"真如"即是他找到的"一个东西",但却不是纯正的佛教认识——在佛教中,一定要"我空"加上"法空"(法指所有存在事物,例如灵魂、元神、大宇宙、绝对精神等等,法空指宇宙所有事物皆没有实体性),双空之后,找到的真如才是佛教意义上的"佛性"、本性。也就是说,站在佛教视角,发现现象界的"我"是流变不实的同时,也就发现了生命的本性。

---

① 参见蒋海怒:《晚清政治与佛学》,第 239 页。
② 章炳麟:《章炳麟全集》第 6 册,上海人民出版社 1982 年版,第 65 页。

（二）三家相似处："超越我"与"本性"

承前，笔者从法哲学的本体论视角探析，"道家之道""儒家之道"与"佛家之道"虽有区别，但还是有一些方向一致、义理相通之处，其关键的相同、相似或相通处就是三家的"道"（本体）及其"本性"皆不可说，即不可仅用逻辑表达，不是单单局限在对现象界的肤浅观察就能够发现的。

这是因为，佛、道二者皆以"无为"法为追求，"无为"是一种方法，这种方法能够超越妄念、虚伪造作、假想的真理或法之道（自然法精神），而用整全、旁观、博大的智慧去发现现象内在的本体。"无为法"皆关注超越现象的本体，从而都重视超越现象之"我"。佛家之"无我"、道家之"忘我"或儒家之"毋我"的结果都是趋向于超越我、大公无私，只有"无为"才能超越"我"。

所以《金刚经》言："一切贤圣皆以无为法而有差别。"①佛、老、孔皆是圣贤之学，则佛家的无为与道家的无为以及孔子的"志于道"追求，其理想都是要超越现象界，都追求圣贤的自我培养，理想的社会状态是人间净土、自然自由或大同社会，在方向上都趋向于至善（只是三家各自"无为"的程度和致思、理解方式有所不同而已）。

承前所述，孔子的心中有与道家雷同的上德、上仁，但其为了对那个私天下时代有所改变，所以行为却是"有为"，在现实中追求的不是其理想的大同，而仅是实现小康的礼治社会，属于下德，即属于"不自然"。但孔子言"天何言哉！四时行焉，百物生焉"，说明孔子的思想境界远高于他在现实中推行的礼治，他认为"天"任四季（四时）自然运行，任百物自然生长，可见，他认为礼治作为"人为"不过是"明知不可为而为之"，而超越"人为"的"天"是"无为"的，四季自然运行、百物自然生长的规律就是"自然"。并且，孔子

---

① （后秦）鸠摩罗什译：《金刚般若波罗蜜经》，《大正藏》第 8 册，第 749 页。

的理想是追求垂衣袖而天下治的"无为"之道及其"上仁"，只不过在现实中暂时以"有为"的"礼法制度"为应时的良药而已。故在本书中所要吸取的是孔子超越私天下的"大同社会"理想及其"仁学"思想（其"仁学"是趋向于本体之"无为"的，即是效法道之本性的），而非为了医治时疾而应对私天下之专制社会的"小康"礼制制度设计（以"有为"的经世治道为展现）。由此，以大同社会为理想的孔子，其追求的圣人之治，其实质是"无为"的——这不能被误解为无所作为，而是说是趋向于"无我""没有我的造作"的，而这只有夏之前的三皇五帝才能做到。而孔子赞赏尧、舜、禹的无为，尤其赞美黄帝的"垂衣裳而天下治"。在他心中，黄帝就是圣人的象征，而圣人是智慧与美德合一的象征，这样的圣人一定是真正大公无私的、无我的。在孔子这里，没有想象中的哲学王，只有实践中的圣人。

但是，随着时代的发展和人性的堕落，圣人不存在了，孔子在当时当地的现实中就只能呼吁外在的"礼制社会"了。所以，后世将帝王打扮成"圣人"的时代，挂着孔子旗号的儒家，实在与孔子的"仁学"相去甚远，不再是圣人之"无为""无我"了。因此，在家天下之后，在私有制出现之后，人类就不再可能由真正的圣人为王了，因而也不必呼唤圣人、明君来治世，这样的时代更需要欲望的彼此制约，更需要将"圣人"转化为一个理想的秩序标尺、一种良法的基准、一种法之道（或自然法），也就是说更需要法治。

综上，三家在源头上的相似处是皆倾向于重视超越我，并通过"修心"而打破对"我"的执着，从而尽可能从有限中超拔出来，发现无限，从而能够直观理解、把握、证明、体认或发现宇宙之"道"（本体）或"道"之"本性"。承前，佛家将之称为"明心见性"，道家将之称为"修心养性"，儒家将之称为"存心养性"。

可见，三家只是名词和修养方式上略有区别，但在方向上是一致的，都重视"超越小我、私我之心"与"道之本性"的发掘。

三、自由与涉政心态上的异同

（一）修养及其涉政心态的区别

三家的修养实践有相似之处，即三家皆是"知行合一"的学问，皆通过实践修养达到对相关理论的真正理解。不过，三家的修养实践精髓还是有区别的，这不仅是前述本体论之微妙区别的原因，而且导致三家对政治及其立法的态度上也有很大的区别。

在修养行为上，佛家重视觉悟，"觉"指的是从梦中醒来，即前述之"看破我执"及其导致的如梦般无明，故觉悟是一种开启明白的智慧、直觉，其行为的重点是"看空我执"，即"心行灭处"，守住本体、存在于现象而解脱于现象。

道家重视直观"万物之根"，即强调"名可名，非常名"，其行为重点是在守中（守道）的虚静心境下"言语道断"，虽说"道生一"，即"道非一"，道不是个东西，仿佛不是实体，但道家经典却没有明言"心行灭处"、没有实体，留下千古猜疑与各异解释。因而道家经典如《老子》至少从文字看来，其落脚处更多强调超越语言之上的"无欲之观"、洞察，由此直接观察宇宙、天地之"根"。

先秦儒家的修养实践是重视反省、修身，即"知止而后有定，定而后能安，安而后能虑，虑而后能得"（《大学》），因而是在修身（即明德，且达于至善）的基础上谈治国平天下。可见，先秦孔孟虽然也入世，其实保持了独立的气节和以"道"为最高坚守的传统，如"道不行，乘桴浮于海"（《论语·公冶长》）。但汉以后的儒家是最入世的，但却难免依附政治，而常常以失去独立的反思和学术为代价。

与之不同，道家和佛家总体而言以不入世居多，但恰恰是不入世的观念，才保持了面对世俗政治时相对更纯正的独立性和原真性——这似乎与现代的政教分离有异曲同工之妙，从而可能接纳现代的政教分离理念。中国东晋的佛教净土宗祖师慧远撰《沙门不敬王者论》，认为沙门是出世间人，应该不过问政治；反之，政治中人也不应干涉沙门出世间修行，沙门不能像在家人一样礼拜政治君主、官长。这一祖训被后来的佛教出家人谨遵，并影响其他宗教，由此形成了中国的宗教不干涉政治的主流传统。不过，到了武则天之后的中唐，出家人开始礼拜政治君主，但不干涉世俗政治依然是其传统。

另一方面，如果不从三家教义传统的异同，而从三家中所有人的实际行为来具体区分，三家之中的行为可有实际上的分类（而不同于理论上的分类）：有的人是企图做帝王师的，有的人是期冀做达官贵人名利双收的，有的人羡慕虚名企图扬名立万著书立说的，有的人却是看众生皆大悲苦而意欲拯救苦难的，有的人独立思考、特立独行看透万古长空，有的人看空现象证入无余涅槃不再理会尘世影尘故事，有的人虽明真相却游戏人间随缘行众生平等之功德事业。

这其中，前三种人如企图做帝王师的，期冀做达官贵人名利双收的、企图扬名立万著书立说的，这应归类为世俗中人，其学术在两千余年的帝王统治下，大多是维护帝王欲望的工具、帝王术，回逐渐走向小学之道，在西风、民主风进来中国后也不过转化为跟风的新工具——因为没有独立思想的都仅谓之工具、术。后面的第四、五种人是转凡入圣的贤人，其学问无论在帝王统治时代还是当今转型时代，都是独立的学问，是真正的大学之道。第六种人虽成圣人，超越了人间的七情六欲导致的过错烦恼、弱肉强食，但毕竟是独乐乐。第七种人在佛教中被称为证入无住涅槃的佛或大菩萨（圣人），他们超越了人性的缺陷及其人类的不平等根源，却有大慈悲、大心力积极入世来协助世人渡过难关。

所以，传统的儒释道三家学问到了实践中应该做以上七种分类，而不能一味地肯定或否定。第四、五、六、七种人皆能在守道的前提下，顺应时代和人之习性的变化而改变应对之道，从而积极地应对西风进来后的时代变迁,促进社会向善好的方向进化。

(二)三家思维相似处:直观精神

与"无为"相关,三家皆重视"无名"(即超越定义),无论是儒家的"天何言哉"、"上天之载,无声无臭"(《诗经·大雅·文王》),道家的"名可名,非常名",还是佛教的"空中无色",都必然是在超越超越感性和理性逻辑思维及其概念,"直观"发现那不可定义的"道"。何谓"直观"? 当人觉察、觉知到理性时,这个能够觉察、觉知人之理性的能力就不是理性,而是另一种能力,佛教说它是人本来就有的自然智慧,或曰"观照";道家把它叫作"以道观之",即以合道的直观方法发现、洞察一切的本质,笔者将之称为"直观"。① 孔子没有明说,不过儒家经典《大学》中言之"知止而后有定,定而后能静,静而后能安,安而后能虑,虑而后能得",这里的静中之安、安中之虑其实也是一种超越逻辑思维的直接之"静虑",得到对事物的内在真相的认识,也是一种"直观"。

因此,佛道儒三家皆以超越现象界感性和理性为方法,佛教以"观照"发现本体及其良知,而"本觉"是人超越"我"之妄念而见到"本体"的状态;道家以无欲之"直观"发现道;儒家以"静虑"发现"性与天道"及其仁、诚等。可见,佛道儒三家是从不同路径、视角,但却都在无为、无我的方向中,超越逻辑地,以直观思维理解"道"(本体或曰终极因)。

四、对"自然"之理解的微妙异趣

(一)儒家的天何言哉

孔子的心中有与道家雷同的上德、上仁,但为了对那个私天下时代有所改变,其行为却是"有为",在现实中追求的不是其理想的

---

① 参见费小兵:《〈老子〉法观念探微》第一章第二节。

大同，而仅是实现小康的礼治社会，这属于下德，即属于"不自然"。
但孔子言"天何言哉！四时行焉，百物生焉"，说明孔子的思想境界
远高于他在现实中推行的礼治，他认为"天"任四季（四时）自然运
行，任百物自然生长，可见，他认为礼治作为"人为"不过是"明知不
可为而为之"，而超越"人为"的"天"是"无为"的，四季自然运行、百
物自然生长的规律就是"自然"。这个"自然规律"与《老子》第十四
章中的"道纪"即道自我运行的轨迹有趋近的意涵，但《老子》之
"道"还有另外四层意涵，如"虚"（德）、"虚之虚"等，在拙作《〈老子〉
法观念探微》中有论，不再冗述。但"自然规律"中动物的弱肉强食
是合道的吗？显然不是完全合于佛教的理论的，这由下文回答之。

（二）道家的由其本然

　　道家之自然，在老子那里称"道法自然"，道是万物之根、始基、
奥妙，道要效法自己作为根的这个本然始基的运行法则，即道按照
自己的本来状态而运行叫作"自然"，即"道法自然"是道效法自己
本来自由的轨迹。庄子常常是守一个生生不息的"一"，如"一心定
而王天下"（《庄子·天道》），"朝彻而后能'见独'；见独，而后能无古
今；无古今，而后能入于不死不生"（《庄子·大宗师》），其中的"见独"，
这个"独"就是"道"，"物有终始，道无始终"，个体生命或许会不断
新陈代谢、生老病死，但生命的本质即"道"是无始终的，不死的，因
而"见独"后能够入于"不死不生"。这个不死的道，有生养万物的
功德，如《老子》第十章言："生之畜之，生而弗有，长而弗宰也，是谓
玄德。第四十二章言："道生一，一生二，二生三，三生万物。"

　　道生养万物的本来轨迹被老子称为"自然"，那么，如果人按照
道生养万物的本然轨迹而行动，人也是"自然"的。庄子亦曰："汝
游心于淡，合气于漠，顺物自然而无容私焉，而天下治矣。"（《庄子·
应帝王》）庄子重视"逍遥游"，这里的顺事物之自然发展的前提是
"游心于淡"，"游心"亦是"逍遥游"意蕴上的心灵自由；"游"字在
《庄子》中出现了112次，说明"游心"这种自由的状态是合道的前

提，是理解"道法自然"的另一关键词。因而，老子、庄子之"自然"的含义是道生养万物的本来如此、无人为的状态，是由其本然、自由的状态。他认为，人应该无为、无妄为而任道自然为、自由而为，这才是上善若水。

这里，可以窥见道家与儒家的自然除了在合"规律"上有相通处，还是有微妙的区别：虽然二者皆主张"无为"是自然，但孔子关注的是"天"（"天道"）任万物自然生长，没言及"天道"是人"守中"要守的那个"一"，而道家的"自然"是强调无欲的"守一"或曰"守无"，即守住万物之"本体"的一种自由状态。这似乎是孔子没有言及或没有强调的。

（三）佛家的空性论自然

承前所述，佛陀理解之"自然"源于《般泥洹经》卷上言："清净究畅，一切敷演，是一难有自然法也。"此处之"自然法"结合佛经理解，不是指法学意义上的 natural law（西方的自然法），而是指在流变万物之"空性"状态自我展现出的"一真法界"（本体）之自性是无善无恶、无生无灭的，故称之为本然呈现的圆满清净。但佛家之"自然"与道家的区别在于：其一，佛陀理解之"道"与万物之间是"不一不异""色即是空，空即是色"的关系，即找不到一个"无"、或"虚"、或"虚之虚"的实体（东西）之本体（或曰"道"），即佛家没有一个"一"（即"不一"），更强调"色"（现象）自身即是"空"（本体），换言之，永恒存在与相对存在的统一才是"佛性"（buddha-dhātu）——佛家视角之本体的含义。

而道家还描述有"一"道（这个"一"可以被叫作"无"）。不过佛教的"色没有离开空"，与道家的"万物没有离开道"，这一点上，两家是可以相沟通的。

但二者最关键的区别是，道家是赞美"道"的生养万物的，但佛家理解的佛性是"自性清净，自性不生"，就是说本体虽然能够生万法、万物，但万物的生起是"无明"妄动的结果，这无明是被否定的，

即万物的"自性""本性"是不生、如如不动的，如《杂阿含经》卷 8 言
"云何一法断故，乃至不受后有？ 所谓无明"，①即法界的体性中含
有不知道本来一体的无明、蒙昧，所以才可能从无能、所之分别的
法界中，分裂出"我"（能动者）与外在（所动者），②从而，有知觉的
人或其他动物从诞生之日起，就带有这个"无始无明"，从而有自私
的本能——常人在没有修行的境界中，一定是以"自私"为本能的。
因而，佛家认为"道生万物"是无奈，不是功德。因而，关于前述动
物世界的弱肉强食是否合于自然规律的问题，佛教的理论可以推
论出，一切都是"业力"所致，弱肉强食合于因果律，但不合于本觉
及其良知，故在佛教认为是不合"自性清净，自性不生"的本性（佛
性）的，因而是在价值上应该否定的，即动物世界的弱肉强食虽合
于自然规律，但这样的自然规律恰恰要超越，才能是佛教意义上的
合道。

　　承前所述，人天然有一种本能，即"良知本能"，这一种本能是
超越个体生命的自我保存之欲望本能的，是属于无私的本能，是来
源于本性（佛性）、本觉的。这里举一个例子：当一个人在楼下行
走，突然从二楼掉下来一个婴儿，这个在楼下行走的人可能有两种
本能：第一种可能是本能地见义勇为张开双臂接着这个掉下来的
人；第二种可能是本能地闪开，以免自己被压伤——那么，有见义
勇为本能的人这一瞬间是他的本性及其纯粹良知在起作用，而本
能地闪开、以免自己被压伤的人这一瞬间是他的"无明"、自我保存
的本能在起作用——假如计算之后认为二楼掉下来的婴儿不会伤
害自己，而于第二瞬间行善、张开双臂接着这个婴儿，也不是本性
及其纯粹良知在起作用，而是人的"无明"、自私、自我保存（我执）

① 《大正藏》第 2 册，第 52 页。
② 参见陈兵：《一念法界论》，未刊稿。

的本能控制下的良知在起作用。①

因而，佛教认为天然生长的万物是有自我保存的"无明"的（我执），因而"道生万物"是无奈，甚至是可怜的。即便打破无明后，站在无住涅槃的心境界上面对万物时，其心境是看万物为"空""不生"的。在此心境看弱肉强食的动物界，是抱持以否定其"无明"之残忍的慈悲态度。

而老庄的守"一"，如"戴营魄抱一"（《老子》第十章），即守住这个冥冥渺渺的精气神，也含有"守中"即守住中道、正道之意，此时，应该是如老子所言之"无欲以观其妙"的状态，那么，此无欲的状态对动物界的弱肉强食本能，自然是报以超善恶的心境看之，"皆知善之为善，斯不善已"（《老子》第二章），不过，道家没有明确说其是"无明"。

综上，老子的"无中生有"、万物返回去"法自然"，庄子之"游心于淡""丧我"，孔子之"毋我""天何言哉"，都由于还强调有一个不可说的"道""见独"或"天"，所以还是有"一个实体"（强调宇宙起源论意义上的"根"），并且未在价值观上否定"我"为无明之根源，而是认为"道生万物"是玄德。

因而佛、道、儒三教的根本区别在于：道家、儒家与佛家所言之"空性"（即本体不是一个实体、更不是一个独立的实体）、"色即是空"（强调现象即是本体的本体论，而非宇宙起源论），或佛家之彻底的"无为"、彻底到认为万物之产生不是"道之贵"，反而是"道之无明而动"的表现，在这三点上还是有价值观、致思方向或理解上的不同。

不过，佛教重视"无无明""本性圆满清净"意义上的"自然"，道家重视万物"无欲"地返回"道"之本然意义上的"自然"，孔子儒家重视"天何言哉！四时行焉，百物生焉"即百物自然生长、反对拔苗助长意义上的"自然"。这三种"自然"有一个相似相通处：都是相

---

① 不过，此处不是要鼓励人们去行为，只是以一个极端的例子来说明"无我"与"有我"（无明）的不同本能心态。

对于人的妄念及妄念下的欲望，并在放下妄念的同时，直观发现一本体；无论对这本体的态度是希望通过无无明达到，或是通过"法自然"达到，或是通过"不言""毋我"达到，都是对本体的肯定，对无私的肯定，并由此对妄念之欲望进行控制、否定，及为欲望立法。

第三节　道释儒三家"法之道"的相通约义素："中华法哲学本体论"的哲学特质

一、三家皆有相似的体用不二之本体论

综上所述，释道儒三家的本体观念在超越世俗的方向上是相通或相近的，只是道家更注重宇宙起源论，佛教更注重本体论；道家重视超逻辑的思维，佛教虽也有与道家一样的超逻辑思维（直观），但又有逻辑的思维建构，即有佛教因明学，并且，"佛性"一词的梵文原义中的两个义素之一就是"是"——承前所述，"buddha-dhātu"的词根 dhatu 含义是"是，绝对存在、真如"，另一词根 bhu 的含义是"相对存在"，两个词根合起来的含义是"绝对存在与相对存在的统一"。这 dhatu 含义中的"是"义素有与古希腊的"logos"理性精神相通的本体论。并且，佛家对本体之认可是彻底的——必须要打破对"我、人、众生、寿者"在内的一切现象，才呈现本体。

而先秦道家却没有这样关于"是"的描述，不过，儒学（理学）、道家或道教与佛教在历史发展过程中彼此开放、互相吸收，在宋代已经达到三家融通的集大成，对"修性"的重视说明了三家在宋代达到的融汇高潮。①

---

① 例如《金莲正宗记》中有故事记载，道教的丘处机已经吸收佛家的观念如"戒杀"，主张"止杀"，并以"止杀令"试图说服成吉思汗，虽然没有说服，但毕竟说明以道家哲学为根基的道教已经吸收了佛家思想。

不过，道家、儒家虽然没有这样关于“是”的描述，但承前所述，都提到了一个宇宙的最后根据，让“四时行焉，百物生焉”的那个“不可见”的宇宙终极因，孔子称之为“天何言哉”之“天”或“天道”，老子强名之曰“道”，是效法本然的、不可说的“无”，但却皆有个根本，即“周行不殆”的终极原因——“天地之始”“万物之本”，说明都还是认为有个天地万物的终极根据。在当代我们为了交流的方便将之勉强称为“本体”。

二、三家皆以“无名”的“直观思维”超越感性和理性

除了道家、儒家没有关于“是”（本体）的义素外，三家还是存有共同的义素：皆认可本体，认为本体与现象不能二元分裂，并认为本体具有至上性、终极性；现象是流变的，本体是不可说的。因而皆符合自然法精神的三要素（本体性、至上性、终极性）。并且，佛道儒三家皆在终极上主张非二元论，如道家、儒家主张天人合一；换言之，三家皆认可没有外在他者主宰的宇宙生命观，皆重视无名、无我、无为，皆有超越感性和理性的直观思维模式，皆可能通过直观思维或深或浅、或偏或圆满地发现道（本体）及其主导下的良知。总之，这直观思维模式是东方人类的特色，是释道儒三教的共同性，因而，释道儒三家之道可以融通。因此，释道儒三家中可以归纳出共同的“法之道”的义素。

这释道儒三家归纳出的“法之道”的共有义素是“本体性、至上性、终极性”，共有内涵是：在释道儒三家共同认可的体用不二的本体论中，在无为、无我的前提下，在直观思维模式下，道（本体）在人心上展现出的智慧，及其油然而生的纯粹良知产生出直观判断力，这直观判断力能本能判断出善恶法则，就是东方思维模式下定义的人类的理想法则，即“法之道”。它既可说是永恒存在的“一”（永恒不变的法之道），又是在体用不二中呈现的“多”（法之理，应

时之用），即是"法之道"与"法之理"的统一、形式与内容的统一、不变与可变的统一。不过佛家主张本性无实体，因此，涵摄了佛家的中华"法之道"，这永恒之"一"的说法仅是在相对意义上言之，仅相对局限于现象、我执而已，而实际上没有实体的"一"。

在当今时代的应时之用指的是，直面民主潮流、反专制潮流、从"神本位"回归"人本位"的潮流——这历史的潮流、规律是不可逆反的，而只能引领、引导、升华之。在这样的心态下，这"人本位"就不应是堕落的"人本位"，而可应成为在天人合一哲学观下让"彼岸神"回到"人"自身，是此岸的不断升华，是人的精神境界的提升，是人间的理想法作为立法中的标准、方向、精神气质，促进人类走向人间净土、人间天堂。

下文第五章中将梳理"法之道"如何落实、实践在古代的人间，称为古代的"法之理"。

小结：中华"法之道"的特质：以三家
相通约义素为中心

综上，本章由佛道儒三家的"法之道"的区别和相似处为运笔较多的重难点，在区别的清晰辨认之上，认为佛道儒三家的相似处是：皆以"无为"法为上，以"超越我"为走向至善的起点，以"超越逻辑的直观"为主要思维方法。在此相似的前提下，三者的思维方向是一致的，因而道儒两家的宇宙起源论与佛家的本体论不矛盾，相通处大于区别。由此，佛道儒三家是可以融通的。

然后，本章继承道家老、庄、黄的"法之道"（本性法）及其为世俗立法的志向，站在无宗派的立场，以佛性观与儒家、道家的"道"，发掘出三者的相通约义素，从而推衍出三家融通后的中华法哲学本体论即"法之道"。

关于"法之道"的哲学意涵，或许人们还不太明白前述佛家之道与道家之道(儒家与道家的致思方式差不多)的区别,所以笔者必须进一步厘清的是：道家老子之道的公式图与佛家之道的公式图之间的区别与联系。首先,笔者在拙作《〈老子〉法观念探微》第一章中,笔者通过"道生一,一生二,二生三,三生万物",拟了一个"道"的"五层境界"和"整体流程"坐标图：

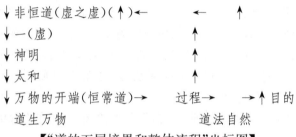

【"道的五层境界和整体流程"坐标图】

　　笔者认为《老子》之"道"不仅是事物的"本体",且亦关涉"宇宙生成",但其表现形式却是通过"宇宙生成"的流程方式来表达"本体"：无中生有,有生万物,万物道法自然,从而向着合道的目的返回。这里面"无中生有"涵盖"道生一,一生二,二生三"这逻辑上的先后关系,"道"是生"一"(虚)的"虚","一"是虚无不可见之"德","二"是阴阳神明,"三"是太和之气,它们都是不可见的,是道的不同层次表达,只有"万物"是可见的,并且有可见的常道(恒道)即规律及依循规律制定的人类典章制度。

　　本书第一章中论述了本体并非"一个实体",在此前提下,"真如(本体)有自性"和"缘起(现象)无自性"应统一起来理解,才能完整地、中道地理解"佛性"(buddha-dhātu),又称为"真空妙有",这佛家之道的公式即是：

　　　　真空＝妙有＝中道

在这个"佛性"（本体）的基础上，承前，笔者由《心经》切入佛性论推衍出一个法之道精神之由来的逻辑公式：

$$未遮蔽的本体（本性）\rightarrow 后得智 \rightarrow 良知 \rightarrow 法之道$$

对比《老子》之"道"的"五层境界"和"整体流程"坐标图和佛家之道的公式即"真空＝妙有＝中道"，发现二者的致思方式的区别是：老子强调"返回"（法自然），用符合表达是"↑"；释迦牟尼强调"即是"（色即是空），用符合表达是"＝"。用"→"表达从佛性启迪出、推衍出法之道的逻辑先后关系，是为了表达的方便。另一方面，还原到佛家的本来观点，所有的"→"都可以还原为"＝"（等于号）来表达，因为，释迦牟尼反复强调的是"即是"——在佛家的胜义谛、终极道理上，现象即是本体，被推衍出的法之道即本体，被法之道立法的俗世恐惧也即本体。

当然，致思方式的不同不影响他们的相似处，因为老子强调道是"万物之始"，是万物的"始基"，在终极因意义上，始基就是万物的本体。既然都有终极因，并且这个终极因都与万物不可分（是万物的内在本质），那么，道家与佛家在本体论上就有相似处。微妙的分歧其实毋宁说是致思方式的不同，更应说是"无为"的程度或方法有区别：老子主张"外其身"，庄子主张"忘我"，孔子主张"毋我"，释迦牟尼主张"无我"。仅仅从训诂学即可发现，"无我"肯定是绝对的"无为"、彻底的"无为"。当然，我们无从知道"外其身""忘我""毋我"的行为深度发展，最终是否能够达到"无我"的彻底结果，所以无法在终极上评判他们各自的修证境界。但至少，"外其身""忘我""毋我"的行为发展的方向是"无我"，也就是说，道家、儒家在至善方向上是与佛家不违背的。

反过来，"空即是色"，佛教不是顽空、滞空，而是回真向俗、普度众生的大乘精神，当从圣贤的高度（法之道的精神）回到俗世时，笔者想到的必然是如何让俗世有向善的方向，而非向恶的方向，因而，黄老道家的"应时合道"的态度恰恰是现实中最值得学习的。那么，佛家的无住涅槃、人间净土、儒家的大同社会理想与道家的道治理想，都仅仅是方向、目标、基准——作为现实法治精神之理想或参考。

当今之现实，我们应面对的是科技思潮全球化、民主潮流全球化、市场经济的全球化，乃至于法治精神的普及化。因而，在这样的法治时代，我们不可能用儒家在先秦的应时之道即宗法礼治，而应该直面的是平等主体下的法治，并且思考如何让这样的法治有更崇高的精神、更公平的基准。而承前所述，这样更公平的基准就体现在东方的法之道精神，或三家融通的法之道与法之理的统一中，它能够证明人类的良知来源于"一"，但这样的"一"不是来自外在超越的人格神（GOD），而是来自内在超越的、体用不二的、天人合一的本体——这保证了法治精神不滑向没有"一"的庸俗功利主义思潮中；同时，"一"也不是僵化不变的古董，它应该是"现象即本体"（色即是空），因而可证成当今现象中的法治就具有了与本体一样崇高的地位，"应时之道"就意味着"多"，古与今的不同条件产生的"多"各具有其时代的合法性。因此，法之道与法之理的统一在法治、信息时代的表现是：不变的法之道有法治时代的法之理，这将在第五章阐述。

中华古代的法之道与法之理的内容中，具有争议的是：孔子儒家是反对法治的德治吗？孔子的追求不能简单地用德治与法治的对立来概括，孔子之"仁""性与天道"在今天依然是有其超越时代的意义，但"礼"却应该辩证地看，其中符合人性之本来面目的应该继承，但是有些礼是习惯、习俗的结果，"性相近，习相远"，有些源于历史习惯的陋习导致的礼应该与时偕进，被新的礼所代替。而儒家的大同社会、道家的自然（自治、道治）社会、佛家的人间净土不是人治，不是与法治对立的，而是超越小康社会的"我"之欲望与良知之间的对立、等级和剥削导致之悲剧的理想。邓小平清醒地知道，目前"天下为家，各亲其亲，各子其子，货力为己"(《礼记·礼运》)的人性还只能适应小康社会，而小康社会需要法治，但此法治制度的精神追求、和道德方向应该是大同社会、道治社会、人间净土。

由此顺带提及，"law"对应中国传统的概念应该是一个道德等级状态的广义规范(即古代法的目的价值等级体系)"道—德—仁—义—礼—法"，①"道—德—仁—义—礼—法"合起来才是对"law"的完整解读，是中国的"法之道"与"法之理"。第五章将这个古代的"法之理"做了现代转化。

承前所述，近代中华不再用"道"等词，而用西方的 natural law 来表达法的最高精神：由于中华之"悟道"在近代之前被称为明心见性，近代翻译 natural law 时，曾用"圣法""性法"翻译过。其中，"性法"的翻译不仅可以避免"自然"一词的多歧义，还能更好地沟通中华之"道"。良知的本能会促进人类选择比功利主义更高的原则，人合道的本性升起的纯粹良知，应物而判断出的善恶原则，能够成为不完满的人类的标准、参照。通过三家融通后发掘出的纯粹良知观照、审查后的仁、义、礼、信等是合于"上德"的，可以因时变化，因而是"道"的可变内容，可以作为当代公序良俗的参考。那么，"道"在现代或可改名为"法之道"("圣法"的用法似乎不太合现代世俗的语境)——这将由下一章阐释——但叫什么名字无所谓，关键是其内核。

笔者只是期望探寻并重树合道的良法，或让大家知道合于良

---

① 参见费小兵：《中国自然法基准下的"古代目的价值等级"——〈老子〉"上德不德"章的启示》，《华中科技大学学报(社会科学版)》2014 年第 1 期。该文从《老子》第三十八章推演出"道—德—仁—义—礼"的五层法的价值等级体系。在此，这由高到低的五层法的价值等级体系其实也是道德等级状态的广义规范，是对"law"这一英文的整全解读。

知的法是存在的，是可能作为立法的判断基准的。

由此，现代文明应先通过"社会契约"、民主制度形成政治组织机构，然后政治组织机构应该有德性地立法，即"与道立约"——立法应该合道，才能真正对得起人民，让"社会契约"处于良性状态。那么，现代民主立法不仅应有社会契约，更应"与道立约"，即与人民潜在的合道之至善本性立约，即应与"法之道"立约。因此，罗尔斯的"无知之幕"可升华为"源于本觉直观下的纯粹良知前提下的无知之幕"——那么，罗尔斯的"自由优先"也就应该升华为"合于良知的自由优先"。只有这样，立法才可能即中立、又向善，成为法治内涵中的良法。

回顾20世纪的民主政治诞生之"希特勒上台""恶法亦法"时发现，"与道立约"的制度应成为矫正法治偏失、"恶法亦法"的有力武器。① 那么，"与道立约"虽然是"社会契约"的补充，但却是"社会契约"的目的，即合道应成为民主制度的目的，而不是相反——因为每个人皆是道，享有道的本性，所以民主制度中只有一个义素即"人民的尊严是至高无上的"等同于"道是至高无上的"这个义素；而其他民主制度的义素，如选举制度、弹劾制度等，都仅仅是手段，故都应以合道为目的，而非以合道为手段——且"道"不是一个实体（这将在下文进一步分析），从而不是现象、现实中任何人可以代表的——合道只能由普遍的人类的良知所体现。

因此，被"社会契约"涵摄的"与道立约"，其立法主体不再是"圣人""天子"，而是"一切人"。当社会上的一切公民彼此立约建立社会之时，必须要顺应道的法则——这是让一切人符合一切人的本性。此"道"是自然无为的，而非有为的"上帝"，因此，"与道立约"不同于董仲舒的"君权神授"，后者规定了一个"人格化"的

---

① 这不得不借鉴西方现代的大法官制度，给予其权力，由其负责裁决、执行偏失道的重大政治行为。

"天"，仿佛"天子"遵守"天道契约"就合道，但天子是否合道，很难有及时矫正的制度保障，而"社会契约"却能保障执政者是否"合道"。故"与道立约"中仅要求人及其立法及其整个法治要"合道"（合规律），不顺应道即是逆道妄为，必然产生妄为后的自然因果法则，没有一个"人格化"的"天"与人立约，只是看不见、摸不着、不可说的"道"是最崇高的，因此，民主法治制度下的"道"依然是无为的。

所以，"无为"不是"德治"，尤其是现代"应化之道"视角下的佛道两家的"无为"皆不是"德治"，而是隐去了圣人的圣法之治，即"法之道"。

总之，"道生法"，则佛道儒三家的法制最高精神可被命名为"法之道"。那么，在梳理、澄清了三家之"道"的区别与相通性之上，可探寻出三家"法之道"的共性，即中华"法之道"的特性，并将"法之道"转型为现代汉语"法之道"，以期自觉建构中华的法哲学。

第二章　由三家之中道推衍出中华"法之道"的内涵

"法之道"的转化现代需要直面哪些现代内容？是可变的还是不变的？佛教虽是外来思想，但在上千年的内化过程中已经成为中华民族文化基因之一。目前有从道家、儒家视角研究法之道精神的，却没有人从佛家视域研究之，但是，佛家恰体现了中华传统中的哲学逻辑建构及其智慧，可以作为桥梁，用以沟通西方的自然法之渊源，还可直面沟通西方的现代法治精神，例如功利论、义务论等，甚或后现代哲学（例如拉康的"自我仅是幻象"观点，另文详述）。

另外，下一章笔者将详述，梁启超、谭嗣同等人恰恰是用佛教的平等观，微妙地改造了儒家的血缘等级观，其后的熊十力、牟宗三等现代新儒家都继承了这样的平等观。而本书试图借鉴佛教逻辑，重建、阐释比梁启超、谭嗣同更精密结构的法本体论，即"法之道"。《心经》等般若经典是佛教智慧的精髓、核心，从其中可探寻出佛教的本体论，从而本书将从中探寻其法本体论建构启迪，在下一章还将与熊十力等人的"本性"对话，通过本章与下一章的阐释，诠释出"法之道"的形式与内容的统一，即可变（与时俱进的内容）与不变统一的"法之道"——以期解决西方的自然法精神变幻莫测的多歧义，即可变的自然法与不变的自然法之千年争论。

并且，虽然道家、儒家都有"中道"的思想，但由于道家文字太少,且玄之又玄、没有现代逻辑语言意义上的建构,先秦儒家也只言片语,也没有现代逻辑语言意义上的建构,那么要逻辑建构中华法哲学的本体论,就只有从有逻辑建构的中国佛经中挖掘,并得到启迪,因此,本章将围绕《心经》等佛教般若经典切入分析,并采纳道家、儒家的相通约义素而启迪出对"法之道"的哲学阐释。笔者用的《心经》采纳玄奘翻译版本,《心经》是般若要旨,玄奘是唯识学大家,可见唯识学也不违背般若、中观的空慧,也有对如来藏的认识。①

在解读《心经》之前,笔者先对"本性"一词做梵文辞源的回顾:承前所述,"第一义空""胜义谛""佛性"等词,其中皆有词根是 sat或是它的转化(śūn,dhatu),含义是"界,是,绝对存在,真如"。② Buddha-dhātu 的另一词根 bhu(或 bu)含义是"相对存在",与 dhatu 合起来两个词根的含义才更接近释迦牟尼的原意,但后者心目中的佛性(本性)不是实体,即不仅是字面的内涵;佛教中有辩证用语是"不一不异",③用来理解"buddha-dhātu",是"绝对存在

---

①《心经》另有鸠摩罗什译本、法月译本、般若共利译本、法成译本(敦煌本)、智慧轮译本、施护译本、贡嘎译本、不空译本等,当今市面上还有一些梵文异文本。各种异文本、译本可归类为两大类:一类如玄奘译本,仅有观自在菩萨与舍利弗的义理对话;另一类宗教仪式色彩浓厚一些,增加有"如是我闻",以及薄伽梵赞叹、诸如来随喜、人天四众信受等。参见谈锡永:《心经内义与究竟义》,华夏出版社 2010 年版,第 10 页。本书以研究为主而非修证为主,故扬弃对信仰部分的写作,专研究其哲理、义理部分,故采纳第一类译本中的玄奘译本。玄奘唯识学系与之前的中观系、如来藏系虽然致思角度、方法不同,但皆是大乘佛教,其所求证的真如本体、本性是一样的。

② 本书的读者对象主要在法学界,因此尽量转化佛学术语为普通术语,以便交流,但有些专有术语还是依照惯例使用。

③ 从佛学视域看来,随时观一切有为法如梦,认可梦,也明白是梦,就是不二。而陷入梦中(比如看微信无觉知时就是在做白日梦),就是不清醒,就是陷入"二元"(陷入现象中)。反之,非要在现象之外找到个"一",比如现象的总和,或造物者,或梵我,或神我,或大灵魂——这就更是二元论。比如,某人认为梦醒了万物就消失了,只剩下一个生命实体(例如梵天),就是在执着"一"。所以佛学是"不一不异",不执着"一",也不执着"二"。

与相对存在的统一的一真法界"，又是"既非绝对存在，又非相对
存在的统一"，即是非实体的本性。从词源上只能勉强解释含
义，言语道断，所以要在下文中引用佛经与论，以更准确地阐释
本性。

在佛教传到中国后，"佛性"一词是汉语造字的结果，是西域
高僧用中华本有的、关乎形而上的"性"字加上造字"佛"字（bhu
的音译），来翻译"buddha-dhātu"。中国的北传佛教（传统称大
乘）如来藏系称之为如来藏，表示佛教视域中如来的智慧德相，
也可勉强说是万物的本体（不陷入现象、但无实体的本体）——
但无论叫如来藏，还是本体，都须将般若空慧（无实体）的观照贯
彻始终。

总之，"本体""佛性""空性""自性""本性"这几个词在佛教经
论中是常常混用的词，皆表达同雷同意涵：真如本体。但本书作
更细致的区分，本性是未被我执遮蔽的、本体应有的性质，是本体
未起无明时的性质，而"无明"也是本体的性质，但却是有了"无明"
（即我执）时的性质，故"本性"与"无明"都是"本体"的性质，只不过
是不同状态下的性质。故本书中"本性"一词特别指代超越"无明"
时的"本体"。用一公式表达如下：

　　本体→未生无明时：本性→已生无明时：万物（含人类）
及其相互的缘起运动

这个公式的含义是："本体"涵盖了"本性"与"无明"两种表现
状态。如果理解了这一个公式，那么下文就很好理解了。

在此基础上，本章由《心经》等佛经结合道家、儒家之"中道"而
切入理解三家之"道"本体论的形式与内容的统一，理解中华法哲
学"法之道"的可变与不变的统一，或许对沟通古希腊、古罗马的自
然法与中华之道有启发，以见教于方家。

第一节　"无执之现象"与"无实体之本体"
　　　　　统一的中道

这一节由对《心经》中如下文字的研究引入：

> 观自在……行深般若波罗蜜多时，照见五蕴皆空。……
> 色不异空，空不异色，色即是空，空即是色，受想行识，亦复如
> 是。舍利子，是诸法空相，不生不灭，不垢不净，不增不减。是
> 故空中无色，无受想行识……

一、无执之现象

第一句"观自在……照见五蕴皆空"[①]点明了"观照"是核心方法：在放下对"我"及其欲望的执着后，就"远离罪障及不善法"，[②]这时"行深般若波罗蜜多"，即行为具有了深厚而不易被摧毁的智慧，这"般若波罗蜜多智慧"是指能够超越现象界、达于"空性"（非实体的本体）的"观"慧；这种"观"万物流变的智慧即"般若慧观"，是站在涵盖乾坤的博大境界平等地观照、照见一切现象。所谓"照见"就是指如同电筒光那样"一照即见"，不经过逻辑思维、头脑分析，就直接看见、发现，即直观到现象，例如"色受想行识"这"五蕴"都是在刹那流变，没有一个固定不变的实体，因而说"照见五蕴皆空"。则一切现象因不断流变，而"如幻、如阳焰、如梦、如水月、如

---

① 观自在菩萨又称观世音菩萨。但之所以称之为"观自在菩萨"，其"观自在"是形容他通过"观照"达到了"自由自在"境界，这是一种在佛教看来了解、证明了诸法真实相之后的放下、自由状态。

② 参见谈锡永：《心经内义与究竟义》，第58页。

响、如空花、如像、如光影、如变化事、如寻香城，虽皆无实而现似有"，①即现象是"有"的，但又是变化不休的，现象中没有永恒。在此意义上说，现象的"有"不是"永恒不变之有""实体有"。

何为"五蕴皆空"？其中第一蕴"色蕴"即物质，近代以前都认为很难让人了解其为空，"因有物质、有阻碍，似非空也。"②但现代物理学或可被借用来协助理解此"色蕴"即物质之"空"（不过，不能反过来说佛教的境界仅仅是现代物理学的境界），例如：爱因斯坦认为，物质与能量相互转化，我们所视为确定的实体，在很大程度上是以能量的形式运动着的无物的空间；霍金认为，在宇宙无边界条件下，只有变化的多重宇宙模型，没有固定不变的实体或人格化造物主；③量子力学之测不准定律认为，实验者与被观察者之粒子间的相互影响表明，个体是相互感应、影响的不同"片区"，每个人是一个身体区域的量子态片区。④个体"片区"间相互感应、影响、交流、改变而形成合力（即量子纠缠），说明个体虽独立，但彼此并不孤立，而是互相影响；个体"片区"组成整体、宇宙，这可被借用来在一定程度上理解《华严经》中的"全波即水"，即在终极上，"自由"体现于：每个个体（如浪花）皆具有本体（如海洋）的全部本性，个体通过自己的自由努力，可实现本体的全部本性及其潜能。⑤这里，"色蕴"即万物的物质可理解为是运动的、具有波粒二象性的粒子，所谓粒子，不是一颗颗的实体，而是无物的空间，只有不同的量子态片区在互相影响而已。这有助于理解"色蕴"是"空"的，非实体的。

---

① （唐）玄奘译：《大般若波罗蜜多经》卷1，《大正藏》第5册，第1页。

② 弘一法师：《般若波罗蜜多心经讲录》，《十位大师讲心经》，中国言实出版社2010年版，第41页。

③ 参见［英］史蒂芬·霍金、列纳德·蒙洛迪诺：《大设计》，吴忠超译，湖南科学技术出版社2011年版，第2、105、143—154页。

④ 参见吴国林：《量子纠缠及其哲学意义》，《自然辩证法研究》2005年第7期。

⑤ 参见费小兵：《龙华民与莱布尼兹对"道"的误读》，《哲学评论》2015年第1期。

五蕴中的受、想、行、识作为内心的感受和意识,也是刹那变化的,非实体的。例如,五蕴中的"识蕴"(又称第六识),现代心理学称为"意识",也就是大脑的逻辑运行、冥想或妄想。它们无止境地运行着,从来没有停息过,不是实体,因此称为空。所以佛教中没有一个永恒不变的、实体的"灵魂"说,只有不断流变的"神识"说——在没有一个固定不变的、实体的灵魂的意义上,即在意识"无自性"的意义上,可说是"灵魂皆空"。

因此,"五蕴皆空"中的"空"字,首先是指世俗谛(现象)的流变,指万物非实体,都是因为"缘"(内因、外因)而生起、发展、变化、消亡的,即由于因果而存有的事物是流变不休的,找不到一个永恒不变的事物,所以好像是梦幻泡影,因而被称为空,或假有。流变也就是缘起、无常。"照见五蕴皆空"实际上涵盖了色受想行识这所有意识现象都是在不断变迁的,佛教归纳为一句"无执之现象"——这是《心经》中第一句中"五蕴皆空"之"空"字的要义。进一步,如果加上"照见",就是唯识学中的现量(不仅是六识现量,更是有定境的瑜伽现量),即没有经过主观加工的直接观察,就可能在"照见五蕴皆空"的同时,直接照见真如,也就是下文中"空"字的胜义谛。

二、无实体之本体

《心经》中的第二处"空"字,主要指"是诸法空相,不生不灭,不垢不净,不增不减。是故空中无色……"中的"空"字,[①]它的含义是指与流变现象(如物质)对立的"不生不灭,不垢不净,不增不减"

---

① 《摩诃般若波罗蜜经》卷1:"菩萨摩诃萨欲住内空、外空、内外空、空空、大空、第一义空、有为空、无为空、毕竟空、无始空、散空、性空、自相空、诸法空、不可得空、无法空、有法空、无法有法空,当学般若波罗蜜。"在此经中,佛所说"空"归纳为十八种。其中,第一义空、无为空、毕竟空、无始空、性空、自相空、不可得空、无法空、无法有法空,是属于"真如有自性"、本体意义上的"空",其他的"空"如内空、外空、内外空、空（转下页）

之"空相"，其意涵就是佛教中的"第一义空"，又被叫作无实体的"本性""佛性""实体""金刚体"。因为释迦牟尼在巴利文《自说经》中明示："有一个无生、无成、无为、无条件的存在。"这个第一义空（paramārtha-satya）是永恒不变的，但不是一个实体，只在言语道断、心（意识）行灭处可证明、发现。在《自说经》中，佛陀亦从反面对众人解释，"因为有一个无生、无成、无为、无条件的存在，才能从有生、有成、有为、有条件中解脱出来（的可能）"，就是说"有生、有成、有为、有条件"的万物之所以能够运动变化，一定有不变的终极因（天台宗叫作"正因佛性"①），否则不能够运行流变——但"佛性"又不仅仅是"终极因"，因为还有更深的意涵是：这"无生、无成、无为、无条件的存在"从未离开现象，例如"色不异空，空不异色"：即物质现象自身不离开空性（本性），空性（本性）也没有离开现象而孤立为"一个"实体。即没有此岸、彼岸的二元。

　　"佛性明净犹如日月"，这个终极的第一义空、真如（paramārthathatā）或曰本性的特征主要有：真实、常、恒、不生、不变易、寂静、不坏、不破、无病、不老死、无垢；常人被烦恼所覆看不见佛性，出离烦恼则可见到如日月般的明净佛性。② 能够见到佛性的前提在于不执着烦恼，常人因执着于"我"的烦恼而见不到佛

（接上页）空、大空、有为空、散空、诸法空、有法空，是属于缘起无自性的"空"；其中，较难理解的是："大空"是为了修行而远离、超越欲望、繁华而行梵行，也是有为，不属于第一义；"度一切色想行于外空"，外空就是不执着于一切色想行。

　　① 参见《大般涅槃经》卷28。正因佛性是人人本来具有的诸法实相之理体，为成佛之正因，在本书中的对应术语是本体。

　　②《央掘魔罗经》卷2："诸说法者，应如是说，称扬如来常住真实。若说法者不如是说，是则弃舍如来之藏，是人不应处师子座，如旃陀罗不应服乘大王御象。一切诸佛极方便求如来之藏生不可得，不生是佛性，于一切众生所，无量相好清净庄严。一切诸佛极方便求自性不实不可得，真实性是佛性，于一切众生所，无量相好清净庄严。一切诸佛极方便求自性无常不可得，常性是佛性，于一切众生所，无量相好清净庄严。一切诸佛极方便求如来之藏无恒不可得，恒性是佛性，于一切众生所无量相好清净庄严。一切诸佛极方便求如来之藏易不可得，不变易性是佛性，于一切众生所无量相（转下页）

性意义上的本体。① 假如某个人不再执着于我的烦恼,超越任何
现象(包括意识),就可以看见产生我们生命的终极因或曰本体(佛
性)常恒而不变易,永恒存在、不生、不患病、无老死,从而没有破
坏、灭失、新陈代谢而本性寂静,从而没有现象的混乱、污垢而犹如
日月般明净。但佛性(本体)又不是一个"东西",不是一个外在于
生命的独立的实体(例如人格神),如《央掘魔罗经》卷 3 言:"我于
无量阿僧祇劫恒河沙生,为一切天人说,如来藏如虚空鸟迹,令佛
性显现故,生不可见身。"② 这是指如来藏不是一个实体,而是如同
虚空、如同鸟飞过的痕迹。并且,这如来藏本体不因人们迷茫未见
到就不存在,也不因圣人开悟而增加它的存在,如宋代子璿《起信
论疏笔削记》卷 14 言:"凡迷未曾减,圣悟未曾增",则本体不增不

(接上页)好清净庄严。一切诸佛极方便求如来之藏不寂静不可得,寂静性是佛性,于一
切众生所无量相好清净庄严。一切诸佛极方便求如来之藏坏不可得,不坏性是佛性,于
一切众生所无量相好清净庄严。一切诸佛极方便求如来之藏破不可得,不破性是佛性,
于一切众生所无量相好清净庄严。一切诸佛极方便求如来之藏病不可得,无病性是佛
性,于一切众生所无量相好清净庄严。一切诸佛极方便求如来之藏老死不可得,不老死
性是佛性,于一切众生所无量相好清净庄严,一切诸佛极方便求如来之藏垢不可得,无
垢性是佛性,于一切众生所无量相好清净庄严。如油杂水不可得,如是无量烦恼覆如来
性,佛性杂烦恼者无有是处,而是佛性烦恼中住。如瓶中灯,瓶破则现,瓶者谓烦恼,灯
者谓如来藏,说如来藏者,或是如来或是菩萨或是声闻,能演说者随其所堪,或有烦恼或
无烦恼,满愿当知。我说是人即是正觉,能破受者亿烦恼瓶,然后则能自见其性,犹如掌
中见阿摩勒果。譬如日月密云所覆光明不现,云翳既除光明显照。如来之藏亦复如是,
烦恼所覆性不明显,出离烦恼大明普照,佛性明净犹如日月。"

①《大般涅槃经》卷 34《迦叶菩萨品》:"世尊! 云何名我? 谁是我耶? 何缘故我?
我时即为比丘说言:比丘! 无我、我所。眼者即是本无今有,已有还无。其生之时,无
所从来,及其灭时,亦无所至。虽有业果无有作者,无有舍阴及受阴者。如汝所问:云
何我者? 我即期也。谁是我者,即是业也。何缘我者,即是爱也。比丘! 譬如二手相拍
声出其中,我亦如是,众生、业、爱三因缘故,名之为我。比丘! 一切众生色不是我,我中
无色,色中无我,乃至识亦如是。比丘! 诸外道辈虽说有我,终不离阴。若说离阴别有
我者,无有是处。一切众生行如幻化,热时之焰。比丘! 五阴皆是无常、无乐、无我、
无净。"

②《大正藏》第 2 册,第 536 页。

减、恒常存在,"不生不灭方是不增减,毕竟常恒"。① 需强调的是,被勉强命名的如来藏、本体不独立存在,而只是现象自身呈现的本质、本性,在"不独立存在""无实体""如虚空鸟迹"的意义上称之为"空性"。

《华严经》卷 37 言说此本体的寂静:"法性本寂无诸相,犹如虚空不分别。"②这"法性"即是《自说经》中所说的"无生、无成、无为、无条件的存在",可浅显理解为:因为本体在终极上是不增不减、不生不灭的,其中,"不生"是难以用世俗语言表达的,所以说"言语道断",因为常人见到的都是生生不息;因为"法性本寂无诸相","本寂"指的是"本体"自身是无法用现象界的任何"相"来表达,与之相关的"无为"是指"空中无色""无诸相",③即不生灭,安住本体的状态,所以假名曰"空相";"无条件的永恒存在",就是《圆觉经》所言"圆照清净觉相",④即清净觉相是不局限于现象任何"相"的"相",换言之,不是"相"(不是个东西),但因"无相"而言之为"清净觉相",它作为本体、实相、真实,是"不生不灭"、永恒存在的,也不成为什么东西,所以"无成",即"本体"不是有为法(即缘起法),但又离不开"有生、有成"的缘起法;逻辑上,无论是成为天、人或是神——一旦成为"一个事物",就有新陈代谢、生长变化、衰老死亡;而"真如"(本体)是不死、不灭的。《金刚经》言:"是法平等,无有高下。"⑤就表明现象界虽有天地、乾坤、高低、善恶等分别、对立甚或不平等,但从本体的立场而言,一切现象皆是平等的——皆是本体

---

① 《大正藏》第 44 册,第 374 页。
② 《大正藏》第 10 册,第 193 页。
③ 《金刚经》言:"凡所有相皆是虚妄","一切贤圣皆以无为法而有差别"。这里也可推论出道家的无为与佛家的无为,都要超越现象界,在方向上是一致的。
④ 《大正藏》第 17 册,第 913 页。
⑤ 《大正藏》第 8 册,第 751 页。

的呈现,即在终极意义上一切事物、生命"毕竟平等无有变异,不可破坏".① 并且本体的本质是不生不灭、能生万法的——这是《心经》中第二种"空"的核心要义。

由此,英语世界将佛教之"空性"翻译成"emptiness",是错的,因为其词根"empty"指的是"空无、没有"意义上的"空",不是佛教本义上的第一义空、有本体(sat)词根的、不生不灭的"空性"。而英语世界翻译佛教术语"正念"为"mindfulness",②至少不是"空无、没有"意义上的"空",更接近佛教的本义,但可能让人误解"正念"是"真心""神性"。

三、中道的本性：现象与本体不二

《心经》中的第三类"空"字主要指"色不异空,空不异色,色即是空,空即是色,受想行识,亦复如是",即空性自身又展现、呈现为现象,包括"色受想行识"等现象,色是物质现象;反之,只有在缘起中的现象才有"相",现象内在的、无缘起的本体却是无相的(即"空相");即现象与本体不是"二"的关系,换言之,现象即是本体(不同的现象在天台宗"正因佛性"意义上有同一的本体),本体即是现象(同一本体在无明状态下呈现出不同的现象).③ 弘一法师说"般若法门具有空与不空二义",则言说"空义"的目的是为了打破常人

① (宋)子璿录:《起信论疏笔削记》卷14,《大正藏》第44册,第374页。

② 英语世界的许多相关佛教书籍中,将佛教之"空性"翻译成"emptiness",将"正念"翻译为"mindfulness"。关于这两个词的翻译,笔者向2015年在英国曼彻斯特大学攻读博士学位的见城法师请教过,她认为"mindfulness"比"emptiness"用来翻译"空性"更准确。

③ 弘一法师认为,"色不异空,空不异色"还在"二事"上(即还没有一体不二),"色即是空,空即是色""乃是一事"(即达到了一体不二),"即是"是更深的含义。参见弘一法师:《般若波罗蜜多心经讲录》,《十位大师讲心经》,第43页。

执着的妄见，使之破坏至彻底，然后在般若空慧的基础上再建立"不空"义，于"心无挂碍"处，得阿耨多罗三藐三菩提，"而炽然上求佛法，下化众生，以完成其圆满之建设"。① 而"不二"是超越世间与出世间等对立、对待、分别相，主要在《维摩诘经》中体现，只要安住本体，现象就是本体，不同的现象之间的对立、对待、分别相就得以超越。

　　要理解现象与本体"不二"，就要理解佛教中"不一不异"这句话。假如说现象有"相"，本体也有"相"，那么，现象与本体就是两个分裂的东西，但既然"色不异空，空不异色"，那么，现象与本体是"不异"（不可分离）的，不是两个东西。即只能说现象与本体的关系不是"二"，否则就会有"一"与"多"、本体与现象的分裂；但也不能说现象与本体是"一个"东西，因为在缘起中，什么都抓不住，只能看到流变的现象，不能见到"一个"本体；而在超缘起的无为法中，什么都不是，只有缘起的本性是不生灭性，或名为空性（如果说道家的致思方向认为"道生万物"，有"道与万物""一与多"的统一，那么，佛教连"一与多"这样的名词都谨慎避免，以防人们误读为有"一个"孤立的实体）。

　　那么，为何人们一般只见现象，而无法发现本体？"色不异空"可联系《金刚经》中一句"若见诸相非相，则见如来"，就是说不再执着于现象界的一切色的"相"，没有"我相、人相、众生相、寿者相"的人，见到的才是现象自身的"空性"（本体）；或者某个人在某一瞬间突然超越了"我相、人相、众生相、寿者相"，也可能见到超越现象的"空性"（本体）；反之，没有达到无"我相、人相、众生相、寿者相"的人，见到的现象还仅仅是局限的现象。所以"空性"只是如《金刚经》说"一切诸相，即是非相"，即本体、实相"无形相"，但"无相"又不等同于"没有"，所以"空性"不等于"无"，而是指它是万物缘起的

---

① 参见弘一法师：《般若波罗蜜多心经讲录》，《十位大师讲心经》，第39页。

终极因,不是万物的总相、合相,即《金刚经》言之"如来说一合相,则非一合相",①或许为了解释本体不是现象,有时也不得不方便为某些人说其是世界万物的合相,但胜义谛就不能说其是"合相",因为一旦用"合相"一词,让人容易误解其有一个"相"、实体。而用"空性"一词的意义就是为了预防用"合相"一词导致的"有相"——所以"不一"就概括无一合相、无第一因等所有意涵。因而仅能说"本体"的实质是"空性",是性灵生命的内在本质。每一个微小的事物与巨大的事物一样,内在的本质皆是不二的空性(本体),因此说"一即一切"。

由"空不异色"推论,佛教在世俗谛上也肯定"色"(物质现象)的存有,只是更强调本体离不开现象事物,那么现象万物(包括其中有意识和智慧的人)的地位,由此论证而陡然崇高。只不过,如同前述,色法界是瞬息万变的,即现象界没有一个不随时间改变的实体,故《杂阿含经》卷 10 言:"此有故彼有,此生故彼生。"②现象界的一切事物都是随着各种条件(缘)的变化而不断变化的,这被称为"无执之现象"。由于现象界没有一个固定不变之实体,因此,佛教将世俗谛的现象称为"假有"。而让现象崇高的原因是现象自我的本体——佛教意义上的本体、是(sat)、存在才是与现象不可二元分裂的、现象自我的内在终极因。总之,"不二元分裂"在佛教中称为"不异"。

因而,"不一不异"构成现象与本体关系的完整概述:即现象界没有一个永恒的实体,现象与本体不可分,本体不能脱离现象而单独成相,故称本体为空性。如《大般若经》卷 569《法性品》言:"真如虽生诸法,而真如不生,是名法身。"③真如就是现象内在的

---

① 《大正藏》第 8 册,第 749、750、752 页。
② 《大正藏》第 2 册,第 67 页。
③ 《大正藏》第 7 册,第 937 页。

实相、本体、空性，智颢《法华玄义》卷 8 下："又此实相，诸佛得法，故称妙有。"①可见"空性""真如"或曰"实相"还有一个释义是"妙有"，但"妙有"不具有现象界的任何"相"——这里，"妙有"即是"空性"（本体），合起来称之为"真空妙有"，但却不能单独说本体是"有"还是"空"——这永恒存在的、不是个东西、什么也不是、建立在般若空慧基础上的"空性"就被佛教如来藏系称作"如来藏"，是佛教的第一义。② 周贵华认为中国化的本性论容易偏向梵我论、是错误的。③ 赖永海认为本性论的中国化体现在佛性解释的儒学化、心性化。④ 那么，要准确解释如来藏的前提是没有"一个"实体，即如来藏本身不是一个实体，甚至不是一个"存在"，也不是一个"无"，更不是一个"心性"——将如来藏等同于"本心"之类，只会导致如来藏思想异化为神我、梵我论，即异化为唯心论。

因此，如果有流变现象，如来藏则是流变现象的不流变的实质、本体、终极因——但是这所谓本体不是什么东西。只不过常人见到的是生灭流变，佛法证果的人见到的是不生起、超缘起。《大般涅槃经》卷 40："一切诸法皆是虚假，随其灭处，是名为实，是名实相，是名法界，名毕竟智，名第一义谛，名第一义空。"⑤可见，《心经》中"色即是空，空即是色……是诸法空相"这一部分中的"空"字，指的是中道意义上的第一义空，即放下对现象的执着而见到的第一义，是超越现象界、世俗谛的最胜义（paramārtha-śūnyatā）、实相。真如（本体）因无明妄动而呈现为诸法（现象），因而本体就是现象界的终极因，则"体用不二"，体用二者不是两个东西。并且，

---

① 《大正藏》第 33 册，第 783 页。

② 因而谭嗣同《仁学》、熊十力《新唯识论》认为"如来藏"即是宇宙之"仁心"或"乾"（有点类似于动力因），是对"如来藏"不完整、不准确的理解，下文详述。

③ 周贵华：《唯识、心性与如来藏》，宗教文化出版社 2006 年版，第 3—9 页。

④ 赖永海：《中国佛性论》，江苏人民出版社 2012 年版，第 18—24 页。

⑤ （北凉）昙无谶译：《大般涅槃经》卷 40，《大正藏》第 12 册，第 603 页。

从逻辑上说,终极因不可能再有一个母亲,因而真如(本体、终极因)就是存在的真相——但不能误解为这存在的真相是个什么。这呈现为法界(现象界)的、不生灭的本体,在佛经中又被称为"法性",即法界的本性。

由此,《心经》中描述这"法性"的性质是"诸法空相,不生不灭,不垢不净,不增不减",亦如《华严经》卷 28 曰"法性遍在一切处",①法性是一切生命的内在本体,无论是"郁郁黄花"还是如"青青翠竹"都呈现出"不生不灭,不垢不净,不增不减"的同一本体——让黄花或翠竹自我成长流变、生成消亡的终极因,天台宗称之为正因佛性。这正因佛性的本质不随现象而变化,即"不生不灭,不垢不净,不增不减","生"或"灭"、"垢"或"净"、"增"或"减"都是现象,正因佛性(本体)超越任何现象,故亦可说是"无垢"的,但却无"净相",无一切相,因而亦可称"无一切相"为净,即无净相的净,是不缘起的、本体的圆满清净,即"自性清净",但其前提是"无自性"——如果没有现象,真如本体就不显现、存有,就是空相。即不变的、无相的、无净相的圆满清净,如来藏系称之为"无实体之本体"。而承前,"色"等现象界却没有不变的自性,即现象界的法则只能是任由条件而不断变迁的"无执之现象"——只有将"无实体之本体"和"无执之现象"统一起来理解,才能完整地、中道地理解"佛性"。

佛性(本体)的不增不减,有学者认为是"以有过始见有减""不因善功德而有所增",②那么,本体不因过错而减少,也不因功德的增加而增加。我们理解,"过错"或"功德"都是现象,这里强调的是本体本身的不增不减,"过错"或"功德"都是借用来对比解释而理

---

① 《大正藏》第 10 册,第 156 页。

② 参见无垢友:《圣般若波罗蜜多心经广释》,引自谈锡永:《心经内义与究竟义》,第 70 页。

解本体的。

而佛性（本体）虽然"不生不灭"，却"空理湛然，非一非异，故名如如"。[1]"如如"有"似乎、仿佛存在"之意，"真如"之意就是本体是真实的，可在言语道断、心行灭处状态下发现、照见，却难以用实体描述。则不能将禅定在本体状态即"涅槃"，描述为甜美的睡觉，或别的什么，只能说"如一个实相"，却"非一个实体"，只能说是"如其所是的真实境"，故称"真如"。[2]

因而，古印度的护法《成唯识论》卷2亦言："谓空无我所显真如，有无俱非，心言路绝，与一切法非一非异，是法真理，故名法性。"[3]故"真如"的"本性"既不能片面说成"有"，也不能片面说成"无"，只能说"非一非异"，即法性不能被庸俗地等同于现象界——只可比喻地说黄花、翠竹是真如佛性，但未见到黄花、翠竹的真如本体之前，就把黄花、翠竹的局限现象叫作佛性，是错误的。但法性又不离开现象界——难以用现象界的言说描绘法性（因为本体是超越现象界的），故需要"心路断绝"（打断逻辑意识）而发现它（即直接觉悟到真如本体），它是诸法的本质，虽可知、可见，却不可描绘为任何现象界的任何状态，所以佛教才用"空"字来比喻"本体"。但虽然不可描绘，佛陀却认为其"是法真理"，即是现象界的内在不变的真理，"不实不虚"，故名"法性"，即法性是宇宙的终极真理。

由"无实体之本体"可知，使得现象界变化的本体是不变的、有

---

① （隋）智顗：《法华玄义》卷8下，《大正藏》第33册，第783页。

② 《金刚经》："不取于相，如如不动。"《成唯识论》卷9："真谓真实，显非虚妄；如谓如常，表无变易。谓此真实，于一切位常如其性，故曰真如。"可见，"如"有如常、不动、不变易、不生灭之意，但不用"是"，却用"如"，表明作为现象界之人的言语逻辑之谓词"是"不足以表达它的，只能加上"如"字，才表明"本体"是超越现象界之言语逻辑的。或许正因为它是在人的有限理性之外，所以康德才称之为"物自体"，但康德认为有限理性的人无法认识无限的"物自体"，佛道两家却认为人可凭"直观""本觉"认识"本体"，只是"本体"难以用现象界之言语逻辑完全表达。佛家用遮诠法表达。

③ 《大正藏》第31册，第6页。

自性的，或曰自足存在的，流变的现象依然有不变的"本体"，只不过最好不要说"多"与"一"，尤其是不能说"一"——目的是预防将"本体"作为实体化的执着理解，形成与现象界分裂的、人格化（或非人格化）的主宰神。因而佛教的本体并非是人格化（或非人格化）的"造物主"（大梵天）之类——"造物主"的含义不仅是一些宗教特指的"人格神"，而是指原初的"神之奥义"或无限的神性，如果进而理解为生命的终极因，与佛教所说的真如本体的分歧就缩小了——两者还是有区别，即那些宗教家即便不主张造物主是人格神，还是一个东西——是万物的第一因，比如莱布尼兹的宇宙大单子、道教徒的宇宙元神、海德格尔的"存在"，而佛教家认为缘起的当体是"空性"，连"存在"也不是，因此，非物非心——万物没有第一因，都是无始无终地缘起的，只不过缘起的内在本性是终极因，且只有反过来，不见缘起才可能见本性！不过，以"本体"一词可在一定程度上沟通各大宗教或哲学（限于主题，此不赘述）。

所以，佛教中的真如不能说是一个神性。故有的佛教学者就干脆不用"本体"一词，在此意义上，也是有其一定道理的。但作为世界是有终极因这一点而言，是可以用"如来藏"概念或"本体"一词来表达的。只是佛教视角的本体不是"一个实体"，否则就实体化地肯定"绝对存在"这一半的意涵，而忽略了佛性的更内在意涵，即认可相对存在与绝对存在的不二元分裂。

第二节　从中道创造性启迪出可变与
不变统一的"法之道"

一、佛教经典中"自然法"的原义不是法律

或许有人会问，怎样将佛性、本性、无明与法理关联上？能够关联上吗？

承前所述，本体（佛性）有超越无明的、不生的、无相的、无净相的圆满清净之性质，即本性或"无实体之本体"。佛教的"见性"就是指见到真如本体的"自性"。这个"佛性"的性质如《般泥洹经》卷上讲，是"圆满清净"，即"清净究畅，一切敷演，是一难有自然法也"。这里的"法"指佛教中的"一真法界"，这佛经里的"自然法"包涵"自然"和"法"两个概念，"自然"指的是圆满清净，"法"指的是宇宙万有一切存在事物，而不是法律。合起来，《般泥洹经》中的"自然法"指的是"本体"（一真法界）的自性是不生不灭的，即在宇宙万有、一切存在事物的流变之中呈现出的不生灭本性，即真如呈现的圆满清净。

由此可启迪出笔者下文的法学创新思考：如来藏的自性（本性）是至善的、超善恶的、纯粹的，它不是法律，但人如证得内在的如来藏，其后得智在无杂念状态下的纯粹良知，可以判断善恶，由此呈现的法则，可以被笔者称为"法之道"——叫什么名称不重要，重要的是体现一个至善的、超善恶的、纯粹的法则。下文笔者就将具体地逻辑推衍出这个"法之道"（本性法）。

承前，随着三教融通，儒家、道家也追求"见性"。例如宋以来儒家常声称"学达性天"，①即是认为学习的最高境界是达到"见性""见天道"——只不过，各宗派对"见性"的要求或致思重点不同。但正由于宋以来三教皆认为"见性"是最高的境界，所以"性"字其实成了三教融通后各家的形上核心范畴，"性"字可等于理学家之"理"和道家之"道"，而成为理解中国哲学的枢机。因而，在近代中国学问家就承袭"性"字的内涵，促进丁韪良用"性法"一词翻译"natural law"（后人才翻译为"自然法"）。所以，三家的"法之道"皆可名为"本性法"。

---

① 如岳麓书院即挂此"学达性天"牌匾。

二、"本性"与唯心"本心"的区别

推衍"法之道"之前,笔者认为要区分新儒家熊十力《新唯识论》中的"本心""仁心"与佛教之"本性"的区别(下一章对谭嗣同《仁学》和熊十力《新唯识论》中的"本心"还有较详细的分析)。这涉及一个常被人误读的概念,即佛教中的"万法唯心",指作为现象的心的作用特殊,三界一切法皆依因缘而生,即皆是内因、外因共同作用的结果,但佛教无第一因(西方的一神宗教有第一因),所以"万法唯心"并非唯心主义;反之,佛教恰恰要破"自我意识"(心),是心行灭处的、非彼岸的、无神论的本体,如《心经》"色即是空"即此意。

承前,关于"本体"与"仁心"的关系,谭嗣同在《仁学》中认为佛教的"本体"是"心力"或"仁心",熊十力《新唯识论》中认为"本体"是"本心",他们认为是"本心""仁心"生化万物。① 但笔者认为,真正的佛教应该以"毕竟空"来理解任何现象包括"心力"这一"有相"之物,这样才能超越谭嗣同的"唯心"本体论,或其他片面学说对佛教的片面理解,回到佛教的"非一非异",才能实现谭嗣同言之"冲破一切网罗"(如各种片面理论的网罗),畅通地达到"合道"的状态,即庄子言之"道通为一"的状态。②

但何为"毕竟空"? 许多人对佛教中的"毕竟空"有误读,例如熊十力认为佛教是"滞空",他要反对"滞空",所以他研习佛法唯识学十年后转入新儒家。但《心经》曰"色即是空","空"本非"滞空",《金刚经》言"无我相、无人相、无众生相、无寿者相",寿者即永恒的造物神不是终极因——只要有言说、有为法(造物是有为)的具体实体,都只是现象界的存在者,不是本体界之终极因,所以原始佛

---

① 参见(清)谭嗣同:《仁学》,第1—35页。
② 参见(清)谭嗣同:《仁学》,第46—54页。

教是无神论，"佛教缘起论与无我说是针对婆罗门教关于有万能的造物主（大梵天）和不死的灵魂的说教而提出"。[1] 原始佛教超越了造物主，故称本体（sat）为"真如"、为"空"，而非"真主"。即真实的"存在"（sat）体现在流变的万物中，因为流变，所以无常，没有一个固定不变的实体、人格化的本体"大梵天"。则只有流变自身显现的"自性"才是"存在"（真如），因而这"存在"不是独立的个体，不是造物主，不是脱离"色"（物）存在的顽空、滞空，"空"是因有"色"的存在而存在的"妙有"（是现象界的终极因），佛教界曰"真空妙有"。

　　承前，《心经》中的"是诸法空相，不生不灭，不垢不净，不增不减"是"不一"与"不异"的统一，"不生不灭，不垢不净，不增不减"指的是"本体"假如有相，就是此"空相"，即本体不孤立存在、不是一个实体，故称为"不一"。但强调"空相"的意义在于其不是一个实体的主宰者，而是站在生灭法上看，现象界只有现象之事物自我在自由运动，如超越其运动，可见到现象界自身的本质就是"空相"本体，所以说是"色即是空，空即是色"。熊十力将之归纳为"体用不二"，[2]"体"即本体，"用"即现象、万物，不过，熊十力的本体是"本心"，是一个实体。但佛教中即便言"全波即水"，也仅仅是比喻当个人不执着自己这朵浪花时，就发现自己等同于无限的海洋，但并不存在一个可以意会的宇宙的灵性海洋，后者也是一个实体。站在不生灭法的视角，"体用不二"这个词的意涵就不同于熊十力的意涵，而是"真空妙有"，即真空＝妙有＝中道。由此可推论出，借鉴佛教思维的法理学的"中道"就是"可变与不变"的统一。而西方的可变的自然法是指自然法的内容（例如目的价值），不变的自然法是指本体是一。在西方法学史上争论自然法是可变还是不变的，争论了上千年也没有结论。而在本书中，佛教认为没有"一"这

---

① 洪修平、陈红兵：《中国佛学之精神》，第50页。
② 参见熊十力：《新唯识论》，第1、7页。

个实体因此医师不可说的,它推出法之道不是具体规则,不是任何
人都能成为其代理人的。因此,由于佛教此"不一不异"辩证法的
启发,"可变与不变"才可能统一,即世俗现象之实在法可随缘变
化、与时偕进,胜义谛的本性推衍出的法之道(本性法)是现象的不
变的本体,成为内容可变与形式不变的法之道(对应西方的自然法
精神),才是法的真义,即随缘变化、与时偕进的法则应合于不变之
德性。这一点下文详述。

　　但作为"本体"的"道"如何推衍出"法之道"?

三、"本性"推衍出"法之道"

　　对此的回答是:通过对佛法的理解,可知其逻辑基础(前提预
设)是"心行灭处",这时,人能获得根本智,这是人可能达到的清净
德性,即"本性"。这种"本性"体现在有情动物,尤其是人身上,"本
性"就展现为人的"本觉",即不空译《仁王经》卷上曰:"自性清净,
名本觉性,即是诸佛一切智智。"①本有自尔之性德。② 这"本觉"是
当人觉醒时,真实地呈现的涅槃状态者的清净德性,于现象界见其
"空性"(超缘起),就不被无明、我执覆盖。然后,人得到的智慧被
称为后得智,如果遇到事情时,人的第一反应就会自然地呈现出一
种意识——纯粹良知。那么,安住"本性"(即处于未遮蔽本体的状
态)之后的后得智,判断事物而油然升起的纯粹良知所判断善恶而
得出的法则,即名为"法之道"或"本性法"。由于其具有"本体性"、
"终极性",从而具有超越人定法的"至上性",符合西方"natural

----

　　①《大正藏》第 8 册,第 837 页。
　　②《金刚经》:"应无所住而生其心。""无住"指的是无对"自我"的执着,当没有我
执,不仅没有自我的逻辑思路,而且与法界无二无别。《大乘起信论》言:"法界一相,即
是如来平等法身。"依此法身,就是"本觉"。顺带一提,法性体现在无情世界是通过物质
无意识的状态,任随条件变化而展现其运动变化。

law"的三要素，因而可说具有西方"自然法"的精神基因。

这里的"良知"与德国哲人康德的判断力理性，有相通的义素，①不同的义素在于：康德的判断力是悬置了形而上学的东西、例如全然的理性与自由，而东方精神当中，例如王阳明所论述中的良知，并没有悬置形而上学的东西，因而有对全然本体性的内在追求、内在超越。二者共同的义素在于：都是一个纯然的判断力，这个判断力不受欲望、五感观的限制。

注意，这里的几个词——本体（本性）、后得智、良知，是不同的，有微妙的逻辑上的先后、层次区分。承前，无明或本性都是本体的状态，本体呈露时的状态名为本性，人心体会本性的状态为本觉，本觉升起的后得智应物时展现的是纯粹良知，纯粹良知直接地、正常地、自然地判断善恶得出的法则，即是"法之道"。用一个逻辑推衍公式表达是：

无遮蔽的本体＝本性（人心体会本性的状态为本觉）→后得智→纯粹良知→法之道

但这几个概念都与胜义谛关联，所以终极上是平等不二的。

可见，这里的几个概念也有先后区分，但所谓的箭头先后仅是逻辑上的先后，而非时间上的先后：后者先有人格化上帝，后有其创造的、与其二元分裂的万物。

吕澂说，佛教的原义是重视出世、"性寂""本寂"而非"性觉"，②那么，我这个人世的经世佛学的法哲学公式，作为由佛经启迪出的世俗法的参照法则，会不会违反无为的"性寂"说，从而违反佛教根

---

① "良知"与德国哲人康德的判断力理性，有相通的义素，也有不同的义素，另文详述。
② 参见吕澂：《胜鬘夫人师子吼经讲要》，《吕澂佛学论著选集》（二），齐鲁书社1996年版，第943—945页。

本精神呢？

　　笔者认为，逻辑性地分析，这个公式中的本体是"性寂"的，才能在现象中发现本体，否则，如果仅仅看到现象活泼泼的、生生不息、生起灭去的一面，就见不到现象不生灭的一面，就还是局限在片面的现象中。而只有通过活泼泼的现象自身看到其不生灭的一面，才不会局限在现象中。那么，笔者认同吕澂把不局限在生灭之现象的现象自身的本体的性质叫作"性寂""本寂"，但笔者认为他强调根本没有一个本体，因而说本体的性质是"性寂"，也仅仅是为了与局限在现象中相区别而作的语言分析之方便说。他是为了反对相似佛教，反驳熊十力的"本心""性觉""本觉"说，而强调佛家与儒家的区别，从而强调"性寂""本寂"说的。而笔者认为，"本觉"还是"本寂"是一体不二的，偏于任何一方面都是片面，因此应该遵循寂而照、照而寂的原则，理解"本性"的非实体性与非断灭性的辩证统一。

　　如果读者还是不理解"本体＝本性→后得智→纯粹良知→法之道"这个公式中的纯粹良知，那么，可以举一假设例子来协助理解何为纯粹良知：假如从（五层以下）楼上飞降下一个婴儿，恰好有可能落在一个人的身旁，那么在这一瞬间，这个人可能有"纯粹良知"和"自利计算"两种"本能"反应中的一种：如果其是没有扫除无明、我执（末那识）①的执着，这个人的本能是自我保护（自利避害的计算本能），即马上闪开，让这个从上而降的婴儿摔到地面，或者，也可能计算，计算的结果是可能不让自己受伤，再生出手去

————————

　　①　佛学认为，"无明"是梵文 Aritya 的意译，意思是愚痴、暗昧，没有智慧，不明真实。"根本无明"是最初迷于法界一相之理而起的于心外兼有境的一念；南传佛教（旧指小乘）指贪嗔痴等烦恼，或追溯至烦恼的根株我执；北传佛教（旧指大乘）如《楞严经》谓"因明立所"，即本有光明本性自己二元分裂而分出能明、所明，称无明；枝末无明指依根本无明所起的各种粗细烦恼惑业；依法相宗义，根本无明指俱生法执。参见陈兵编著：《新编佛教辞典》，中国世界语出版社 1994 年版，第 43 页。如《分别缘生经》言："不知真实说为无明。"大小乘相通的义素，通俗讲即是，常人分别心执着的、与眼耳鼻舌身意这六根相关的六识是"分别无明"，第七识"末那识"即对自我的执着，被称作"根本无明"。

接住（救）天上掉下来的人——哪怕有一刹那"为了我"的计算，都不是右脑直观、油然而生的纯粹良知，而是左脑思考后的良知；但如果其是扫清了我执的执着，这个人的直观本能是本觉产生的后得智油然升起之纯粹良知的呈现，此本能的行为是张开双臂（或衣服之类）尽力去救助这个从上而降的婴儿，而力图不让他摔在地面。这个案例里，纯粹良知判断出的法则是："本能地想办法去救这个从上而降的婴儿，而力图不让他摔在地面"是善的，反之，即便在现代世俗社会看来不是恶的，至少不是纯粹之善的。

　　不过，上述设计的这个案例或不是太好（因为考虑到重力加速度，人的良知本能还是应该兼顾对自身生命的爱护），另外的案例设计是：当有人突然生病，需要人救助时，旁边的人毫无顾虑地去帮助他，或者由于自身能力不够，而当机立断拨打 120 去救助他（前提是这种判断不是基于自私的目的，而是对自身能力不够的一种智慧觉察），这种完全没有考虑到自身可能会被诬陷、会被赖账的本能、直观的良知，就是纯粹良知。这个案例设计或更好些。不过，最好的还是古人的案例，例如孟子的四端说即"恻隐之心""羞恶之心""恭敬之心""是非之心"解释良知的体现，但其认为"孩提之童，无不知爱其亲者"，似乎缺失从血缘视角切入，而"恻隐之心"等四端说却是人的良知本能，是超血缘的普遍视角。而理解纯粹良知需要一种超血缘的普遍视角。这里的纯粹良知判断出的行为法则就是前述定义的"法之道"的内容。

　　笔者用一个更详细的逻辑思维导图来表达本性与无明之间的联系：

　　本体（本性）＝人的本觉→后得智→纯粹良知→发现法之道
　　↓我执遮蔽本性（根本无明）→能动者即我
　　（主客二元分裂）→所动者即客观世界（感性对象）
　　【"本体（本性）→法之道"公式的逻辑思维导图】

下面详细分析这个逻辑详图：

首先，如"本体→本性"中的符号"→"表达的是"具有"之义。

其次，符号"本体（本性）＝人的本觉"表明有本性的人在现象界，也能保持不生灭"本体"的未遮蔽，这时人处于"本觉"状态；但"本体↓"表明本体也有"无明"的可能，当可能变成现实，"根本无明"显现成"我执"，从而形成"他、我二元分裂"的本能。这两种可能合起来是"本体"，这是上面图表中的部分图表，如下表示：

　　本体（本性）＝人的本觉
　　　　↓　　　→人之无明"我执"

这里的符号"↓"指的是因为"我执"（用现代心理学术语表达是 ego，固守本我意识）而诞生了有"自我意识"的人，使得人的"本觉"（放下自我意志及其自我中心时的灵明觉知）与"无明"（自我中心的意志，用 will 表达，类似于尼采言之权力意志的盲目冲动）二元分裂开来。从此，在现象界就有了对立，有了"我"与他者，即能动者与所动者。但在本体状态，却由于没有二元，所以没有对立；"我执"使得"有自我意识"的"我"成为能动者，客观世界成为所动者、他者、对象。从此，在现象界，"我"与"他者"就分裂为"二"。"我"的"理性"，有向上（符号↑）探寻到"良知"的逻辑能力，但理性也可向下（符号↓）受感性欲望的摆布而成为工具理性，因而理性始终受"我"之"自我意识"的摆布。

如下图，人之无明"我执"向上返回的符号（↑）是：

　　　　人之本觉→后得智→良知
　　人之无明"我执"↑

上图中这个符号"↑"指的是超越"我执"之行为，说明有"我执"的人起码在理性上可以逻辑推衍出本觉、后得智及其纯粹良知；也能在行动上，即当遇到事情时，本觉的后得智能够直观发现出对善恶的判断，这即是纯粹良知的能力——所以纯粹良知是"空"的，没有应物时，不存在，应物时，油然而生。

以上整个逻辑详图联系历史还表明，如果有人认为"道通为一""天人合一"导致了天子一人专制，①那也不过只是被汉儒歪曲了的学说。因为无论是历史上的"天""乾"还是"天子"都仅仅是二元分裂开来的、有对立面事物的现象界事物，所以都不可能代表"一"，所以，因为只有在本体角度看"不二""不生灭"的现象才勉强说有"一"。承前，在佛教胜义谛上是不能说"一"的，否则就有实体之嫌疑，而道家的"天人合一"也是从本体角度看现象，不是从现象角度看现象。道家也认为，在现象界的任何人都仅仅是个别现象，但都不能以"我"这个分裂的现象代表全然之本体。而在佛教视角，可以说"一即一切、一切即一"，即勉强说"一"时，现象自身就体现本体，任何个别现象都体现本体，那么，也不能说唯有"天子"代表"一"，因为一切人都代表"一"。所以，也不能说"道通为一""天人合一"的观念导致了天子一人专制。进一步言之，佛教中的"真如本体"作为纯粹抽象的空性，是不独立存在的，不是实体，无现象则无法显现本体。因而任何人都不能说我代表"一"，因为作为终极因的空性，其实是没有一"个"一的。现象界的任何政治现象都是佛教所谓"共业"（众人合力）所致，都仅仅是现象而已，专制也罢、民主也罢，都是空性的不同现象显现。

如果说从佛教理念出发，"诸法实相"（万物的本体）也是法学的本体，那么，"法之道"在现象界也没有一个固定的"一"，即"法之道"在现象界的内容永远是流变的、无常的、与时谐进的。但本体

---

① 参见龙大轩：《道与中国法律传统》，山东人民出版社 2004 年版，第 20—229 页。

(本性)本身又是永恒不变的,所以,作为本体的"法之道"自身又是不变的,因而可推论说"本性法是可变与不变的统一"。

综上,佛经推衍"法之道"的逻辑是:人在觉醒状态呈现出的本体的未遮蔽状态(即本性),呈现为本觉,本觉呈露出后得智,[①]后得智遇事而油然生出纯粹良知,纯粹良知直观判断善恶自动所形成的法则。其"法之道"也内含有"不一不异"的意蕴,也含有"一"与"多"的因素:因虽说本体"不一"不是一个实体,但勉强可表达为"一",以区别于对现象事物的局限,这就表明有不变的"法之道":其形式一定是纯粹良知的判断。但本体只是现象界自身的本质,即本体与现象"不异"、非二元分裂,而现象界的事物是千变万化的,所以"法之道"的表现内容也是随时变化的,故其内容又内含有"多"的因素,是可变的;因而,由佛教共识"空=有=中道"推论出,"法之道"或曰"本性法"是不变与可变统一的。承前,这可解决西方哲学一直以来对于自然法的"可变"与"不变"之争论。

因此,没有一"个""一"。需要辨析的是:王阳明认为良知如同"镜子",万物自来自去,镜子如如不动。[②] 但笔者不同意王阳明的说法,在佛教逻辑中,本体不独立存在,良知也不是一个实体,当没有事情时,就没有良知存在,有了事情时,才产生一个良知来判断是非。因为产生纯粹良知的后得智也不是一个随时都存在的实体,产生后得智的本体也不是一个实体。本体自性是空,即无物应

---

① 所谓后得智,是指以见到本性的根本智为本,观照一切现象,于一切法的名言差别相、非名言差别相能如实而知,不起迷惑颠倒。

② 《传习录·门人陆澄录》:"问:圣人应变不穷,莫亦是预先讲求否? 先生曰:如何讲求得许多? 圣人之心如明镜。只是一个明,则随感而应,无物不照。……只怕镜不明。不怕物来不能照。……""良知之体,皦如明镜,略无纤翳,妍媸之来,随物见形,而明镜曾无留染……"(宋)陆象山、(明)王阳明:《象山语录　阳明传习录》,杨国荣导读,上海古籍出版社2000年版。在笔者的《〈老子〉法观念探微》中认为,道家之"直观"也是此镜子观念。

时，找不到它，因为绝对存在不是实体；有物应时，找到的也只是它的相对存在（如良知）。承前，可以说良知是"空"的、非实体的，来无影去无踪；但良知又存在，因为，遇到事，它会直接、本能、自然地呈现出来——良知是相对存在。当人进入纯然"无我"的境界时，就进入纯粹良知，即纯粹良知关联着强名为本体的佛性，打破我执之后的后得智可直接、本能、自然地产生纯粹良知。因而，由纯粹良知产生的法之道才是不变与可变的统一，即良知的本源即本体是不变的，但却不是独立的存在实体（不是王阳明言之镜子，而是本来无一物），因而随着事物的变化，纯粹良知判断出的法之道的内容才是可变的。但良知作为判断力，如果没有受到欲望导致的偏见，并且也信息全面，其得出的一定是对事物正确的判断。在此意义上，面对具体的案件，法官出于良知的自由心证一定高于呆板的制定法。王阳明在论"镜子比喻良知"上，却有一个重大意义，即是发现"良知"是应变不穷的，可以"无物不照"，判断出每件事物的是非对错。只是他将良知实体化，这一点笔者是不敢苟同的。

　　因而，作为不变的法之道（那个"一"），即那个本觉、后得智及其纯粹良知，它是没有具体内容的；作为可变的法之道（那个"多"），即良知判断出的基本原则、规则、基准，它的内容一定是随着大时代的整体性的事物变迁而变迁的。

　　在佛教视域看来，其与"西方古典自然法"（natural law）的区别在于：西方的轴心期哲人例如柏拉图等人也发现了"一"，但追求"一"却走向二元分裂的结果是，将本体等同于"实有的、固定的实体"，如理念，或中世纪经院神学的"上帝"，或近代德国观念论的"绝对精神"，多是将后得智的功能误认为是本体。这些二分法都没有还原为本体真实的"绝对存在与行对存在的不二"，即"真空妙有"（涉及现象学的，另文详述）。现代西方哲学中，一直难以妥善处理好"追求德性的理性神"与"功利甚或堕落的工具理性"的统一,这依然源于西方主流的主客二分哲学,及其主流的"个体是原子"哲学观,该哲学观如果在中国流行,可能会在信仰缺失的中国人之间形成自由却孤立的、孤岛的状态。

总之,从佛教推演、启迪出的"法之道"这种自然法精神,超越了"应然"与"实然"之二元分裂,实现了"人类理想法则"的内容可变与本体不变的统一,宇宙起源论与本体论的统一,平等与自由的统一,体用的统一。

但这"法之道"是东方直观思维下发现的自然法精神,也可以说成是人人本有之本性推论出的自然法。只是,与西方的自然法观念不同的是,西方的自然法永远在彼岸,而书面上的法之道可以说是"空",它只能"用"在活生生的世事间,可以被逻辑假设,也可以自由演绎为具体的法律生活现象时才是活生生的"有"——它可能是活着的、此岸的法之道。

定义此"法之道"(中国自然法)的意义还在于:在全球化之今日,面对不可回避的世俗平庸的经济异化,只有在超越本心、本性、天的、纯正之"体用不二"中,在"法之道"的定义中,人这个既是现象又是本体的存在,才不会失去"心物不二"的整全状态中最崇高的价值和自主性的存在。并且,它将对促进生态文明,促进义利平衡,促进文化融通,化解世界文明冲突,有着不可忽略的价值。

但是,或有人会问:现代化是一个世俗平庸的时代,"最崇高的价值"对于芸芸众生(市民)是否是急需的需求?

笔者以为:恰恰是"最崇高的价值"才让世俗之人有了崇高的奠基,其正当权益才不会被随意地被剥夺。

以上是从《心经》推衍出来的纯粹良知之法,被本书定义为"法之道",在西方现代范式下也可说是佛教中的自然法精神基因。而要让"法之道"活起来,则需为现实中人的情绪立法——这在第四章展示。

小结：中华"法之道"内涵有"是"与内在超越

可通过喻象学、信息思维，从佛教般若经兼潜在含有道家、儒家之"中道"推出"法之道"的更详细的形式阐释：中华法哲学本体论即"法之道"内涵有"是"与内在超越。具体而言，有遮蔽的本体以无明的众生（现象）为体现，无遮蔽的本体以本体的本性的呈现为特质，则本性是无遮蔽的本体。人的心理活动多数时候是自我意识起来后的信息处理过程，即人的心识就是一个幽禁在"自我意识"，被"我"支配、功能强大的信息处理系统，其中，负面情绪信息会像病毒一样使人为恶犯法；反之，本性未离开现象，因此是现象中众生的崇高本质、来源和目的，非实体有、亦非无的本性（本体）与知善知恶之良知（现象）二者是体用不二的，本性的显现相关的是无自我执着。本性（未遮蔽的本体）在觉悟者那里展现的本觉及其后得智慧观照下阐释无知之幕下的、旁观的纯粹良知。人在超越"我"时的本性呈现超善恶的本觉，人在本觉状态下自然呈露出的纯粹良知，应对事物而判断善恶是非、从而直观发现的善恶法则，是现实法的崇高渊源，名为"法之道"或"本性法"（对应西方的natural law）。

"法之道"及其"查毒程序"（良知）能发现违反"本性"的现象，因此亦可为法治时代立法。那么，无私无欲的、纯粹良知的觉知本身是零信息，即"法之道"的形式是"空"——这个〇有潜能含有一切，因此不是绝对的无，可把本性中这超善恶的"空"叫作"至善"，换言之，西方哲学中的"一"，在中国哲学里却表达为"〇""空"，所以这抽象的、无实体的本体不是任何现象、现实的人或组织能够代表的——但这个"空"却涵盖人的纯粹良知的直观判断能力。这良知作用起来时，直观面对事物时就形成了纯粹"良知"的判断，则可把良知直观判断出的该做的某个行动叫作"善"，不该做的某个行动叫作"恶"——"法之道"的内容是不断不断变化的人类善恶行为。不同时代的善恶的内容可能是不同的,但纯粹良知的直观判断能力是古今相同的。

总之,当代中国法哲学需要自主性建构,目的是促进法治的精神追求是良知,而非功利主义。通过本性一词推衍出法哲学范畴"法之道",本性及其后得智升起的纯粹良知,应物而判断出的善恶法则,能够成为不完满的人类的参照。现代民主立法更应与人民潜在的合道之至善本性立约。因此"无知之幕"升华为"源于本觉直观下的纯粹良知的无知之幕",这样的立法才可能是中立且向善。这使得沟通中华的"法之道"(本性法)与"natural law",并重新翻译后者为"法之道"成为可能。由此,下一章将在考察近代学人沟通"道"与"自然法"的尝试中进一步深化对"法之道"如何现代转化的理解,第四章还将进一步深度沟通西方的"natural law"。

第三章　反思继承中华"法之道"的
近代理念转型之关键

　　清末以来，中国发生两千年来一大巨变，如张晋藩所言："以巩固中央集权专制主义为最终归宿的中华法系已经随着专制时代的终结而总体上消亡了。"①消亡了，可否涅槃重生？在汲取人类文明成果的基础上凤凰涅槃？假如以《唐律疏议》为代表的诸法合体的实在法消亡了，转变成了现代规范，那也是时节因缘，并无大碍，如同今日之法国、德国等，他们从古老的日耳曼人野蛮法律转化为中世纪的法律，又转变为近代、现代的法律，都有很大的变化。可见一切都是在变化中的，没有什么一定不能消亡；并非是亡了就不在了，就像木炭变成了空气中的二氧化碳。但是这一方水土的人没有死亡，这就面临着，在文化社会的层面，传统的哲学观已成为国人的精神基因。那么该如何认识古典中的中华法哲学观，自信如何不是盲目自大的自信？华夏民族未来又将有怎样的新的精神气质、生活品质，以及与之相关的法律环境？至少人们皆不反对中国人民也需要一种良善真诚和正派社会，而什么样的制度更有利于良善人生、正派社会的形成？这个问题不难回答，学界的共识是，法治有利于此时代的良善人生和正派社会的形成。那么，中华

---

　　① 参见张晋藩：《解读中华法系的本土性》，《政法论坛》2010 年第 5 期，第 3—10 页。

之"道"在法治及其现代规范背景下如何进行现代汉语转型?

与之相关,三家之道的区别或许是过去提倡三教合一者没有理清的,宋明理学以来不少人常常在模糊中提三家合一。为了防止理解三家"法之道"的误区,本章将梳理、继承并批判近代维新学者梁启超《中国法理学发达史论》、佛教学者谭嗣同《仁学》、新儒家熊十力《新唯识论》等的相关术语,从而为"法之道"内涵的现代转换,理清汉语现代转型中的术语定义的模糊不清。另一方面,刘军宁认为儒家不足以也没有能力垄断中国的自由传统,因此应从"新道家"将中国的"天道"思想和西方传来的自由主义相结合,使中国的民主获得坚实的本土根基。他的这一思路也是笔者思考近代汉语转型所认真参考的。

承前所述,关于释道儒三家的融通,唐宋时期就渐达高峰。例如,宋代的周敦颐、张载、程颐、程颢在融会儒佛道之时,将"佛性"一词转化为"道"或"理"。朱熹之岳父是禅宗大慧宗杲的弟子,朱熹亦深受大慧宗杲的影响;朱熹的《性理大全》,几乎就是佛教《华严经》的儒学化翻版;王阳明年轻时准备出家,却被和尚拒绝,遂成为在家居士,融通三家,被贴标签为儒家心学派。由此,宋明时期佛道儒三家皆重视"明心见性"——见"佛性",或道家言之"道性",或儒家言之"性与天道"。因而,宋明理学或心学在本体论方面主要以佛教之精华为原材料来建构形而上学(当然,其不一定完全懂得佛经原义)。其"明心见性"之"性"字,成为三家共同的非常重要的核心概念(代表终极因的概念),也正因为如此,这个"性"字,成为翻译"natural law"的最早字素,即翻译为"自然法"之前曾被翻译为"性法"(下文详述)。

可见,三家去蔽存真基础上的"中道"融通是可能的,并且近现代以来还在实现中。其中,梁启超、谭嗣同、章太炎甚或新儒家熊十力等近代学人均借助佛教思想为媒介理解西方的政法哲学,提出自己的法治思想。本章继承近代学人融通三教、法政哲学汉语术语的古今转换，并开放地理解、接纳西方法哲学的精神，升华三家之融通，从而以梁启超、谭嗣同、熊十力切入理解历史转型之中华法哲学中的"法之道"与近代西方传入之自然法的碰撞、交流、沟通。

第一节　梳理梁启超《中国法理学发达史论》中"自然法"与"性法"

本节以解读梁启超《中国法理学发达史论》中的自然法切入，尤其是其重点解读的儒家自然法，发掘、反思梁启超等人对近代法律转型相关问题的探索，并拓展思考：在各种条件、历史时空当中，"道"的哲学观如何与现代法治规范真正结合，从而或可实现中华法哲学观的涅槃重生，甚至实现以自由、平等、福德一致的生活为鹄的的中华民族整体制度环境与精神品质的凤凰涅槃。

一、梁启超倾慕日本而接纳其"自然法"

近代以来，有责任感的仁人志士一直在思考如何与变迁的世界相适应，实现古老的中华法哲学的现代转型。其中最著名的人物之一就是梁启超。本节就从他顺应时代大势而接纳日本学者译法将"natural law"译为"自然法"，并研究"儒家自然法"切入，而展开解读。

关于"自然法"一词出现在中国的简要线索是：1864 年，受聘于清廷的丁韪良曾用"性法"一词翻译"natural law"，但其后日本法学家户水宽人在《法律学纲领》中译"natural law"为"自然法"。1902 年，户水宽人的《法律学纲领》译介到中国。

在此背景下，1904 年梁启超在《中国法理学发达史论》中也明确提出了中国最主要的学派儒家有"自然法"。梁启超第一处使用

"自然法"是在该书第三章中：

> 夫既以"均平中正、固定不变"为法之本质，然则此"均平中正、固定不变"者于何见之？于何求之？是非认有所谓自然法者不可，而儒家则其最崇信自然法者也。[①]

其要义是"均平中正、固定不变"的法就是自然法。一提出来，梁启超居然没有解释何为"自然法"，为何要用这个词，似乎是理所当然地应该用这个词。

由此可见，梁启超接受了日本人的译法，后文中，梁启超偶尔也用"性法"一词，但主要使用的还是"自然法"——虽然其阐释此"自然法"却一直用的是"性""性海""性体不二"等词及相关思想。为何梁启超要用"自然法"一词？或许是，清末中国完全引进大陆法系，而欧陆法系的法律是通过日本传入中国的，可见当时日本在中国学术界具有很重要的地位；尤其是梁启超流亡日本，看到了日本维新改革后的巨大变化——迅速富强、开放、现代……强烈期望中国也有如此变化，从而救亡图强，所以倾慕日本精神，自然顺应时代大潮，不假思索即用日本学者翻译的"自然法"，也就可以理解其苦心了（其他原因见下文）。

二、梁启超之儒家自然法的核心是天道法则

梁启超重点研究的是儒家自然法，他以《诗经》《周易·系辞》等中的句子证明儒家有自然法。例如他说："《诗》曰：'有物有则。'言有物斯有则者，则存在于物之自身也，此其义之最显著者也。是

---

① 梁启超：《中国法理学发达史论》，《梁启超全集》第四册，北京日报出版社 2020年版，第 177 页。

故儒家关于法之观念，以有自然法为第一前提。"①这是从儒家孔子删定的《诗经》中的句子出发，发掘出儒家关于任何事物皆有自身的法则，认为这就是自然法。然后就儒家的自然法究竟有哪些特征，梁启超则举例述曰：

> 《易·系辞》：天尊地卑，乾坤定也。……圣人有以见天下之动，而观其会通，以行其典礼。……见乃谓之象，形乃谓之器，制而用之谓之法。
>
> 《（礼）记·乐记》：天高地下，万物散殊，而礼制行矣。②

这里，梁启超发现儒家经典如《周易·系辞》中将人文世界与被观察的自然界"会通"，而效法自然界"天地"之意以制定礼制、法度。笔者的疑问不禁油然而生：人文世界与自然界可能在某些方面存在属性相似之处，但是否就能形象地、一一机械地比附自然界，并且将比附自然界而制定的法则称作"自然法"？这符合"自然法"作为一个西方外来术语的原义吗？

带着疑问，笔者继续解读梁启超此文。此文下一页，梁启超言："法之最广义，举一切物之伦脊皆是也。"又言："《系辞传》称：'仰以观于天文，俯以察于地理，近取诸身，远取诸物，于是始作八卦。'此所谓自然法也。"可见他的确认为《周易·系辞》是在为一切物立法，所立之法即是万物的"自然法"，只不过其中一小部分是限于人类社会而已。不过他还是从人类自身的品德出发来认识儒家的自然法，并且引用孟德斯鸠《法意》云："物无论灵否，必先有其所以存；有其所以存，斯有其所以存之法"，从而证明《周易·系辞》为一切物立法，恰雷同于孟德斯鸠言之万物皆有自然法。他又分析：

---

① 梁启超：《中国法理学发达史论》，《梁启超全集》第四册，第177页。
② 梁启超：《中国法理学发达史论》，《梁启超全集》第四册，第177页。

"其言所以存之法,即公理也,所谓自然法也。"可见他用了"公理"一词来解释自然法,而"公理"是具有普遍性的。梁启超言道:"孟子此论(四心说),证明人类之有普通性,而普通性即自然法之所从出。此最完满之理论也,故自然法亦称性法。"他所在的时代恰是古体文向白话文转型的时期,他用的词是"普通性",内涵就是普遍性、普世性,因此他证明人类有普遍性,而普遍性即自然法之所由来。并且,在此处,梁启超言"自然法亦称性法",说明他称谓的"自然法"就是丁韪良翻译的"性法"(natural law)。

　　但为何梁启超主要使用的是"自然法"而非"性法"一词呢? 除了对日本维新改良的羡慕之外,估计还是与他认为《周易·系辞》是为一切事物立的法有关,例如他进一步强调:"下复言取诸《离》……(等各种卦名),皆自然法也,取之而制定种种事物,所谓人定法也";"我国儒家之自然法,则谓有主宰者也"。并且引用了很多古文来证明其观点,如"《左传》:民受天地之中以生,所谓命也。是以有动作威仪之则,以定命也。"①

　　由此可见,梁启超认为,儒家的自然法就是由《易经》体现的、义理之天决定的自然与人的"命运";人效法自然现象的规律制定动作威仪的礼制法则,即自然法,就是以礼法固定其各自的命运、地位、关系。从而可见,他用的"自然法"一词的内涵,既有效法被观察的自然界"天地"之意,又含有"所以存之法"即"公理"之义,并且"公理"是来源于对自然之天、义理之天的效法。所以梁启超更倾向于用"自然法"一词,而非"性法"一词,或许是为了更好地体现效法天地、山川、风雷、水火等自然现象的属性间相互作用形成的规律、法则。

　　不过,该文之"自然法"始终与"性"字相关联而进行论证,这个"性"不仅是性善、性恶意义上的"性",而是更深一层的抽象,即他

---

① 梁启超:《中国法理学发达史论》,《梁启超全集》第四册,第178页。

强调"天为自然法之渊源""天亦谓之命""天命之谓性"，这个"天命"即自然法的内涵就是人的"本性"，即天是人的主宰者，人的天命，换言之天给予的人的命运就是人的本性，从而就是自然法。这是否有些宿命论？

三、梁启超认为"自然法即性法"：兼与《新约》的比较

接下来，梁启超言："圣人之言，即自然法之代表也。"因为，圣人要么是与天同体者，要么是直接间接受天之委托者，要么其智力足以知天者。例如太昊、炎帝、黄帝、少昊、颛顼，这远古的五帝是与天同体、天之化生，其法为天之法，梁启超于此处强调："惟耶稣《新约》，差可比伦耳。"其次，直接受天之委任者，如伏羲受天乃赐《河图》，或禹受天赐《洪范》九畴，梁启超由此断言："宜操立法权者，惟天耳。"最后，他提到《论语》中孔子没有得到天命的祥符而感叹："凤鸟不至，河不出图，吾已矣乎。"但他还是相信《春秋》西狩获麟的故事，《公羊传》中解释这麟为孔子受命之祥瑞，认为孔子最后还是见到了祥瑞，证明孔子是第三种圣人，即智力足以知天者，从而认为孔子能够知道自然法，所以孔子有立法权及解释法之权。①

这里需要注意的是，儒家学说一经梁启超阐释，有助于打通儒家传统与基督教传统，可用来驳斥亨廷顿关于文明冲突的论断，后者认为伊斯兰文明和儒家文明可能共同对西方文明进行威胁或提出挑战。但梁启超认为，犹太人的《摩西法典》、穆罕默德的《可兰经》、印度的《摩奴法典》、希腊的《绵尼法典》与耶稣的《新约》，在来历上"莫不相同"，都是天神所赐予的法典，"乃知此实初民之共通

---

① 梁启超：《中国法理学发达史论》，《梁启超全集》第四册，第179页。

观念,非惟我国有之".① 也就是说,梁启超认为中国的"天"其实更主要代表的也就是天神,或义理之天,中国古代儒家经典如《洪范》虽然在具体的内容上和世界不同民族的经典有区别,但是却有一个共通点,就是这些初民的法律都是天神所赐予的。梁启超认为只有天赐的才是自然法,这似乎就可以打通儒家和西方基督教神学之间的道理,而非绝对的隔膜。

只不过,西方各宗教中有人格化上帝与非人格化上帝的不同观念。梁启超所认为儒家的"天"从没有说明是指哪一个人格化的神的名字,因此只能是非人格化的,即只能是义理之天。这是儒家与西方各宗教的一点微妙区别,但这个微小的区别不影响其大同小异。

并且,在梁启超看来,"天生神物,圣人则之","而《礼记·中庸》所论,尤为博深切明",然后他就引用了《中庸》的原文:"惟天下至诚为能尽其性,能尽其性则能尽人之性,能尽人之性则能尽物之性,能尽物之性则可以赞天地之化育,则可以与天地参矣";"至诚之道,可以前知".② 因此,人唯有至诚,可以尽其本性,这个本性也是天地的本性,因此至诚之人可以知道天即将如何执行自然法。即在他看来,人的至诚可以提前预知即将发生的事,而即将发生的事情是自然法起作用的表征。由此,这个义理之天不是外在于人类的,而是人类的内在超越,即当人内在超越自身,达于纯粹之诚时,人是能够参与义理之天的自然法的立法与执法的。所以,人与义理之天不是二元分裂的,这是梁启超所言之"天"与西方宗教中彼岸的上帝的又一个区别:西方宗教中的彼岸的上帝,至少目前经典所记载的,都是彼岸的、与人二元分裂的;只有少数学者的书

---

① 梁启超:《中国法理学发达史论》,《梁启超全集》第四册,第 180 页。由于近代翻译与现代翻译习惯有些不同,梁启超言之"希腊的《绵尼法典》"不知道指的是哪部法典。

② 梁启超:《中国法理学发达史论》,《梁启超全集》第四册,第 181 页。

籍提到西方宗教中的上帝也可能是与人非二元分裂的。

　　或许有宗教徒会认为这样的书籍太大胆而大逆不道：人怎么能与上帝非二元呢？注意，梁启超研究的儒家的逻辑是：人只有达到至诚，才能获得与天地一样的本性。而普通人基本上是不可能达于至诚的，所以，儒家的"天人合一"只能是至善的理想状态；在现实中，这个理想状态基本上处于"彼岸"一般的遥不可及。

　　所以，梁启超言"《中庸》所谓'至诚'，即圣人也"，此即儒家言之"至诚若神"，故他又引《易·文言传》："夫圣人者，与天地合其德，先天而天弗为，后天而奉天时也。"由于圣人"与天地合其德"，具有"天"一样的德性，所以能"若神"，代天立自然法。而何以能若神呢？"则全以能尽其性故"。① 此处，梁启超话锋一转，更凸显出"人"的伟大性：

　　　　人类莫不有其普通性，人类与众生又有其相共之普通性。故圣人之性即人类之普通性，亦即众生之普通性。性体无二（《华严》所谓性海）。故能尽其性者，必能尽人类之性，随即能尽众生之性（例如人类有能饮食之机能，众生亦有能饮食之机能，我既能饮食，则人类之此机能，乃至众生之此机能，我皆具之矣，故孟子曰："万物皆备于我"）。而性之大原出于天，故能尽其性以尽普通性者，即其与天合德，而与天参者也。

这里笔者逐渐得到前文疑问的部分答案：梁启超的自然之天与义理之天的确是混合的。虽然说至诚是普通人遥不可及的德性，但梁启超还是认为人类"莫不有其普通性"，即皆有这普遍的本性，并且一切生命（动物）皆有这普遍的本性，故"故圣人之性即人类之普通性，亦即众生之普通性"。这样的普遍性，梁启超举例解释为人

---

① 梁启超：《中国法理学发达史论》，《梁启超全集》第四册，第182页。

类与动物皆有的"能饮食之机能"。这里,饮食机能的确是自然属性,与至诚本性是有天渊之别的。后者是"与天地合其德",是很高的德性、潜在的本性,而饮食机能却是人与动物皆有的、俗气的本性,但也可以被抽象化。梁启超将二者皆定为是人的普遍性,所以他才引用《周易·系辞》中的"天尊地卑"等言辞,形象地、一一机械地把人文世界比附自然界,又将比附自然界而抽象化后制定的法则称作"自然法"——关键是,梁启超不认为这是比附,他说:"儒家言,则谓心理界现象,亦支配于自然法之下,与自然现象无异。"[1]即他认为,在儒家天人合一的境界中,人的心理世界的规律与自然世界的规律是一样的。如果有比附,也怪不得梁启超,而是在《周易·系辞》《春秋繁露》等古典中就有此倾向。

我的疑问还有:将儒家观念称作"自然法",符合"自然法"作为一个西方外来术语的原义吗?儒家自然法与古罗马西塞罗最先提出来的自然法的部分义素就不能对应,后者的重要义素是"理性",其有两个词源,一是 logos,二是 nous。Logos 是万物生灭变化的尺度、准则、规律、本质,拓展而言,斯多葛学派(及西塞罗)认为,外在的 logos 是理性的、逻辑化的语言。后世的发展都偏重这个外在的 logos,即语言理性。而《易经》不是语言,而是表象,并且是人与自然世界共同规律的表象符号,它是中国古人对宇宙万物生灭变化的尺度、准则、规律、本质的把握——但却与不同时期的文化不同有关。不同时期的理解、阐述各有千秋,例如,《归藏易》及《老子》的阐述是以《坤卦》、柔弱似水、谦下为主,而周文王、周公和孔子《周易·系辞》的阐述是以《乾卦》、天尊地卑为主。

Logos 语言表达的智慧清晰明白,不容易被篡改,有利于法治的确定性建设,但是其也可能有被大脑逻辑局限的缺点。而《易经》表象的优点是能够更灵活、直观地表达事物的规律,但却可能

---

① 梁启超:《中国法理学发达史论》,《梁启超全集》第四册,第 182 页。

因为表象是很模糊的，不同时期的文化就会导致不同的理解、阐释，所以就不容易清晰明白。那么，现代法治恰恰需要 logos 精神，即需要法治是清晰、明白、确定的，在这一点上，我们是需要学习西方的。而《易经》表象导致不同的理解、阐释，则需要另文详述何者更适宜于现代。如果能够理清之，不仅有利于沟通 logos 精神与道，还可能有利于在本土文化的基础上与时偕进地让法治拥有民族语言之根。不过，自然法的内核之理性的另一个词源 nous，即心灵的自动性、自发性，倒是与儒家的"性"、佛家的"性海"很有些共通的义素：皆是心灵直接的、纯粹的、自发的表达，即是良知的表达。区别在于，nous 理性不是人类完全拥有的正确理性，而仅是神才拥有的，所以是与人二元分裂的，而儒家的"性"、佛家的"性海"、道家的"道"都指向人的内在的、最深的、潜在的本质，与人不是二元分裂的。不过，斯多葛学派有一元化的倾向（下文详述），所以，在这一义素上与儒家的"性"、佛家的"性海"是可以沟通的。

但是，在儒家的表象阐释即《周易·系辞》中把本来没有等级的天地拟人化，名为"天尊地卑"，似乎天的地位更高，地的地位更低，这就暗含了对自然现象的价值观。这种价值观又反哺为儒家自然法的内容，则君上之体统，卑下之体统，各依其礼，成尊卑秩序，即儒家自然法的内容也。而君上、卑下，儒家认为是各有其命，体现了儒家关于人文心理世界与自然现象皆由天造化、主宰的观点。但这尊卑观却又恰是与梁启超主张的平等观相矛盾的，其平等观或与其研究的佛教有关，下文将论及。但这样"天尊地卑"、君尊臣卑的观念显然与自然法的词源——西塞罗的平等观不是一回事，所以笔者要区别二者。

不过，儒家自然法依然有其超越性的一面，如梁启超言"自然法即性法也"，并再次重申"性之大原出于天"，人的本性是以天为本原；"故能尽其性以尽普通性者"，即至诚尽性的人就穷尽了人的普遍性——但此处的普遍性指的应该不是饮食机能,而是圣人达到"诚"的顶点吧!因为他说"尽普通性者"才"其与天合德,而与天参者也",假如其言之普遍性仅仅指饮食机能,怎么能达到"与天合德",参与天的自然法的立法呢?!

此处,梁启超难能可贵处,在于他认定"凡属人类,皆可以为圣人",通过努力"人皆可为尧舜"的观点,这与西方宗教中认为人永远不能摆脱原罪,是又一个区别。

四、梁启超融佛家"性法"于儒家"自然法"之中

梁启超认为,儒家自然法是老天命定的法则,"宇宙万有,生存运动于自然法之下,有一定之格,一定之轨",而只有理解了《周易·系辞》,才能理解这自然法的内容。但梁启超又提到,"人皆可为尧舜",即"儒家之意,欲使人人皆为能立法之人",则在终极上人人平等,只不过,当人"未达其程度,则不能有资格耳"。① 他通过佛教的众生平等,来证明人类皆有可能成为立自然法之人,则人类又有超越命运的可能了。

梁启超延续了自宋以来儒家的"三教合一"观,理所当然地引用佛经《华严经》"性体无二""性海"观来证明人人皆可"尽其性者"而能"尽普通性者"。他说:

> 佛说言一切众生有起一念者,佛悉知之。何以能如此?因性体本普通而无二也。是即能尽人性,即能尽物性之说也。是即至诚可以前知之说也。夫既认有自然法,复认自然法存在于人物之自身,而自然法则固定不变者也,然则能前知,不亦宜乎?儒佛皆认自然法存于众生之自身,而儒家则谓天实

① 梁启超:《中国法理学发达史论》,《梁启超全集》第四册,第183页。

赋之，佛家则谓自造因而自受果也。此其所以异也。儒家则
认有客观的为之主宰者，佛家则全尊主观，而不认主宰者之独
立存在也。①

此处，或许是因为先秦经典中没有"性体无二"的说法，梁启超只有
沿用宋明理学的理路，借用佛家的"性体无二"来证明儒家的天人
合一观。如儒家之"性体"也是与现象万物"无二"的，即没有二元
分裂的，则儒家与佛家的"自然法存在于人物之自身"。也就是说，
在本体论上，众生、人类与本体是同一的，天之本体即人之本体。
既然是同一本体，则在此超越意义上可说"你即是我"，那么心灵处
于纯粹纯净状态时，就能灵犀相通，彼此知道，所以至诚之人能提
前预知老天即将根据自然法对人间的奖惩；并且，自然法既是老天
给予的，又是人自身的规律，是"固定不变者"，所以圣人能根据规
律提前预知——这圣人就是先知了。

　　以上是梁启超认为的儒家与佛家相通的部分，不仅如此，他还
发现了儒家自然法与佛家自然法的一点区别，即儒家认为有客观
的天是主宰者，但"佛家则全尊主观，而不认主宰者之独立存在
也"，即佛家不认为有一个独立存在的主宰者、上帝或天神，连非人
格化的彼岸上帝都没有。这一点，梁启超颇具慧眼。

　　只是，他没有进一步深入地展开分析儒家与佛家的区别，也可
能是他师承康有为，更重点研究儒家而对佛家研究不多的缘故，虽
然他也有研究佛家的作品。

　　而梁启超言"自然法先于宇宙万有而存在，取宇宙万有而支配
之者也"，②说明他所言儒家之"天"是一个先于万物而存在的支配
者，"支配者"在逻辑上是一个实体。他借用"性体无二"时，认为儒

---

① 梁启超：《中国法理学发达史论》，《梁启超全集》第四册，第182页。
② 梁启超：《中国法理学发达史论》，《梁启超全集》第四册，第182页。

家有一个实体的性体或"天",只是人如果去蔽,达于纯粹之诚的圣境时,人能够预知"天"的自然法立法、执法。

但佛教《华严经》中的"性体无二",其本性(或强名之曰本体)不是一个实体,万物也都不是实体,不仅言语道断、一说即非,而且心行灭处、截断意识、诸法无我处,方可证得。所谓性海,即远观似乎有一个实体的海洋,每一个生命如同一朵浪花,仿佛有一个实体的海洋和一个实体的浪花,但近看却发现海洋只是由不同的水分子组成,并没有一个实体的海洋,也没有一个实体的浪花,因为浪花也是由不同的水分子(比喻不同的条件)组成。另一个例子是,远观长江是一个实体的江,近看却发现只是不断流逝的水,如同赫拉克利特言之"人不能两次踏入同一条河流",那么,类比于人,远看人似乎有个灵魂,近看却发现不过是意识流在不断变迁。在某种意识状态的过去和某种意识状态的现在二者中,哪一个更能代表"我"? 所以"诸法无我",指的是佛教认为没有实体的灵魂(佛教不否定世俗谛上的主体"我"),同样也认为没有实体的本体、彼岸上帝、主宰者。因此,的确如同梁启超所言,佛教不认为有客观的天是主宰者;既然一切都在瞬息万变,各种条件不断演化分合,那么人有主观意识的智慧力量去努力利用各种主客观条件(因缘),去承受不断产生的后果,这也就是梁启超发现的"佛家则谓自造因而自受果也"。另一方面,"性海说"也证明众生皆是性海中平等的浪花,证明人人皆可"尽其性者"而能"尽普通性者"。

但佛教不仅不是因果宿命论,也不是断灭论。如六祖慧能说道:"何期自性,本自清净;何期自性,本不生灭;何期自性,本自具足;何期自性,本无动摇;何期自性,能生万法。"[1]仿佛其有一个"自性""本性",甚至也有人说大乘佛教中的"如来藏"是一个实体。是这样的吗? 还是仿佛有一个实体?

---

[1] (元)宗宝编:《六祖坛经》,《大正藏》第48册,第349页。

　　我们不应忘记，慧能还说过"菩提本无树，明镜亦非台"，[①]这句话对应的是神秀言之"心如明镜台"。那么，即站在佛教视角，"我"在胜义谛上只是"如梦幻泡影"一般的流变者，并没有一个不变实体——"我的灵魂"，在此意义上可谓之无心、无我。慧能这句话后面的两句话，有两种说法，一种是敦煌本记载的"佛性常清净，何处有尘埃"，另一种是惠昕本或宗宝本记载的"本来无一物，何处有尘埃"。结合前面的"明镜亦非台"，可见"佛性常清净"的本义就是"本来无一物"，所以这也符合佛教原义：无实体。如前所述，佛性（又译为自性、本性）的梵文是"buddha-dhātu"，其词根 dhatu 是"绝对存在"，另一词根 bu(bhu)是"相对存在"，两个词根合起来是"真空妙有"，即"绝对存在与相对存在的不二中道"，亦即唯识所说三性中的"圆成实性"，因远离二执，方称真空；却亦非常人所谓与"有"相对之"空"（空无），而同时为一真实之有，故称妙有。"真空妙有"，借用现象学言之，即万物的"本性"是现象自身自在呈现的、非实体的、非空非有的本体。

　　不过，不能完全用词根来理解"自性"这个词，因为词根是梵文，是雅利安人、婆罗门教的语言，所以婆罗门教也有"自性"这个词。为了和婆罗门教相区别，佛教另采用"空性"这个词来表达。此处使用梵文词根的目的只是一个方便，是帮助理解的方法而已，最终还是要根据佛经来综合判断，并且"buddha-dhātu"由两个含义完全相反的梵文词根合成，就是要打破对其中某一词根的执着。因此，不能执着有一个"绝对存在的实体"，也不能执着只有"相对存在的现象"，所以只有"相对存在的现象"自身展现着"绝对存在"，两个词根的化合才是"佛性"的含义。即离开"流变的相对存在的现象"，别无一个实体的"绝对存在"；但反过来，局限在"相对存在的具体现象"中，没有发现超越现象事物、超越时空的、非实体

---

① （元）宗宝编：《六祖坛经》，《大正藏》第48册，第349页。

的"绝对存在"、现象自身的生命性,也不是佛教义理,而是佛教所言之"无明"。但为了防止人们从一个极端堕落到另一个理解的极端,佛教将此"buddha-dhātu"称为"空性",但需要强调的是,"空性"不是"无""没有",而是真空妙有。以上就是佛教之"本性"的词义。

不过,儒家、道家与佛家的确在"本性"一词上有相似的地方,也就是皆倾向于非二元论。"本性"皆指人自身的本体性,现象自身即本体,现象自身即具有非实体的、千变万化的空灵性、活性——只是无情的山河大地体现的是宇宙万有的时空条件的积累,唯有有情生命才体现现象自身具有的非实体的生命性。只是其中的佛教认为,生命性这个概念也被打破,才显得无执着,才是生命性更深的本质。不过三家皆认为,人在潜能上皆有能力内在超越,达于儒家的至善、道家的忘己或佛家纯粹"无我"的境界。这是从不同视角使用的同一术语——"本性",因此梁启超言之"尽其性者"能"尽普遍性者"说中了三家的要旨。换言之,三家的"道"皆可换名为"自然法"或"法之道",而我也倾向于用"本性法"一词,因为更有利于沟通三家之间的关系。

五、梁启超认为人民公意即天意

梁启超用三家的"本性说"来说明众生皆因性体无二,所以众生皆可成尧舜,皆可为圣人,来证明人民的崇高地位,并提出了"人民之公意",看来似乎有从传统"民本"向现代"民主"转化的企图?但他说,"人民之公意"体现了天意,①这是否与现代民主一样呢?

首先,梁启超引用《尚书》《孟子》证明其"人民之公意"观点:

《尚书》:"民之所欲,天必从之。"

---

① 梁启超:《中国法理学发达史论》,《梁启超全集》第四册,第 184 页。

　　《孟子》：万章曰："尧以天下与舜，有诸？"孟子曰："否。天子不能以天下与人。""然则舜有天下也，孰与之？""天与之。""天与之者，谆谆然命之乎？"曰："否。天不言，以行与事示之而已矣。"……

　　《左传》："桓六年：夫民，神之主也。"①

　　梁启超由此认为，"儒家认人民之公意，与天意有二位一体之关系"，其原因在于"人与天本一体也"。② 笔者曾提出"天道契约"，含义是人民的良知即天道，人不仅应有社会契约，还应与人民自身的良知立约。③ 这个内容与梁启超的观点有同有异。梁启超作为论据的《孟子·万章上》中，故事是这样的：尧在世时推荐舜于天，天接受了，然后"尧崩，三年之丧毕，舜避尧之子于南河之南。天下诸侯朝觐者，不之尧之子而之舜；讼狱者，不之尧之子而之舜；讴歌者，不讴歌尧之子而讴歌舜，故曰天也"。④ 这说明民心向往的是舜，而不是尧的儿子，故《尚书·太誓》曰"天视自我民视，天听自我民听"，天意是由民意体现的。这说明禅让制的核心，还不在于原来的天子选中谁，谁就必然有资格接班做新天子，还必须看民意，人民的公意才是最后的决定者。

　　此处梁启超提到了欧洲十七八世纪的自然法、公意说，认为儒家之所说与十七八世纪欧洲学者之所说还是有点"异"，所区别在于："人民之真公意，为圣人为能知之，而他则不能也。"即普通人是不能知道自然法的，从而不能立法。所以，梁启超认为，"盖欧洲之自然法学派，谓人民宜为立法者，儒家则谓惟知人民真公意所在之人，宜为立法者"，即他认为人民虽然有潜力成为圣人，但未成为圣人之前，是不知道自己的真公意的，因此需要圣人代表人民成为立法者。因此，梁启超与欧洲学者的关键区别在于，"故同主张人民

①　梁启超：《中国法理学发达史论》，《梁启超全集》第四册，第 184 页。
②　梁启超：《中国法理学发达史论》，《梁启超全集》第四册，第 184 页。
③　"天道契约"一词，参见费小兵：《〈老子〉法观念探微》，第 222—230 页。
④　梁启超：《中国法理学发达史论》，《梁启超全集》第四册，第 184 页。

公意说,而一则言主权在民,一则言主权在君",①即他的人民公意需要主权在君来体现。

问题是,"君王"等同于"圣人"吗? 梁启超其实也发现了"君王"不等同于"圣人"。不过他认为,"后世之为君主而非圣人者,其于前代圣君之法,惟宜遵守而不可妄有所更革",即圣君立法即自然法,后世非圣人的君王遵守即可,故儒家是君主立法主义与保守主义相结合。但他又说,古代圣人只发现了"自然法之一部分",②孔子既然是圣人,当然可以改制,改革古代的自然法。

新的问题又来了,梁启超凭什么说古代圣人只不过发现了"自然法之一部分"? 梁启超自己也开始怀疑了,"而彼自然法之全部分,果能以人智尽发明之乎? 儒家观念之确与不确,当于此焉判之",③则儒家自然法似乎是确定不变的,又似乎是不确定的——关于这个问题,他没有给出答案,只有我们自己来思考了。

其实,梁启超没有理清这个疑问的原因在于,他的"义理之天"与"自然之天"始终是含混的。"天人合一"之"天"是本体吗?"义理之天"的"天"是本体,但本体在孔子、老子那里皆是不可言说的、非具象的、涵盖一切的(佛教更是无实体),从而不能用春夏秋冬来比附。例如秋冬行刑,不能说秋冬行刑的秋冬就是本体、义理之天,所以不能说那些对自然现象的比附就是自然法。另一方面,"自然之天"的"天"没有本体意味,而只是自然现象,人文心理世界是抽象的,则更不能机械地比附自然现象。秋冬行刑比附的假如是"自然之天",人文心理世界面对行刑时的肃穆、阴寒、毁灭的感觉不一定非要在秋冬肃杀的自然时节才有,是一年四季都可以有的。

---

① 梁启超:《中国法理学发达史论》,《梁启超全集》第四册,第185页。
② 梁启超:《中国法理学发达史论》,《梁启超全集》第四册,第185页。
③ 梁启超:《中国法理学发达史论》,《梁启超全集》第四册,第185—186页。

更进一步，梁启超经常用佛教的性海、性体不二来论证儒家自然法，那么从佛教《金刚经》中的"无我相、无人相、无众生相、无寿者相"也可以发现，不能用任何的现象来机械比附另外的现象，否则就是执着于现象了。所以，"义理之天"与"自然之天"的含混，导致在概念、逻辑上性体（或本体）与现象不加区别。而佛教的"性体不二"是从胜义谛（本体论）视角的说法，即从逻辑上说，性体（或本体）视角的自然法是确定的，但也是任何"相"即具体的现象无法表达的，因为"现象即本体"指的恰是超越"相"即现象的境界；自然法的不确定指的是现实世界（世俗谛）的内容的不确定，体现在不同的民族，就因各地风俗的不同，以及各地风俗随时代的变化而导致的不同，而有所不同。

例如，"礼"体现了华夏民族不断变迁的"礼仪"，也只体现了华夏区域内的"礼仪"，而不包括西方两希文明的"礼仪内容"、中世纪宗教的"礼仪内容"、近现代的"礼仪内容"。因此，梁启超所言"儒家认道与礼与法为同物者也"，[1]是概念尚未清晰区别导致的说法。

中华民族未来的法哲学观一定是儒家的吗？仅仅是儒家的吗？现代性观点认为，现代人类的体验是意义和权威的来源，不需要"天"作为意义和权威的来源，从而现代理性规范的前提是"祛魅""去道德化""去伦理化"，形式理性的完满自足，足以保证规范的有效性。而儒家礼法恰巧是伦理法，并且是以"天"作为意义和权威的来源，这是否已经不合时宜了？从现实上来说，现代人文主义主要有三大分支，即自由主义、社会主义和进化人文主义，这三个分支的共性是：现代人类的体验是意义和权威的来源。[2]那么，

———————

① 梁启超：《中国法理学发达史论》，《梁启超全集》第四册，第 186 页。
② ［以色列］尤瓦尔·赫拉利：《未来简史》，林俊宏译，中信出版社 2017 年版，第 224 页。

作为社会主义的中国,是不需要"天"作为意义和权威的来源的,也就是说,儒家自然法不是从理论上,而是从事实上进入了历史的博物馆。

另一方面,如果从梁启超的儒家自然法推衍,则人民公意需要遵守主权在君来体现,需要君主的自觉守法。问题的关键是,君主即便大多数时候都守法,只是偶尔不守法,但由于君王拥有立法权,其权力大于实在法,不受任何限制,如果君主并非圣人,其可能带来很高的效率,但也可能带来很大的隐患,而这个隐患可能大到某个君主的肉身无法承担。所以,来源于《周易·系辞》的原教旨的儒家自然法也不适宜继续将"主权在君"施加于已经摧毁了皇帝制度的中国。看来,儒家的尊尊亲亲的原教旨系统结构似乎只能随着旧的中华法系一并消亡,似乎只能留下孔孟等古圣先贤的道德智慧,可能作为法的价值为被现代转化。

第二节　重估谭嗣同《仁学》中涅槃新生的宪法与平等精神

近代首位将佛教应用来经世、安邦、治国的是梁启超的同道杨文会之弟子谭嗣同,其《仁学》充满了激进的政法哲学气息,而除了谭嗣同之外的其他新学家(康有为、梁启超等),似乎没有受到杨文会直接影响,而只是阅读了杨文会所刻之佛经。[1] 而直面作为竞争参照物的西方哲学,回应现代化使命的集大成者,影响力巨大的,莫过于熊十力。而谭嗣同作为熊十力的师叔,对熊十力一生的学术影响持久深远,熊十力的观点是从继承谭嗣同等人开始的。杨文会的写作主要在佛教信仰方面,而真正开始从佛教理论入手研究政治、法律精神方面的,应该始于他的弟子谭嗣同。对于谭嗣

① 参见蒋海怒:《晚清政治与佛学》,第6页。

同、熊十力等诸位前辈先生，我是在扬弃中发展之，在发展中光大之，在光大中纪念之。基于此，本节先概括回顾一下谭嗣同的佛教概念和理论。

一、《仁学》之逻辑线索

谭嗣同在《仁学》中呐喊道："生民之初，本无所谓君臣，则皆民也。……人人可有教主之德，则教主废。"①他从佛性平等推演出人人平等、民主、自由及经济自由，并批判君主专制、纲常礼教，打破成规。② 其观点虽或偏激，内容看似混乱，却实是有内在逻辑的佛教宪治经典，被梁启超称为"应用佛学"。③ 这样的佛教精神的确继承了其老师杨文会以佛教拯救现实的勇猛精进之志向。

《仁学》虽然分为四十九小节和一篇类同引言的"仁学二十七界说"，这四十九小节又被分为"仁学一"（上卷）和"仁学二"（下卷），但的确不像现代学术规范下有语言论证性、逻辑性的论文。例如他的"仁学二十七界说"，许多条界说都只有一句话，如"七、通之象为平等"，对这一句话没有任何阐释。用现代学术规范来批评之，可说是"断语"连篇，论证不足。

我推想，由于他看多了先秦古籍和佛经，先秦古籍中常常有一些不连贯的语言，有多重思维灵感下的名言警句，他认为这种表达方式是合理的。而佛经，由于他从 1896 年学佛到 1897 年写《仁学》，其时间并不长，所以他应该主要只看过一些华严宗和唯识学的短小经典，来不及看那些有逻辑性的较长篇的原始佛经；并且他关注禅宗，而禅宗是不立文字的，只有师徒相传，并爱好隐喻式的

① （清）谭嗣同：《仁学》，第 251 页。
② （清）谭嗣同：《仁学》，第 1—40 页。
③ 参见王兴国：《谭嗣同与梁启超的应用佛学》，《船山学刊》1997 年第 1 期。

语言表达方式。由于他爱好这种禅宗式的语言表达方式,所以他在写"仁学二十七界说"时,就以这种灵感式的、直接表达结论的方式界定"仁学",并且在正文中常常夹杂许多一般人看不懂的佛教原始术语和翻译不确定的西方术语、简化的欧洲国名、古代哲学术语等,常使人阅读不顺畅,故被人诟病为杂糅、混乱。

虽然这样的文风让现代人看不懂他的逻辑、语词,认为他观点"杂糅",行文混乱。① 但毕竟他的敏感精神也有几何学精神所不及之优点,②因为有时候灵感的东西最适合直接表达,而无需解释,或无法解释,一解释就错误。这使得《仁学》一书洋溢着创新、批判、归谬、不拘一格探求真理的灵气、活力和启发,充溢着许多在当今依然有警醒价值的洞见。不过,我作为比他那时代受到西方现代学术逻辑范式规训更多的学子,自然有义务将自己的观点表达得更有逻辑性一些,使得现代人均可看懂。

当然,谭嗣同其实也有其逻辑的,只是这种逻辑由于没有现代的各级标题目录而显得不明晰、杂乱。我认为其整个《仁学》的先后写作逻辑就是他在《仁学·自序》中要冲决的八重罗网。谭嗣同用"心力""电"等词来描述"仁"的特征,依凭"心力""电"达到"通",喻为"通则不痛",通了就没有障碍和不和谐,所以他认为要冲破君主的、伦常的、各宗教包括佛法的一切网罗,完全开放,才能达到"彻底的通",即达到"大治",即庄子言之"道通为一"(《庄子·齐物论》)。这要打破的八重罗网就包含在《仁学》以下七个部分③中:

---

① 章太炎就认为谭嗣同的《仁学》写得杂糅。参见《章太炎年谱》一八九七年一月,《章太炎讲国学》,华文出版社 2009 年版,第 407 页。

② 参见费小兵:《贝卡里亚〈论犯罪与刑罚〉原版 47 章的重新发掘》,《时代法学》2010 年第 2 期。

③ 关于谭嗣同《仁学》的篇章部分划分,我采纳姚彬彬导读中的划分结构(对每部分的解读不太一样),但是我却看出来谭嗣同写作的这几个部分的内在逻辑是逐层冲决罗网。参见(清)谭嗣同:《仁学》,"导读",第 26—31 页。

　　第一部分(第一至八篇),打破"我"(我执)的罗网,才能"通天地万物人我为一身","通之象为平等",从而推衍出平等。

　　第二部分(第九至十七篇),打破世俗观念的罗网,认为人欲是"以太"(真常心)的作用,是善,从而应尊重妇女,并因为众生佛性平等,所以人民皆是平等的,故推衍出男女平等。

　　第三部分(第十八至二十三篇),打破群学之一——老子(或被扭曲的老子)的尚俭的观点,从而批评祖宗之制不能变、重农抑商的保守思想,提倡经济自由,与西方诸国通商,认为"通商者,相仁之道也",推衍出通商合道。

　　第四部分(第二十四至三十篇),打破群学罗网之二,改革被扭曲的儒教,冲破纲常伦理的罗网,认为人人"转识成智"即可人人平等(此部分破两类罗网),此其实将儒学的"宗法等级"破尽,在哲学层次上更进一步证明平等。

　　第五部分(即"仁学二"或曰下卷第一部分,第三十一至三十六篇),冲决君主专制的罗网,其中有对法国大革命的赞美:"法人之改民主也,其言曰:'誓杀尽天下君主……'变法则民智。"①这段话读来酣畅,知其变法求民主、启民智之决心。毛泽东读至此处时很是赞叹。② 其对法国大革命的赞叹,或许启迪了毛泽东。此部分旨在指出君主专制之不正当性,为推翻千年君主专制提供理论支撑。

　　第六部分(三十七至四十一篇),打破对全球群教(各宗教)和"天"(上帝)的罗网,前提是以宗教(孔教或耶教)之平等打破三纲之荒谬、独夫之残暴。他又认为佛教"空诸所有,弃之如无",③众人平等相会于法会,破三纲比孔教、耶教更为彻底,唯保留朋友之

---

① (清)谭嗣同:《仁学》,第184—185页。
② 王汎森:《近代思想中的未来》,《中国思想再阐释研讨会论文集》,华东师范大学,2013年,第36页。
③ (清)谭嗣同:《仁学》,第201页。

伦的自由、平等关系。然后他谈到日本因佛教"变动不居"观念的影响，才不故步自封，使变法更容易。因而应该把教化的大权给宗教，尤其是佛教。但宗教的组织化异化为一尊偶像，牢笼万有、求名求利，成为势利场所，所以应打破对全球群教（各宗教组织）的罗网。

第七部分（第四十二至四十五篇），承前之破，他从《金刚经》"法尚应舍，何况非法"①而提出，打破学、政、教之网，最后要打破佛法的罗网，前提是只要"人人可有教主之德，而教主废；人人可有君主之权，而君主废。于时为遍地民主"，即民主的前提是人民有德，然后有权，然后人人皆成佛，人人皆成自己的主人，是为真正的民主。要挽救人民的劫运，唯有变法以促进真正的道德，在此基础上实现人人自由、平等的民主社会。因此我称之为"佛教宪治"。

综上，即是谭嗣同看似混乱的《仁学》内在逻辑，冲破层层罗网，实际上就是他将佛教中从破"我执"到破"法执"（法即一切实体之存在）的过程以近代汉语演绎了一遍，破执后唯剩有"仁"心存在，剩下没有罗网亦即解脱后的平等、自由、仁心存在（"仁"是谭嗣同从孔子和庄子那里继承来的，是其哲学的核心词汇，故其文章名为《仁学》），从而人人皆有真正的民主，实现人间之极乐，消除战争之劫难。这就是谭嗣同的"应用佛学"理想，而这一理想为本书所继承。

二、《仁学》中对三纲五常的批判：宪法理想的支点

谭嗣同在《仁学》中常常痛彻心扉地斥责儒生，如贬为"小儒"等，所以他是对孔孟之后的儒家持完全否定的态度，如"三纲五伦之惨祸烈毒，由是酷焉矣"，"'仁'，则共名也，君父以责臣子，臣子

---

① 《大正藏》第 8 册，第 749 页。

亦可反之君父，于钳制之术不便，故不能不有忠孝廉节等一切分别等衰之名"。除了这个"仁"的精神外，谭嗣同将儒家的所有伦理都抛弃了。例如，对于夫为妻纲，他说道："重男轻女者，至暴乱无理之法也。"因为在终极本性上无男女之相，"性所本无故。性本所无，以无性故"。另在《仁学》第七篇中，判断"勇不勇之辨，于其仁不仁"，对于义、信、礼，"其辨皆于仁不仁"，①即仁是判断其他道德的根据，所以是它们的根源，不能将仁与其他德性平等排列。

因而，在谭嗣同文中充溢着彻底的反叛，认为西方的改革值得我们学习，认为只有"通"才是"仁"。通就应该互通有无，互相学习，通学、通政、通商，"彼治于我，我将师之；彼忽于我，我将拯之"，对方比我们治理得更好，就应该学习对方，而非"苟畏难而偷安，防害而不敢兴利，动援西国民党之不靖，而谓不当学西法，不知正其治化日进之凭据也"。② 所以应学习西方治理良好而进步迅猛的优点。按照谭嗣同的观点来改革的儒家，必然是全盘抛弃三纲五常的儒家，而代替之以人人只有朋友之伦的自由平等关系，只有人人有德性、有权利，从而遍地民主的社会理想。如果说在人们心目中三纲五常代表着儒家，那么，假如儒家被谭嗣同改革成功，或许就不再是事实上的儒家了。但恰恰是谭嗣同改革孔教的观念深深影响了其同门师弟欧阳竟无的弟子熊十力，熊十力才可能以佛教唯识学为理论基础写作其新儒家奠基之作《新唯识论》。

三、继承《仁学》现代理论并批评其本体论

本书继承谭嗣同的"政治佛教"精神，即以积极进取的佛教大乘精神来推衍佛法在人间的应用，完善"法之道"和法之理的理论，

---

① （清）谭嗣同：《仁学》，第 69、79、66 页。
② （清）谭嗣同：《仁学》，第 64、220 页。

并以此作为"应时之道",促进法治精神的升华。

不过,欧阳竟无指出,中国许多文人对"真如缘起论"的误读,[1]导致认为"佛性"就完全等同于道家理解的"道"和儒家理解的"天道",而原始佛教恰恰认为缘起是由于"无明"的妄念动心。他说:"正法能传,赖真师承,真师承者,渊源于印度也。佛后真师,龙树、无著,位皆初地,说法独正。……若夫智者自谓五品,等是凡夫;其在贤首,多袭天台,所有说言,更无足恃。是故非西域龙树、无著之学不可学。"[2]他认为,释迦牟尼恰恰要在道德上否定这一"无明"缘起,而道家理解的"道"和儒家理解的"性与天道"却与之相反,肯定了"道生万物""生生不息"的"生"是一个大仁大德。欧阳竟无此说恰恰否定了许多中国文人对佛教本体论的理解,包括谭嗣同、熊十力对佛教本体论的理解。

谭嗣同的《仁学》以华严宗和唯识学为立场,以"真常心"为佛性(本体),并用西方哲学概念"以太"来理解"佛性",以"仁"为其显现之用,但"仁"不仅是最高理想价值,而且就是"不生不灭"的道。[3] 由于佛教中只有佛性(本体、终极因)是不生不灭的,所以谭嗣同的"仁"又等同于佛性。

但谭嗣同的问题在于,他说"通则必尊灵魂",可见他有一个实体的观念,即认为人有一个不变的灵魂,并且将"以太"作为万物之元初实体,是宇宙"充满之一物焉",[4]即哪怕一切皆是由更细微的物质构成,最后也能找到最基本的构成元素——"以太"。假如"佛性"等于"以太"及其"仁",那么,当没有时空等诸种条件存在时(即

---

① 参见刘成有:《人间佛教的实践旨趣》,载《第十届两岸四地佛教学术研讨会论文集》,香港中文大学,2015年。

② 欧阳竟无:《法相大学特科开学讲演》,载《欧阳竟无佛学文选》,武汉大学出版社2009年版,第27页。

③ 参见(清)谭嗣同:《仁学》,第84、72页。

④ (清)谭嗣同:《仁学》,第48、57—58页。

无"缘起"时)，或者说条件为零的状态时，"以太"及其"仁"到哪里去了？进一步言之，谭嗣同骨子里认为有一"个"灵魂的存在，而实际上佛教要打破的恰恰就是这"个"灵魂的存在，而认为一切都是缘起的、无常的。换言之，一切都是流变的、新陈代谢的，没有一"个"固定不变的灵魂，而只有不断变迁、刹那更新的神识（意识），上一分钟的意识与下一分钟的意识是不一样的（佛教认为主体是伦理上存在的，但非实体上存在)，所以佛教才说"缘起性空"，即诸物（包括人）都没有一个固定不变的实体（即无自性)，包括灵魂。所以，虽然"仁"是生命运动时自然呈现的性质，但绝不是终极因，灵魂也不是终极因。

但谭嗣同将"仁"作为终极因，他的结论就是有一个不变的灵魂是终极因，这个灵魂自然有"仁"的本来性质，其灵魂和灵魂本来呈现之"仁"的性质就构成终极因。其学说就容易滑向唯心论，而佛教《阿含经》中对六十二种外道的批判中，早就批判了唯心论。

佛教内含有"仁"，但一定超越了"仁"，又超越其他所有呆板偏执的学说，才能回到佛经所说的"中道"。即"仁""空"是不同条件下的状态，它们皆是终极因的现象，或曰显现，或曰"用"。流变的现象自身显现本体，才是完整的佛教中道思想。

不过，谭嗣同也提到"仁"是"以太显于用"，①即他提到"仁"是用，是灵魂之用，而非本体。但正因为他认为有一个灵魂，所以他理解的"真常心"是一个实体，而非流变的、缘起的。因而，对"如来藏"一定要以缘起、自性空为前提来理解，否则，就容易将"如来藏"理解成宇宙中有一"个"灵性根源，或"元神"，或"仁"，或"天道"，变成为"中国化的佛教"了。

这里不得不先简要说明，佛教的"如来藏""佛性"与道家的"元神"、儒家的"性与天道"是有区别的。佛教要打破"有一个实体不

____
① （清）谭嗣同：《仁学》，第57页。

变的我"的意识(简称打破我执、打破根本无明),称这个"有一个实体不变的我"的意识为"第七识"(又称为末那识),并且要打破"法执",即认为世间存有某物是永恒不变的实体的执着。虽然谭嗣同在《仁学》第一至八篇提到打破我执,但紧接着第九篇九说唯有"以太"不生不灭,从而仁也"不生不灭",这说明他还是有个东西没打破,说明谭嗣同还有没自我发现的实体观——而在《心经》中,"色即是空",一定没有一个脱离色而单独存在的实体,无论是叫"以太"还是叫"元神""性""天道",或是叫其他什么;"是诸法空相,不生不灭",这"不生不灭"的虽是万物运动的终极因,但不是实体,不能独立存在,无处可寻,无法命名,所以强名曰"空相"。

谭嗣同在最后的一点上没有破除执着,从而没有在最后的关键处理解"佛性"要义。因而,谭嗣同说:"妄喜妄怒,谓之不善,然七情不能无喜怒……皆既有条理,而不循条理之谓也。……恶者,即其不循善之条理而名之。"[1]这是为了批驳宋明理学而提出肯定人欲、人之七情的正当性(只有不循条理的妄喜妄怒,谓之不善),有打破纲常束缚之时代价值。

但是,在佛教理论里面,一定有两个层次。第一个层次,打破根本无明,打破我执、法执的层次,看世俗间的七情都是在"我执""法执"状态下产生的感性情绪,相较于被称作涅槃的极乐,绝对不会赞扬七情(当然也不会贬损七情),而认为这是很低层次的"条理""善"。

第二个层次,即是世俗层次,承认根本无明(我执)和法执也是本体的现象显现。在这一层次上,不违背我执和法执的先天(天然、自然)状态,如大自然的现有状态——吃、喝、拉、撒、食、色、睡,喜、怒、哀、惧、爱、恶、恨,眼、耳、鼻、舌、身、意,七情六欲,皆是正当合理的。但如果只有第二个层次即世俗层次,一定算不得佛教精髓,而谭嗣同这里赞美的只是第二个层次即世俗层次的七情(以及

---

[1]　(清)谭嗣同:《仁学》,第73页。

仁），的确也算是善，却都是流变的感性存有，而不是高尚的、崇高的、超越的善，或极乐、涅槃的终极至善。这里顺便提及，我要研究的"法之道"（本性法）也有这两个层次。

综上所述，谭嗣同基于佛教立场而写作有政治意义的《仁学》，将"佛性"等同于实体之"以太"，"以太"之用为"仁"，以此"以太"与"仁"为始基，从打破自我执着（并推衍出平等）开始，逐层打破，完全批判了过去的三纲五常和君主专制，层层破尽八重罗网，实现人人自由、平等的民主社会。其中，他指出君主专制之不正当性，为推翻千年君主专制作了宪政的理论支点——这是谭嗣同佛教宪政的核心。因而，他的观点被梁启超称之为"应用佛学"。关于谭嗣同冲决一切罗网的观点，我完全赞成，不过虽然在精神气魄上要"彻底的通"，但面对复杂多变的现实，应该逐步前进，因为激进的改革或许会适得其反。

笔者对谭嗣同的佛教宪政立场是赞同的，对《仁学》的时代意义是肯定的，并认为《仁学》中对中国社会中许多痛快淋漓的深刻批判和洞见至今仍有深刻的现实意义。但是，笔者对他将"本体""佛性""真常心""仁"等同的理解却不敢苟同，尤其是其有灵魂说即"实体"的观念。熊十力恰恰继承了谭嗣同式的如来藏思想，即"本体"等于实体之"本心"的观点；而熊十力由此认为儒家之道是实体之"本心"，从而他由佛转儒，以《周易》"乾坤"为逻辑起点，自称新儒家。

第三节　反思继承熊十力《新唯识论》中"本性"等概念

一、熊十力继承的本体论之要旨

（一）熊十力继承了谭嗣同式的如来藏思想

谭嗣同还是站在佛教的立场上，熊十力虽然也进行了三家融通,却从佛转儒,自立门户,自称为新儒家。熊十力的《新唯识论》恰在面对现代化转型时,作了对释道儒三家融通后最有原创性的儒学改革,已经扬弃宗法等级、专制、三纲五常等传统俗儒,而一变为民主之新儒学。因而,本书对儒家的反思和融通,以熊十力为切入点,既可以直接扬弃传统礼教的糟粕,又可以抓住儒家的现代精神要义,还可以反思、发掘新儒家在释儒道之间如何裁剪、结合的微妙取舍。

　　熊十力在《新唯识论》中,以佛教唯识学为理论基础和出发点,对儒佛道融通后的精神及其现代转化作了非常详尽、体系完整的建构。虽然后世给熊十力贴的标签是"新儒家",但他实际上提出的是不同于传统儒学,也不同于西方哲学本体论,而是在"三家融通"后建构"中国哲学"的本体论。他所谓的"新儒家"是经过佛教改革后的儒家,比宋明理学对佛教的吸收更明确、直接、充分。本书继承的不是人们心目中消极之佛教,而是积极、精进、救时弊、经世致用之佛教法脉。

　　熊十力的《新唯识论》继承了谭嗣同式的"如来藏"思想,将"真常心""仁"等于"佛性",只是他不再用"以太"来表达,而是表述为"本心",认为"本心""仁心"是宇宙的本体或根源。与之相关,熊十力也继承了谭嗣同以华严宗、唯识学为主要学习对象,喜好禅宗,批判宋明理学的立场,以及对一些相关佛教概念的爱好与频繁使用(如"量""仁"等词);并且,熊十力也认为"吾人生命与宇宙大生命本来不二"。问题是有一"个"宇宙大生命吗? 熊十力又说:"寂寂而生生不测,孔子有天不言而四时行百物生之叹,善形容此理。空宗偏向空寂处领会,则本体为无用之体,而宇宙无发育可言,更有反人生之倾向,其流弊何堪论。"①这里,熊十力用"天"来表达万物之根源,那么,有一"个"创生万物的"天"吗? 对此的反思详见下

---

① 熊十力:《新唯识论》,第1、4页。

文。这里主要是探讨谭嗣同对熊十力的影响，正因为他们都有一"个"实体的观念，而非以"缘起"来理解存在，所以熊十力不仅认同"仁"，而且由于他认为从《周易》的哲学观里能够分析出"一个"生万物的"本心"（实体），所以最后不再像谭嗣同那样以"中国化的佛教"为自己的皈依，而是以儒家之《周易》为自己的最高哲学之根，遂自称为"新儒家"。

（二）熊十力继承了谭嗣同改革孔教的观念

与谭嗣同一样，熊十力以《周易》为儒家根本经典，秉持今文经学立场，即六经注我、托古改制、改革儒家的立场。在熊十力的论著中也看不到三纲五常，唯一能够看到的就是"仁"，以及对《周易》的大量引用和创新诠释，因此，他才强调自己的学说是"新儒家"而非"儒家"。熊十力也认为"（陆）象山'六经皆我注脚'之言，确然不妄"，[①]他和谭嗣同一样，尊重和引用儒佛道经典，不是为了了解古人而了解古人，而是为了当下之用，为了托古改制。所以，在此意义上，熊十力的"新儒家"，即是儒家，或非儒家，强名之曰新儒家。

二、反思熊十力《新唯识论》中的本体论

既然唐宋明时期的儒佛道三家能够融通，在打倒孔家店、反对礼教一百年后的当代中国，能否再容纳儒家核心观点？这就不得不回到现代新儒家学者熊十力，他的《新唯识论》恰恰是在面对现代化转型，融通三家后，最有原创性的现代中国哲学建构，并且以新儒家面貌显现于世。其哲学核心词汇——"本心""本性""本体"等之间的逻辑关系是首先要理清的。

（一）熊十力的哲学核心概念"本心""本性""本体"

谭嗣同《仁学》以佛教的"真常心""佛性"等同于"仁"，并以

---

① 熊十力：《新唯识论》，第 1 页。

"仁"为本体。熊十力继承谭嗣同,也将"真常心""本心""本体"等同于儒家的"生生之大德"即"仁"(命名为"良知"),又将"本心""本性""本觉"等同。[①] 而我认为,"本体""本性""本觉""本心""良知"这几个词是有微妙区别的,但在熊十力这里,却全部混为一谈。

熊十力论述《易经》中的乾坤,乾被称作"本心"(无意识之灵动力),是能动者,是让道得以演化为万物的动力因;只不过,"心"不是终极因,而是心与物皆是"道"的呈现,即"心物不二"。[②] 在一切皆是"道"之显现这一意义上说,"心"("良知")也是"体用不二"的体现,"心"("良知")也是"道";但在现象界(世俗谛)意义上,"良知"是"用"——"良知"与"物"皆是"用"(只是良知是道之直用,而非人心之妄念妄用),唯有"心物不二"的整体才是"道",才是本体。

问题是,熊十力的这个"本心",究竟是最终极的本体层次,还是最终极的本体在现象界的体现,即第二层次? 在熊十力的书中看不到统一的答案。

(二) 熊十力对"本心""乾元""本体"三个概念的混用

有时候,熊十力是清晰的,他说"心"是《易》之"乾元",仅仅是"心物不二"中的一极,又称之为"辟"势(动力);但他有时候却又概念混乱,将"本心""自性""真性""本性""本体"全部等同。例如,他说:"性智者即是自性的明解,此中自性即目本体,在宇宙论上通万有而言其本原则云本体,即此本体以其为吾人所以生之理而言则亦曰自性","是故于此心识得吾人真性,亦即于此心识得天地万物本体","本心即是性……以其主乎身曰心,以其为吾人生之理曰性,以其为万有之大原曰天,故尽心则知性知天","然则反之吾心,而天地万物之本体当下即是"。[③] 可见,熊十力常常混用"仁""本心"

---

① 参见熊十力:《新唯识论》,第1、7、12—13、17、23—24、26—27页。

② 参见熊十力:《新唯识论》,第1页。

③ 熊十力:《新唯识论》,第23—27页。

"自性""真性""本性""本体"这几个词,认为它们皆指的是"本体"。

但在佛教视角,"本觉"指心的最细层次,是人心呈露的本体性,是超越六欲和我执(佛教言第七识)之后呈现的自然智慧(佛教言根本智),能够明白宇宙真相(佛教言法界体性相感应),因为人是本性之呈现,人的"本觉"就源于人人平等拥有的、未遮蔽的"本体",即"本性"。

承前,笔者用了一个图表公式来表达这几个概念之间的联系:

（道）　　　　（人）

体用不二之本体→本性→人之本觉→后得智·························良知
　　　　→人之无明"我执"↑→能动者即我(本我)→理性↑
（"我执"使得主客二元分裂）↓→感性→所动者即客观世界

【佛教:"本体"与现象界"人"之逻辑关系图】

而熊十力在《新唯识论》中将儒家的"天"称作"宇宙大生命",称"吾人生命与宇宙大生命本来不二"。[1] 笔者认同"本来不二"的观点,"吾人生命"的本性与宇宙的本性皆是同一"本性";但从佛教视角看,"宇宙大生命"(天)不是一个"个体""实体",至少宇宙不是一个人格神,即不是有自我意识的生命。

这个"无实体"的观点其实与科学并不矛盾。为了让现代知识人理解,这里勉强用目前的物理学来打比方:宇宙整体只是一个"场",是无"个体自我意识"的统一场,[2]并且是不断变化、刹那更新的统一场。所以,熊十力认为宇宙有一个"本心""乾",容易让人误解有一个实体的"宇宙大生命"。实际上,宇宙的"乾""坤",或曰阴阳,也是在不断变迁、不断流变的,只可勉强说有根本无明(我

---

① 熊十力:《新唯识论》,第1页。

② 参见陈兵:《佛法真实论》,宗教文化出版社 2007 年版,第2—122 页。

执)的人才应被定义出一个"本心"的概念,即把自己的看似无意识的潜意识状态叫作"本心"。它含有过去所有的意识储存,在佛教中被称为第八识、仓库意识。①

而熊十力所谓"生生之大德"的"本心"只能是其书中有时等同的"乾"、"阳"、动力、"辟"之势能,而不能等于本体、空性。因为,宇宙如果被分为"乾坤",就已经是二元了,二元只能表达现象界,而现象界中的任何一元(如"乾")不等于本体这个全然的空性,因而,熊十力通过《易经》划分出乾、坤,并将"乾"等同于"大心""本心",已经是一种分别、对待、二元。而实际上,"乾坤"也罢,"阴阳"也罢,作为对现象界的各种二元对立的描述,其不能逻辑必然地证明有一个实体存在的宇宙"本心"或曰"有实体"的"宇宙大生命"(或人格化上帝),所有不能将现象界二元分离后的"乾""本心"在逻辑上等同于"本体"。

因而,这看似相同的词,实际上是有层次区分的,熊十力却将它们混用。

三、反思熊十力将"体用不二"等同于"心物不二"

熊十力在《新唯识论》中认为,生化万物的"乾"、"仁"(新儒家的本体)是"有",是让万物生生不息的本源。② 他认为这样可以反

---

① 佛学称这潜意识为第八识、仓库意识,或阿赖耶识,并认为第八识从潜在显现出来是因为众多因果合力的结果,从而第八识显现为人类的种子。熊十力常常提到"生生之大德",如果说"生生不息"是因为第八识和众多因果合力滚动形成因果链的结果的话,熊十力所说"生生之大德"之"乾""本心"就只能是此阿赖耶识(或第八识,意为仓库意识),它是现象界感性意识的基础。参见陈兵:《佛教心理学》,南方日报出版社2007年版,第55—73页。
② 熊十力的弟子、新儒家牟宗三将"本体"称为"无限智心"(智的直觉),并认为是个体有"仁"之本能的"本性"。参见牟宗三:《圆善论》,吉林出版集团有限责任公司2010年版,第10页。

对虚无、滞空（顽空）。从道家"无中生有"的逻辑来看，"本体"假如是"无"（无极），"无极"生"有"（仁），"有"（仁）也仅是"用"。从佛教逻辑看，佛性指的是"空性"，即终极因，并非一个固定的、异于存在的实体（如人格化的上帝偶像），而只是在存在者超越"我执"后全然自由、自然时，发现的现象自身体现的终极因（非实体），才强名曰本体。

"本觉"这一概念是现象之"我"展现的、超越"我执"的、融于"本体"的，等同于超越"我"的觉察、洞察力，即后得智。"本觉"及其后得智产生"良知"，但"本觉"也不等同于"仁""良知"。

因此，虽说熊十力特别强调"心物不二"和"体用不二"，但由于他将有生生之大德的、有"仁"的"本心"在概念上等同于"本体"，所以他在逻辑上将"心物不二"等同于"体用不二"。从《心经》"色即是空"看来，"心物不二"中的"心"与"物"皆是现象，"心"只是"心物不二"中的一极。"心与物"都不是本体，只是说"心物不二"体现了主体与客体不可分。但体现主体与客体不可分的哲学也包括印度教、基督教等，后者都有主客体、人与神"合一"的体验，但真正的唯识学中只有缘起、空性而无实体，无上帝的真实存在。

或许熊十力是因为认同"体用不二"，同时又认同"心物不二"，于是他可能就在潜意识里将"体用不二"等同于"心物不二"，并由此逻辑将"体"字等同于"心"字，将"用"字等同于"物"字，从而逻辑地在思维上将"本体"等同于"本心"。所以，有时候他能够清晰表述"心"只是更特殊的能动力量，但有时候他在描述"本性"时，就将"本性""本心""本体"混淆使用。承前，"心物不二"指的是"心"与"物"皆是"本体"的表象，所以"心"与"物"皆不是"本体"，而只有"心物不二"的整全现象自身才体现"本体"（即超出"心物不二"的整全现象之外没有一个实体）。因而，如果说执着于宇宙有一个"本心"，就将执着于"实体"，从而执着于二元分裂，所以释迦牟尼才用"空"(非有非无)来表达"本体",是用遮诠的方法破除对一切现象(哪怕是"乾"这个动力因)的执着。

所以,"仁心"或"良知"在本书的儒佛道融通中依然是重要的一环,其来源于"本体""本觉",但在哲学层面上仅仅处于"现象"的层次,而非"本体"的层次。它们是不同的概念,应该加以区分。

由此,承前而推衍出"法之道"的公式是:

"本性"=未遮蔽的"本体"→呈现人的"本觉"(后得智)→遇事而自然呈现的是人的纯粹良知→纯粹良知判断善恶是非的法则是"法之道"(本性法)

在这个公式中,"本体"、"本性"、"本觉"(后得智)、"良知"(仁心)的关系是"从本体到现象"的次第展现,而非如熊十力将它们混用。因此,虽然在终极意义上是"体用不二",但在"现象"(用)的层面,一定要区分"本体"与"现象"。否则,混淆的结果可能是像熊十力那样,导致用现象界的"乾""心"代替"本体"。试想,"二元分裂"的现象界,怎么能够代表"体用不二"的本体? 这误解的逻辑将导致"天"异化为人格化的"上帝","天子"代表"上帝"的结局。那么,人就将失去"体用不二"状态中人人皆是本体之显现这一最崇高的价值,人不再是有最高价值的存在、自主性的存在,而不过是"天""天子"的手段、奴仆。但是,也不能从一个极端走向另一个极端,强调"本体"与"现象"的区分,这样会堕入二元分裂的哲学中。①

---

① 下文将由此推衍出,在真正的"体用不二"之中,当每个人自然地呈现无善无恶之本体时,形成人人皆有的良知,及其判断善恶而形成的"法之道"(本性法)的内容;当每个人扭曲地使用欲望时,则形成恶念,并导致恶果。从而,本性法是法律的道德原则、良心原则,并且"本性法"是无善无恶之无极本体与有善有恶之良知的统一。如王阳明所言:"无善无恶心之体,有善有恶意之动。知善知恶是良知,为善去恶是格物。"(宋)陆象山、(明)王阳明:《象山语录 阳明传习录》,第168—172页。

四、与熊十力商榷：佛教"本性"不是顽空之本体论

　　熊十力的《新唯识论》认为佛教是"顽空"，"佛家生灭不生灭折成二片"，"佛家说本体是不生灭法"。[①] 但我认为佛教不是顽空。《心经》反复强调"色即是空，空即是色"，《大乘本生心地观经·发菩提心品》言"若执空理为究竟有，空性亦空。执空作病，亦应除遣"，[②]就是说执着于空，也是一种病。因而佛教中的"空性"仅仅是指：在缘起（流变）的现象中，本体不是一个与现象分离的"实体"，而是从未离开现象，或言"本体即是现象"，即本体自身不能单独存有，故称为"空"。借霍金所言打比方，只有多重宇宙模型，没有固定不变的实体。[③] 流变的个体拥有宇宙的本性及其呈现之本觉，这才是真正的"体用不二"。个体之人是现象（用），每个人身上皆有同一本体。这本体及其属性、功能就是释迦牟尼所言之超越时空的永恒"存在"，但这"存在"不独立存在，不是一个实体，它只是流变的现象得以流变的终极因。这终极因不生不灭，因而《心经》所言"是诸法空相，不生不灭"，一定要联系"色不异空，空不异色"来理解，即没有脱离"色"的"空"（本体），不生灭的"空"（本体）与有生灭的"色"（现象）是一体不二的，佛教没有将"生灭不生灭折成二片"。[④] 因此，儒佛道三家才能真正地融通为对现实有意义的

---

　　① 参见熊十力：《新唯识论》，第15页。而我认为佛学不是顽空、滞空，这可从《阿含经》《维摩诘经》等经典得到证明、发现。

　　②（唐）般若译：《大乘本生心地观经》卷8，《大正藏》第3册，第328页。

　　③ 参见［英］史蒂芬·霍金、列纳德·蒙洛迪诺：《大设计》，第2、105页。

　　④ 在价值观上，人可以选择守住本体但无万物的状态，即无余涅槃；也可以选择住崇高之本体同时有动、有万物，只是让万物和"有动"不妄动而失去"本体"之本性，即无住涅槃。佛学不仅探讨了"本体"化生万物的"乾"这个动力因，而更进一步探寻"乾"之所以成为动力因的原因，即"我执"之无明妄动、业力缘起。但这仅是原因的解读，是与道家、儒家视角的不同，而非价值观的不同。许多人包括佛教中人都忘却了（转下页）

本体论。

由此可见，熊十力虽跟随欧阳竟无在杨文会的南京支那内学院学习佛教唯识论，却至少在他写《新唯识论》等所谓新儒家著作时，尚未真正恍然大悟，懂得佛门"缘起""空性"的意涵，不知道宇宙中没有任何一现象有一个固定不变的实体（自性），从而不知道本体（终极因）不能被定义为任何事物，例如"本心""乾"，或者谭嗣同的"以太"。正因为熊十力不懂得"空性"，才会认为佛教是"顽空"。

熊十力与谭嗣同式的如来藏思想相似，或许继承了后者的"仁"概念，但比后者改革孔教的观念走得更彻底，自称"新儒家"。他将谭嗣同的"以太"改为"本心"，作为其哲学始基，并经常在书中将之等同于"本性"和"本体"，有时等同于"乾"，以其"辟"的动力创生生生不息之宇宙。

熊十力批判佛教为滞空，但其实他批判的仅是释迦牟尼圆寂后五百余年的龙树，而并没有批判释迦牟尼本人。是他没有看过释迦牟尼生前所说集成的《阿含经》，还是为自己留下余地，表明自己如果回头研究《阿含经》，就不再说佛教是滞空？他转向新儒家，归本《周易》，但他的学说却与汉代后的政治儒家大相径庭，而整个哲学建构，也自称是以"佛法启之"；②并且，他自己也说自己既是佛教徒，又是孔子徒。所以，他所谓的新儒学，其实很难说是纯粹

（接上页）"无住涅槃"才是释迦牟尼的终极目的，才是佛法的大乘精神。这种重视俗世间建设的大乘精神在原始佛教《长阿含经》中就有体现，目的更在于让人不随外在环境而妄动，而能够回归本体、保持本体，在无现象杂多扰乱的本体状态下，不以"我"的偏见、前见意识去思考、妄动，而是旁观地产生智慧，以无人我分别的大公心去行动（无为而任道为），超越环境，从而实现不被外在环境、合力、命运摆布的"自由"，并自由地返回"无我执"、大公无私的状态，实现美好人间——在这一点上，儒佛道是相通的。参见费小兵：《龙华民与莱布尼兹对"道"的误读》，《哲学评论》2015年第1期。

②　熊十力：《新唯识论》，第4页。

的儒学，倒不如说是三家融通的东方哲学。

　　总之，笔者认为，要探索新儒家的宪治思想，首先一定要回到其鼻祖熊十力的《新唯识论》那里，理清前述几个词汇的逻辑关系，并理解其使用的"本性"一词的含义，及其所从出的唯识论中的"本性"即"佛性"一词的原始含义。下一章笔者将更深入研究"本性"即"佛性"一词，及其在公元前向西方传播过程中与古希腊、古罗马的相关词汇（自然法）的比较。

小结：近代转型的中华法哲学本体论
尚需与西方纵深比较

　　中华法哲学的儒家、佛家之"道"在梁启超、谭嗣同、熊十力等学者那里似乎走向了凤凰涅槃，尤其是梁启超将"道"潜默地转化为"自然法"一词。假如道家之道、佛家之道、墨家之道、法家之道等皆是一个个权威的话，则皆难以成为现代人类选择的意义和权威来源。前述刘军宁认为儒家不足以也没有能力垄断中国的传统，因此可从新道家视角将中国的天道思想和西方传来的自由主义相结合，使中国的宪治民主获得坚实的本土根基。刘军宁的这一思想是否合于现代思潮和现实？

　　而梁启超后来就儒家自然法也没有再做新的完整论述，但是从他坚决参与反对袁世凯复辟的实践来看，他其实最后是放弃了儒家自然法的主权在君理论的。[1] 换言之，他本人最后是放弃了儒家原教旨主义的，而且他在1923年的《治国学的两条大路》中认为，国学的第二条大路、第二源泉是佛教，并且"他（佛教）所讲的宇宙精微，的确还在儒家之上"，"实现'自由'二字……最怕的是'心

---

① 参见梁启超：《护国之役回顾谈》，《梁启超全集》第十册，第339—347页。

为形役',自己做自己的奴隶……这点,佛家弘发得更为深透"。[1]
可见,梁启超最后还是把希望寄托在了佛教学问上。

　　他认为,欧洲的人生哲学是用科学来分析的,这种现代性只顾"眼前的利害,复日相肉搏。怀疑失望,都由之而起。真正是他们所谓的世纪末了",而我们祖宗的精神可以"救他们西人物质生活之疲敝"。[2]则现代性所产生的无根感、无道德感,仅仅为了眼前的利益而不惜一切,忽略他人的生命健康,这一系列问题,今日已经很明显地以各种方式疯狂地展现,的确是如梁启超所预言。

　　那么,在儒家、道家、佛家,甚或主张"天志"的墨家、主张君主至上的法家,都随着中华法系一并消亡并抛弃其糟粕后,其中的优秀文化基因是可能在现代规范的前提下,作为现代法治的道德支撑、精神基因而涅槃重生的。比如,梁启超言:"我们的禅宗,真可算得应用的佛教、世间的佛教……叫出世法与世间法并行不悖。"[3]他写这句话时,一定想起了他的已故之同道谭嗣同,后者的舍生取义被他称作"应用佛学"(经世佛学)之践行者。而禅宗的核心理论,恰巧不是如前所述,从概念上定义何为佛性、本性;反之,是要打破一切造神运动,打破一切偶像崇拜、信仰,所以禅宗被称为教外别传。

　　但过去两千年来,儒家势力独大,传入中国的佛教及其禅宗需要依附儒家,牵强附会于儒家,并反过来被儒家之理学家援佛入儒,最后被宋代理学家将其理论变成实体之"天理"。但是,当今儒家的势力已随着中华法系的消亡而弱化,禅宗不再需要依附儒家,而可以将自己真正的核心理论例如平等观浮出水面。

　　佛教的平等观,恰是在打破当时的权势婆罗门教所言之"大梵

　　① 梁启超:《治国学的两条大路》,《梁启超全集》第十册,第366页。
　　② 梁启超:《治国学的两条大路》,《梁启超全集》第十册,第365页。
　　③ 梁启超:《治国学的两条大路》,《梁启超全集》第十册,第366页。

天"这一唯一真神,即打破一切偶像崇拜中产生的。其理论源于佛教的"缘起无自性"：没有任何一个外在于自身的造物主,没有一个实体的偶像,一切现象界的生命皆是流变的。梁启超、谭嗣同等人恰是或多或少运用了佛教的平等观,微妙地改造了儒家的血缘等级观,其后的熊十力、牟宗三等新儒家都继承了这样的平等观。

　　但是,打破一切偶像崇拜并不等于狂妄自负、无根漂泊,佛教所言之无自性的本性,不是在任何外在的造神、神化运动中找到某个东西,但也不等于断灭论、无根说。它究竟是什么,需要人们在不断打破外在偶像和自我的迷恋中去进行自我心灵历险、参究,也就是最后要打破佛经、打破老师、打破谭嗣同所言"自己做自己的奴隶",达到真正的自由和对真相的发现。

　　这样的精神或许可以成为现代法治精神的一个启迪(而不是形成新的偶像)：破除不同风俗、不同神化作为"法之道"的渊源之后,人可以为自身立法——不是圣人,而就是普通人。但不是普通人变化无常的欲望和意志在为自身立法,而是说,只要信息绝对透明,每个普通人都可能站在纯粹客观的视角,以纯粹良知去判断善恶是非,这纯粹良知判断善恶是非而形成的法则,就是现代人类自身的体验,是世俗的"法之道",即中华法哲学的本体论。①

　　这普通人的良知立法有点类似于罗尔斯的"无知之幕"为人类自身立法,但却是来源于假设的、潜在可能的纯粹良知的"无知之幕"。从而,梁启超所言之人人皆可为尧舜,可转化为：人人平等的、潜在的纯粹良知的"无知之幕",在立法投票或决断是非的那一瞬间是可能存在的——虽然平时每个人可能有各种感觉、欲望、意志,但在决断的瞬间,人是可能处于零信息的、纯粹良知的客观本性状态去判断是非的。因此,人是不需要圣人、君王代表的,民主

_____

　　① 笔者更倾向于使用"本性法"一词来表达,只是估计读者对"本性法"不熟悉,为了传播中华法哲学的本体论,还是用"法之道"较为方便。

是可能在良知状态下实现的，而不是随时随地都在被人狂热地牵着鼻子走，以感觉、欲望、意志支配下的所谓"民主"实现少数狂人的主观情感、意志，从而实现僭越民主的悲剧。

这可能就是旧的中华法系消亡了，但人之纯粹良知的本性基础上的，内涵现代自由、平等价值的"法之道"又涅槃重生了。它既可暗合社会主义或自由主义这些以现代人类的体验为意义和权威来源的现代人文主义，又提升了现代性的道德追求，不至于因无根性而道德堕落。

但不得不说，从近代到现当代，"法之道"应对的皆是开放、全球化背景下来源于西方的现代法理原则，后者有来源于古老的希腊、罗马的自然法精神渊源和近现代的功利论、义务论等。近代转型的中华法哲学本体论，不少是在逃亡途中匆忙地研读了西方近代社会契约论，即近代的自然法观点等，却未见其更深入地对西方不同派别进行划分，也少有回到西方的自然法渊源进行比较，因此尚需纵深地与西方的自然法精神进行比较。下文我的精神旅程将向西行走，去进一步细微地与之直面碰撞。

第四章　中华"法之道"与西方
自然法精神的沟通

　　（若人）如理作意，住立于戒，无论彼处塞国或希腊，处中
国或……或处亚历山大或尼空巴……无论彼立何处——若住
于正行道，彼即证涅槃。

——公元前 140 年龙军比丘对弥兰陀王说

　　《心经》是北传佛教（传统称大乘佛教）重要经典《般若经》的核
心要旨，是佛教的核心观点（三法印）的集中表达，《心经》之"心"字
指的就是核心、要旨、要义之意。但与古希腊、罗马有文化交集的
《弥兰王问经》是南传佛教经典，传统称小乘佛教经典，虽然与北传
佛教有经义之区别，但也符合佛教的"三法印"，内含有佛教的三十
七道品。
　　关键点是，北传佛教与南传佛教在本体论上的共通性义素是什
么？本书研究的《弥兰王问经》属于南传上座部经典（同一部经典在
北传佛经中被译为《那先比丘经》），其中自性、本性的梵文是
svabhāva。与之相关的佛教词汇有：佛性即 buddha-dhātu、tathagata-
dhatu，第一义空即 paramārtha-śūnyatā，如来藏即 tathāgata-garbha
等。这些词汇都含有关键词根 śūn 或 dhatu，其有"界"的含义，[1]是

---

　　① 所以 buddha-dhātu 直译为法界。

sat 的派生或转化,而 sat 的梵文原义是:是,本体,即前述印欧语系中"是"(本体论)哲学的词源。学界一般认为,南传上座部更强调 sat(是)的这一面,即注重修行而非信仰的南传佛教强调涅槃,只不过其重点关注无余涅槃;①北传佛教更强调不执着于 sat(是),不把"是"(本体论)当作一个"实体"——用遮诠式表达法,即是连涅槃也放下,从而达到彻底的放下,关注重点是无住涅槃。虽然南北传佛教有理解或者层次的不同,但二者的相同点是皆认可佛教的"三法印",②尤其是第三法印"涅

---

① 有人认为说一切有部以自性为构成诸法的单一本质、实体。参见陈兵:《佛法真实论》,第120—122页。另参见 Dan Smyer Yu, "The Sentient Reflexivity of Buddha Nature:Metaphorizing Tathagatagarbha",《世界宗教文化》2012年第6期,第13—14页。关于说一切有部的自性是否是实体,还是非实体的如是、真如、空性,留待另文详细分析,本书主要分析南传与北传佛学相通、共同的部分。

② 印顺法师以"诸行无常""诸法无我""涅槃寂静"这"三法印"为根基判断南传、北传佛教,认为:"从凡夫立足处的无常出发,通过空无我的实践,踏入无生寂灭的圣境,这缘起三法印,是佛法一贯的坦道。佛法不能离三法印,佛教的演变,不外适应众生的机感,给以某一法印的特深解释罢了!不同的深刻发挥,不免有侧重某一法印的倾向,这使佛教分流出三个不同体系。这三个体系,虽然彻始彻终都存在,但特别在印度三期佛教中成为次第代起的三期思潮的主流。就是说这三个体系,适应思想发展的程序,从三藏教——小乘的无常中心时代,演进到共大乘教——大乘的性空时代,再演进到不共大乘——一乘的真常中心时代。"参见印顺:《法海探珍》,《华雨集》第4册,台北正闻出版社1993年版,第77—78页。但杨维中不赞同印顺的三个体系的说法,而认为,真谛在《〈解节经〉疏》中说:佛成道后七年中于鹿野苑讲说四谛之理,称为"转法轮"——这是南传佛教的核心思想。七年后在舍卫国说《般若》等,以"空"照"有",此时具有"转""照"二轮——这是北传佛教中观见的核心思想。三十年后入涅槃前,在毗舍离国为"真常菩萨"说《解节经》等,"空""有"双照,此时具有"转""照""持"三轮——这是北传佛教《涅槃经》的核心思想。参见杨维中:《大乘"三系判教"与如来藏系经典的地位新论》,《华东师范大学学报(哲学社会科学版)》2016年第2期,第79页。二人观点对立,也体现了佛学界的主要对立观点。但笔者认为他们却又有共同点,即都不否认佛学的核心是三法印,直接关联着"佛性"(本性)这一核心词汇。故南传、北传佛教对"本性"一词的认识或有不同,深浅也或有不同,但其基本意涵应是一贯通达的。但也不否认北传佛教中一些历史上的高僧的解读(以及宋明理学)存在着相似佛法。

槃"。^① 因此，南传、北传的佛教经典是有共通性义素的，那就是，对"buddha-dhātu"（本性、佛性）一词的理解，皆以"绝对存在与相对存在的辩证统一"为要义。

因而，北传佛经不是与南传对立的，而是一以贯之的，所以可弥补南传佛经少而言说"本性"之文献不足的缺点。

那么，通过《弥兰王问经》等佛经切入，以其之"道""本性"精神与西方理性精神的对话、碰撞、沟通，佐证"道"与古罗马西塞罗的《论法律》（西方自然法概念的渊源）进行义理沟通是可能的。关键是，南传佛教《弥兰王问经》的对话方式更接近苏格拉底式的追问，因此以该经切入，可将其中的"道""本性"与《论法律》中的"本性"比较，以之沟通"法之道"与"natural law"，也不失为一条妙径。

第一节　佛教向西与古希腊、罗马文化交流的古史影迹

在此义理沟通之前，有必要先回顾一下相关历史和背景。义理沟通本身可以通过符号学完成，而不需要通过历史证据，不过，了解一下相关历史和背景，或许可以协助现代学人更好地理解义理沟通。

释迦牟尼大约于公元前 530 年悟道，其后传法 49 年，在印度

---

① 由 sat（是）的辞源呈现出，印度哲学中有"sat"的学问，希腊哲学也是"eimi"的学问，词源相同，即希腊哲学和印度哲学皆是"是"的哲学。参见林晓辉：《佛教哲学中的"是"》，《五台山研究》2007 年第 1 期。但是，释迦牟尼造词时不得不用现成的词根，但造词后，其内涵又不完全同于词根原义，因此后人不能局限于此印欧语系中"是"（本体）的哲学的原义，而应从佛学意义上来理解本体。例如南传的"本性"，大乘的如来藏"tathagata-garbha"，皆表示佛学视域中万物的本体。但"本体"这个词也是勉强使用，是为了表达不陷入现象但没有实体的本体，即流变万物皆有的终极因、无实体的、"不一不异"的本性——但无论名之为如来藏，还是真如，甚或本体、本性，都必须将般若观慧贯彻始终，才能认可如来藏说，才不会与梵我（或神我、造物主，或任何实体）论混淆。

或周边地区已有广泛影响力,于公元前486年圆寂。而佛教的重要传播途径之一通过两类国王,一类国王是发动战争而因缘巧合地带来文化间的交流,另一类国王是利用财政强力和平地传播弘法。前者以亚历山大大帝为代表,后者以弥兰陀王、阿育王、迦腻色迦王等为代表。由于弥兰陀王是在印度统治了西北印度二十余年的希腊人,《弥兰王问经》是他与那先比丘的对话,即《弥兰王问经》是希腊思维与印度思维碰撞的结晶,故本章将以《弥兰王问经》为中心切入研究此文明沟通。

为了窥探佛法传播与文化交流的进程,有必要总结一下本章中几个关键人物的生卒时间:

释迦牟尼的生卒年是公元前565年—前486年(公元前530年左右悟道)。

赫拉克利特的生卒年是公元前535年—前475年。

苏格拉底的生卒年是公元前469年—前399年。

安提斯泰尼的生卒年是公元前445年—前365年。

第欧根尼的生卒年约是公元前412年—前324年。

亚历山大大帝的生卒年是公元前356年—前323年,其东征(包括征服印度)的时间段是公元前334年—前323年。

芝诺的生卒年是公元前336年—前264年(如按90岁的说法,逝于前246年)。

阿育王在位是公元前273—前232年(生卒年不详)。

弥兰陀王在位是公元前160年—前140年(生卒年不详)。

西塞罗的生卒年是公元前106年—前43年。

此生卒年排列表,应结合印度的历史来管窥其文化交流之奥妙:古印度居民的流动特点可以用一个词"川流不息"来概括。印度在历史上曾是世界人种和文化的大熔炉,在历史上与波斯、埃及、罗马、中国、俄罗斯等地区在久远之前就有频繁的贸易往来。丝绸之路往来的证据,如云冈石窟中尚有希腊风格的犍陀罗艺术,

又如史料记载在公元前 55 年左右有中亚的希腊人向中国朝贡、被
汉王朝册封过，等等。① 印度曾经有本土的达罗毗荼人，还有北方
南下攻打到当地的高加索游牧民族，如雅利安人（高加索人种中的
一种，中国史书称"塞种"，极可能是后来统治印度的、种姓制的发
明者，即婆罗门和刹帝利贵族等级）和古希腊人、大月氏人、白匈奴
人等许多种民族，黄种、黑种、白种人皆有，方言也有 200 种以
上。② 其显著特点是古印度区域常常有外来民族攻打进来，外来
居上，成为统治者，当地土著则被奴役。梵文就源于雅利安人的语
言，而古希腊人中的一种也是西亚雅利安人。而在释迦牟尼的生
存年代恰恰是印度的"列国时代"（前 600—前 400），也就是各个民

---

① 胡骏通过研究各种史料和考证资料发现，大约在公元前 55 年或更早（汉元帝到
汉成帝年间），阴末赴夺取塔克西拉后，被汉王朝册封为罽宾王，如《汉书·西域传》中记
载。经多方比较考证后认为，阴末赴即便不是赫尔马攸斯（由于史载是"容屈王子"，而
"容屈"是与希腊城镇同音相关的词），也应该是出身古希腊的王族。另外，希腊神话中的
英雄赫拉克勒斯被佛教吸收，变成了护法金刚，在隋唐时期中国北方的一些墓葬中就出土
了类似赫拉克勒斯形象的武士陶俑。参见胡骏：《古希腊世界与早期中国的法律文化交
流——以丝绸之路上的中亚希腊化王国为中心的考察》，未刊稿，2017 年 9 月 9—10 日。
② 根据希罗多德记载，公元前 7 世纪的希腊人阿里斯铁为了寻找"希坡博里安人"
旅行到了遥远寒冷、高峻不可逾越的山区，访问了希腊殖民地的希腊人和塞人。据现代
研究，估计他是到了阿尔泰山的西部。希罗多德还提到最东面的民族是伊塞顿人
（Issedon），可能活动于乌拉尔、里海以东，锡尔河之北，或到达伊犁河上游，或敦煌以西
的塔里木和罗布泊地区。伊塞顿人之所指，主要有月氏说、乌孙说、塞人说。参见［古希
腊］希罗多德：《历史》，王以铸译，商务印书馆 1962 年版，第 441 页。乌鲁木齐市南、巴
音郭楞蒙古自治州和其他北方的先秦墓葬中，发现了公元前 642 年左右的中原丝织品、
漆器、铜镜等，说明丝绸之路的开辟可追溯到春秋以前。参见白建钢等：《中西文化交
流史迹考古新材料证实，丝绸之路的开辟可追溯到春秋以前》，《光明日报》1987 年 2 月
8 日。"希坡博里安人"为素食民族，相对于游牧民族，黄河流域以灌溉农业为主的中国
人估计就是"希坡博里安人"。无论哪种说法，都说明公元前 7 至前 5 世纪，希腊人对中
国西北地区的游牧民族已有所知晓。引自胡骏：《古希腊世界与早期中国的法律文化
交流——以丝绸之路上的中亚希腊化王国为中心的考察》，未刊稿，2017 年 9 月 9—10
日。但胡骏认为丝绸之路是"有一条贯通东西方的交通线"，这点笔者认为有待商榷，笔
者主张丝绸之路包括相关区域的各个交通线。

族间不断争战、迁徙的时代。印度河流域于公元前518年被波斯帝国占领,亚历山大大帝东征(前334—前323)中灭波斯帝国后占领印度,其后旃陀罗笈多(建摩揭陀国孔雀王朝国)于公元前305年打败占据北印度的希腊王塞留哥·尼克陀而在印度占据大地盘,公元前302年二者达成合约。有的史书把旃陀罗笈多至阿育王的这段历史叫作孔雀帝国时代,但其实这段时间也是各民族间不断争战、迁徙的时代(在希腊人的史书中是希腊人战胜孔雀王朝居多,在印度的史书中是孔雀王朝战胜希腊人居多)。从释迦牟尼成道日即约公元前530年,到亚历山大大帝征服印度后的逝世年即公元前323年,约两百多年间,希腊人、波斯人和已成为土著的雅利安人等各民族(尤其是游牧民族)的战马在印度及周边各地区奔跑不休,另外,在阿拉伯人及其伊斯兰教统治印度之前的数几百年乃至上千年间,各国的对外贸易(即东西方贸易)特别活跃,各个民族的规模不小的商队在各个交通线上(中国称之为丝绸之路)往来不息。①

在此乱世和各国贸易交流发达的背景下,释迦牟尼创设的佛教经过弟子们和一些国王的帮助,逐渐向东、向西两个方向广泛传播,并传播到了西方的古罗马、希腊和东方的中国等地。到西塞罗出生(前106)之前,古印度许多地区曾多次在希腊人的统治下,印度与罗马之间的经济和文化已有非常长期而密切的交流和彼此影响了。

说到罗马人、希腊人以战争之因缘促使的东西方文化交流,当首提年轻的亚历山大大帝,他是亚里士多德的学生,有较深的哲学素养。他于公元前334年(这时距离释迦牟尼传道弘法已约200余年)率领马其顿军队攻入东方邻国埃及、波斯、大夏、印度各地区,直到公元前323年患病死在东征返还途中的巴比伦,年仅33

---

① 《杂阿含经》中记载了居萨罗国有500辆商人货车遇500群贼而免于劫掠的故事。此类许多商人结伴而行的故事也见于其他文献和资料。

岁。他促进了东西方文化的交流与融合。他死之后，帝国分裂为很多希腊化的国家和城邦（进入希腊化时代），他们在东方诸国的统治面积时大时小，断断续续，持续数百年——包括与雅利安人、大月氏人等民族竞争领土的征战岁月，使文化传播和交流有了可能。印度由于受到过希腊人的统治，彼时的经济贸易往来也非常繁荣，由此客观地促进了东西方文明的交流。

这里要注意的是，亚历山大大帝本人是亚里士多德的学生，且爱好哲学，或许他东征的理想之一就是将希腊的理性哲学向东方传播。他东征时带去了许多著名的哲学家如怀疑论者皮浪和阿拉克萨尔斯，[①]他离开印度时又带走了婆罗门智者卡拉努斯；[②]通过

---

① 皮浪去印度之后，从基姆索菲斯那里学习到哲学；基姆索菲斯是希腊人对印度沙门和婆罗门的称呼（缘于他们都是修行人）。当阿拉克萨尔斯落入水池，皮浪视而不见地从旁边走过。学者巴纳德认为，他这种无关心无执着是部派佛教阿罗汉的理想。但池田大作反对此说，认为皮浪是受到印度怀疑派散惹夷派影响，因为这种无关心无执着的行为缘于散惹夷怀疑论者认为人的感觉是不可靠、矛盾的，人不能认识事物的真相，从而取消对事物是非善恶的判断，故面对一切都平静。参见池田大作：《佛法·西与东》，王健译，四川人民出版社1996年版，第98—100页。但佛教（无论南传北传）认为人可以认识真相，这真相就是"无执之现象"与"无实体之本体"统一的中道，本书释为"相对存在（现象）与绝对存在（真如本体）的不二"。

② 普鲁塔克等希腊史学家记载，亚历山大曾在古印度四处寻找婆罗门，例如他让第欧根尼门派的欧尼西克里都斯（又译为欧尼西克里多斯，Onesikritos）去邀请过婆罗门圣者卡拉努斯（Calanus，又译为卡拉诺斯，又名Sphines），后者要求来者裸体才能交谈；欧尼西克里都斯又去见丹达米斯（又译为丹达密斯，Dandamis），后者拒绝见他，还骂"他毫无益处地、漂洋过海地四处游荡着"，"即使亚历山大砍下我的头，他也无法摧毁我的灵魂"。后来亚历山大见了一些婆罗门苦行僧，例如擒拿十名参与萨巴斯（Sabbas）起义的印度哲学家，在他们回答他奇怪的哲学问题后，送给他们礼物，释放他们回去；最后他终于见到了卡拉努斯，卡拉努斯随他到了波斯，在一个特定的日子，当着整个马其顿军队的面，卡拉努斯说"不久就可以在巴比伦与国王（亚历山大）相合"，然后毫无恐惧地"躺在火葬堆上，把脸蒙起来，等到火焰烧过来的时候，保持原来的姿势动也不动……拿自当祭品奉献神"。参见《普鲁塔克全集》第2册，席代岳译，吉林出版集团2017年版，第1258—1259、1261—1262页；另参见[印]尤迦南达：《一个瑜伽行者的自传》，王嘉达译，甘肃人民美术出版社2012年版，第333—335页。

军队开道,学者跟上,挖掘资料,展开研究,极大地促进了古罗马、希腊的哲学传播,及其与印度思想的碰撞。

　　当时以亚历山大港为中心的希腊犬儒学派非常流行,他们重视智慧,蔑视物质财富和人生享乐,与沙门思潮,特别是佛教的人生伦理观,有许多相似之处。① 犬儒学派著名人物第欧根尼觉得战争是反自然(本性)的;亚历山大大帝在东征前拜访过第欧根尼,第欧根尼劝说亚历山大大帝放弃东征,然而亚历山大拒绝了,理由是:我的命运已经注定。不过第欧根尼对亚历山大的影响依然巨大,亚历山大大帝曾羡慕地说:"假如我不是亚历山大,我愿意成为第欧根尼。"②奇特的是,亚历山大去世同一年,第欧根尼自动窒息而亡。③ 亚历山大的仰慕心态或导致其在东方的征战途中,会更加关注与犬儒学派行为相似的佛教。

　　亚历山大东征时还带了许多著名的哲学家,如 90 岁左右的怀疑主义者皮浪(? —前 275)等跟随大军东征,这极有可能对哲学起了不小的传播作用。后来不断来往印度的希腊商队,希腊哲学家们和爱好哲学的来往游人,使希腊哲学的种子在印度数百年长久地播种,与古老的印度各宗派思想得到了交流。他们也可能将佛教带回罗马、希腊,促进了罗马新的哲学思想的诞生。在古希腊哲学和佛教哲学中有一些相近思想,恩格斯就把佛教徒同希腊人并提,认为只有他们才开辟了"辩证思维"一途;像变化无常(如赫拉克利特的流变)、因果轮回(如柏拉图《理想国》第十卷述说的轮回说)、"四大"结构(恩培多克勒有"水、火、土、气"构成宇宙的四根说,佛教中有"水、火、地、风"四元素说)等主张,也在这两种文化

---

① 参见杜继文主编:《佛教史》,江苏人民出版社 2008 年版,第 518 页。

② 参见[古希腊]第欧根尼·拉尔修:《名哲言行录》,马永翔等译,吉林人民出版社 2003 年版,第 346—347 页。

③ 参见[古希腊]第欧根尼·拉尔修:《名哲言行录》,第 347—365 页;另参见张森奉:《别挡住我的太阳——"犬儒"之变》,《宁夏日报》2012 年 10 月 17 日第 7 版。

系统中似乎平行流通；很难说二者有直接关系，或谁先影响了谁，但佛教思想很早就为希腊人所知，且有少数人皈依，当无疑问。①尤其是犬儒学派的知行合一、超越人生享乐，与佛教的伦理观和哲学思想，的确有许多相通之处。鉴于需要结合佛教与犬儒学派的具体理论才能深入分析，此处暂不详述相关史缘，留待下文展开。

亚历山大大帝攻打印度的过程中，印度出了个英雄少年，即中印度摩揭陀国孔雀王朝开国国王旃陀罗笈多（另译名：旃陀窟多，雅利安人，出生于刹帝利，另一说是首陀罗）。旃陀罗笈多自立为王，先是起义打败摩揭陀国国王，推翻难陀王朝，后来于公元前305年打败占据北印度（大夏）的希腊王统治者塞留哥·尼克陀（亚历山大大帝的军事贵族，又被翻译为塞琉古一世，希腊人写的历史书说此年是希腊人打胜仗），于公元前302年与后者签下合约（这一点印度人和希腊人的史书一致）；第二年，塞留哥·尼克陀将女儿嫁给旃陀罗笈多，目的是希望建立长期的、和平的姻亲政治。②

旃陀罗笈多是阿育王的祖父，则希腊女子是阿育王的祖母，但是否是亲生祖母，目前却没有证据。旃陀罗笈多的孙子、孔雀王朝第三任国王阿育王（前273—前232在位）武功高强，在宫廷斗争、战乱和领土争夺中常常胜出，统一了印度全境，使孔雀王朝成为印度史上空前强大的王朝。但大约在公元前261年，他亲身经历战场屠杀，开始反思和厌恶战争，最后皈依佛教，停止武力征伐，和平弘扬佛法，将佛教定为国教，依佛教制定法律，被称为"无忧王"。在阿育王的支持下，在华氏城举行了佛教史上规模最大的第三次结集，编纂整理经、律、论三藏经典。并且，阿育王利用大量财力、物力、人力支持僧侣、公主、王子等四处弘法，弘扬佛法的足迹远达

① 参见杜继文主编：《佛教史》，第518页。
② 《南传弥兰王问经》，巴宙译，中国社会科学出版社1997年版，第8—9页。

师子国(今斯里兰卡)、缅甸、泰国、叙利亚、埃及、希腊和中国等地。他在位时提供财政支持传播佛法大约有 30 余年。① 一些学者据阿育王石柱铭文 13 号记载认为,阿育王派遣向印度境外传播"正法"的一些使臣曾到过小亚细亚以西,所传"正法",即是佛法。同一时期,希腊使臣李迦斯特尼斯到达了摩揭陀华氏城,他的游记中也提到了婆罗门教和佛教沙门。②

其后,大月氏人打败希腊人塞留哥·尼克陀,希腊人转向南印度,首都在迦湿弥罗,这在《汉书·西域传》中有记载:"月氏西君大夏,而塞王南君罽宾(即迦湿弥罗)。"③其后迦湿弥罗又进一步被大月氏人占领。④ 希腊人、大月氏人、雅利安人等,你来我往地争夺印度地盘数百年。

其后,希腊人弥兰陀王皈依佛法,也促进了佛法的向西传播。

亚历山大大帝去世后,其军事贵族中的希腊人在古印度西北部长期建有国家。到了公元前 2 世纪后半期,希腊籍的弥兰陀王(梵文 Milinda,有时被翻译为弥兰王、弥兰陀、难陀,等等)便以舍竭(Sagala,又翻译为沙竭、西亚儿科特)城为首府,建立了希腊人在西北印度的王国;弥兰陀王统治的鼎盛时期,其疆域及于西北印度五河一带,包括迦湿弥罗和阿富汗的喀布尔,使印度深受希腊文化的影响。这个深受印度人喜爱、被印度人称为"全印度最伟大的君主"的希腊人弥兰陀王,他大约在公元前 180 年之前出生,史料记载他的政治活动约在公元前 160 年—140 年。有人说他死于军营,但《弥兰王问经》中说他"将政权交与儿子,离家而出家,既增进

---

① 摩揭陀王国:http://baike.baidu.com/view/943235.htm,2022 年 6 月 28 日访问。

② 参见杜继文主编:《佛教史》,第 518 页。

③ (汉)班固著,(唐)颜师古注:《汉书》卷九六上,中华书局 1962 年版,第 3884 页。

④ 《汉书》译称塞留哥·尼克陀为"塞王",因而此书中所称"塞种"也可能是指希腊人,但也可能是指印度的雅利安人。另参见杜继文主编:《佛教史》,第 518—520 页。

正观,他证取阿罗汉果".① 如果此说法正确,则他约在公元前130年出家,逝世年不详(也可能在前130年左右)。而弥兰陀王由于是希腊人在印度统治的第30个君主,所以他曾受希腊哲学和思辨逻辑学影响,并且他是一位年轻、博学、善辩、聪明、仁慈的国王,具备法律、哲学、瑜伽、算术、医药、历史、诗歌等种种世间的学问,而且擅长战术、天文、巫术和符咒之术。同时,他还以无可匹敌的英勇和谋略而著称于世。关于弥兰陀王的出生地,与他对话的比丘龙军(又翻译为那先)问他:"王本生何国?"王言:"我本生大秦国,国名阿荔散(亚历山大)。"龙军问王:"阿荔散去是间几里?"王言:"去二千由旬,合八万里。"②……龙军问:"大王,从此去迦湿弥罗有多远?"王言:"尊者,十二由旬。"③

大秦国是指罗马帝国,阿荔散即是亚历山大城,那么,八万里有多长? 赤道是地球上最大的圆,周长约四万公里,即八万里。这可以推论出弥兰陀王的出生地在离他做国王的舍竭城是很远的地方,应该不是离舍竭城比较近的、亚历山大大帝东征时在中亚或高加索一带的亚历山大城;另外,迦湿弥罗即今日之克什米尔地区,它离弥兰陀王都城(舍竭城)只有十二由旬,这再次证明离舍竭城比较近的、亚历山大大帝东征时在中亚或高加索一带命名的亚历山大城,不是"二千由旬外的亚历山大城",即弥兰陀王所出生的遥远的亚历山大城,估计是法国汉学家伯希和认为的埃及的亚历山大城。④这说明弥兰陀王的家族作为亚历山大大帝部队的军事贵族,与故

① 《南传弥兰王问经》,"导论",第11页。
② 《那先比丘经》卷下,《大正藏》第32册,第702页。
③ 《南传弥兰王问经》,第88页。
④ 许潇认为弥兰陀王的出生地可能是法国汉学家伯希和认为的埃及的亚历山大城,也可能是离舍竭城比较近的、亚历山大大帝东征时在中亚或高加索一带的亚历山大城,没有明确答案。参见许潇:《巴克特里亚与希腊化的佛教——以〈那先比丘经〉为中心》,《中南大学学报(社会科学版)》2014年第6期。

乡即罗马地区或地中海地区还保持有长期的往来联系,故希腊罗马的文化在亚历山大大帝之后的几百年间一直往来流传在古印度区域,尤其是希腊人中间。由于弥兰陀王作为亚历山大大帝属下之军事贵族的后裔,且由于亚历山大大帝本人是亚里士多德的学生,这使得弥兰陀王理所当然也长期深受古希腊思辨之风的影响。

由此,弥兰陀王擅长希腊式雄辩,喜欢与人论议,印度的各种宗教中许多大师都辩不过他,而甘拜下风,或退避三舍。[①] 但他最后遇到了来自克什米尔的高僧龙军比丘,在与龙军比丘反复刁难、雄辩之后,他终于信服了龙军比丘所修学的佛法,归依了佛教。关于他的信教过程以及他与龙军的对话,见于《弥兰王问经》。关于二人的辩论过程,有学者如蒲长春认为,龙军比丘与弥兰陀王的经验论证、逻辑演绎论证被展现得淋漓尽致,并且二人谈到了"泥洹"(涅槃),谈到了人燃烧后不复存在、何者是永恒存在的问题。[②] 笔者却认为,龙军比丘的论证不能用经验论证来概括,而应该用佛教的直觉、直观论证以及比喻论证,甚或也包括在印度已经流传两三百年的希腊式逻辑论证、"精神助产术式的追问"[③],来总括龙军的论证方式。无论如何,《弥兰王问经》可能是第一部涉及佛教义理与古希腊的思辨哲学碰撞的经典。

关于《弥兰王问经》的时间问题,一般学者认为弥兰陀王的政治生涯大约在公元前 160—前 140 年左右,因而《弥兰王问经》问世于这一期间。但巴利文学者戴维斯夫人(Rhys Davids)认为《弥

---

① 关于弥兰陀王的简介,参见《南传弥兰王问经》,第 8—12 页。

② 蒲长春:《论佛教与希腊文化的相遇》,《重庆师范大学学报(哲学社会科学版)》2007 年第 5 期。

③ "精神助产术式的追问"一词来源于许潇《巴克特里亚与希腊化的佛教》。那先或许为了方便与希腊人弥兰陀王对话而在形式上运用了希腊的论证技巧,但笔者不同意许氏所持那先的思想"与佛教相去甚远而与古希腊自然主义哲学十分相似"的观点,详见下一节分析。

兰王问经》问世的时间要晚一个世纪,即在公元前 1 世纪,那先与弥兰陀的对话最初由宫廷记录员记录而成,当时可能记录了 20 条左右并刻在铜碟上,当时所用的语言是波罗克里特;约在公元前 90—前 40 年,从波罗克里特翻译为梵文。[1] 古代锡兰的佛教先师们又将其翻译为巴利语,在《弥兰王问经》被翻译为梵文、巴利语的过程中,逐渐增加了字数;几百年后又翻译为僧伽罗语,后翻译为英、法、德等语言。

弥兰陀王信仰佛法后,在钱币上刻有与佛法相关的文字、图案。考古发现,在弥兰陀王铸造的大量金、银、铜钱币面上,居然刻有"法"字(佛法之法)即 Dikaio 或 Dharmika(公正者),并刻有佛教中的宝轮。有学者认为 Dikaio 或 Dharmika 是弥兰陀王信奉佛教的象征。不仅如此,他还依凭国家财力弘扬佛法约 20 年。[2] 弥兰陀王通过钱币等手段向国外弘扬佛法,使得佛教进一步扩大了传播范围。由于他的四处传法,使得许多希腊人也信仰了佛教,这使得希腊人弥兰陀王成为印度历史上与雅利安人阿育王、大月氏人迦腻色迦王齐名的传播佛教的大功臣。看来,无论曾经是哪个民族的人,只要信仰佛法,最后都会超越民族界限,"平等"地成为同类。

---

① 研究《弥兰王问经》,需要参考希腊史学家普鲁塔克对弥兰陀生卒年间的考证,还有斯密斯(V. A. Smith)等人的研究,后者认为弥兰陀王的政治生涯大约在公元前160—前 140 年左右,而《弥兰王问经》是他在位期间的对话,通过宫廷记录员记录而成。另可关注简尼(P. S. Jaini)用罗马字编写的注疏《弥兰王疏》。

② 另外,希腊—巴克特里亚王国的钱币是在亚历山大和塞琉古王国钱币的基础上发展而来的,钱币是希腊语与地方语言相对应的双语币;这种钱币被中亚各国所模仿,形成了希腊文化与远东文化相结合的希腊式钱币系列,例如在新疆塔里木盆地发现的汉佉二体币就是以印度—希腊为原型的圆形无孔钱币,这种二体币的一面为汉文表币值,另一面为佉卢文表王名,并刻有马的图案。有的汉佉二体币显然是二次打压而成,有几枚即是从赫尔马攸斯铜币的仿制面上再次压制,这种以希腊式钱币为原型的汉佉二体币反映了中国、印度、希腊三种文明的集合。参见胡骏:《古希腊世界与早期中国的法律文化交流——以丝绸之路上的中亚希腊化王国为中心的考察》,未刊稿,2017年 9 月 9—10 日。

综上所述,在研究"自然法"集大成者西塞罗出生(前 106)之前的几百年,尤其是希腊化时期,印度早已多次在希腊人的统治之下,并且,信仰佛法的希腊人弥兰陀王也曾与阿育王等人一样,和平地向西方传播佛法。因而可推论,佛教最迟在希腊化时期,就与古希腊罗马思想曾有过碰撞,并曾经在广阔的古罗马地区(含占领地区)传播过。不过,佛教与古希腊思辨哲学发生过碰撞的最明显证据,就体现在《弥兰王问经》中。本节所述的古史影迹或许可作为历史场景辅助理解下文的义理分析,但即便没有对古史影迹的回顾,依然可以通过符号学对佛性论(以《弥兰王问经》引入)与西塞罗之自然法的义理本身进行比较。

第二节　"道"与古希腊本体论的沟通
——以弥兰陀王与那先比丘的对话引入

一、关于《弥兰王问经》版本的说明

《弥兰王问经》,一般认为产生于公元前 1 世纪左右的西北印度,最早所用语种不详,学术界对此有梵语、混合梵语等不同说法。后形成北、南两种流传本,北传本名《那先比丘经》,南传本名《弥兰王问经》。巴宙翻译的《弥兰王问经》多用现代中文翻译,而《那先比丘经》却是东晋时人译,体现了古代汉语少而精雅的写作风格。相对而言,读者更容易读懂现代人翻译的《弥兰王问经》,所以本书以南传《弥兰王问经》为基础版本,并参照北传《那先比丘经》的东汉译本和明代本。① 北传本《那先比丘经》的内容相当于南传《弥兰王问经》的序言及弥兰陀问七品,但如前所述,那先与弥兰陀的

---

① 参见费小兵:《〈弥兰陀王问经〉之精彩对话片段——佛学思维与希腊思维的碰撞》,学愚主编:《汉传佛教义理研究》,宗教文化出版社 2017 年版,第 328—330 页。

对话最初由宫廷记录员记录，可能只有二十条左右，后来在翻译过程中被佛教先师们增加字数（或许增加了难问和下卷的比量之问、头陀行、比喻问），因而极有可能更短小的北传本《那先比丘经》的来源是没有增加字数的原始对话记录。因此，本书研究的重点是《弥兰王问经》的序言及弥兰陀问前七品（前三部分），不过，只要与佛经的四个标准（诸法无我、诸行无常、诸受是苦、涅槃寂静）不相违背，《弥兰王问经》前七品之后的部分也是公认的佛教经典。本书重视的是佛教义理而非历史真伪，所以，即便《弥兰王问经》前七品之后的部分不是那先与弥兰陀王的真实对话，其义理也是本书研究的对象。

二、《弥兰王问经》之对话片段结论：希腊精神与佛教思维的沟通久远

（一）于此人不可得：流变的主体与终极无主体

在《弥兰王问经》中的第一品，弥兰王（有时译作弥兰陀）初次见到龙军，互相问候之后，就立马刁难龙军：

"尊者如何被人知？尊者何名？"

龙军回答：

"我以龙军被人知。……那只是一个名称、称呼、名字、泛指而已。此龙军名，于此人不可得。"[1]

弥兰王分明是去拜见龙军，并且有人带路指认龙军，且已经互

---

[1] 《南传弥兰王问经》，第25页。

相问候之后，居然发问"尊者何名"，说明他是明知故问，实际上是在考验对方、试探对方或质询对方。这里，只要心细就能发现，弥兰王发挥了他过去刁难其他大师的发问手法，只要对方稍有不慎，就会掉入他的希腊式逻辑诡辩怪圈中而败下阵来。①《弥兰王问经》后面的部分也多是很有深度的提问或左右两难式追问，如果答者没有大智慧、大辩才，是不可能回答得了这么多奇怪的、刁难的"十万个为什么"的。

在这里，笔者发现与其他佛经不一样之处，其他大部分佛经都是信徒虔诚地问上一段话，然后是释迦牟尼作为长者温和地长篇说理，没有对峙。佛经之中，不由释迦牟尼亲自说法的佛经似乎只有《维摩诘经》《胜鬘经》《六祖坛经》和这里的《弥兰王问经》等。这几部经都没有某一个问者长篇地、不断地、三天三夜地、刁难地不断对峙提问，而唯独《弥兰王问经》是弥兰陀一个人带有挑战性的不断刁难、诘问，这样的刁难、诘问风格让人想起古希腊的智者之雄辩，或苏格拉底与对手的反复辩论。因而，在《弥兰王问经》中，笔者看到的是希腊雅典式的雄辩的对话风格，并且基本上主要是弥兰陀王和龙军两个人在对话。②

不过，在《弥兰王问经》第七品末（即《那先比丘经》结束部分），弥兰陀王向龙军如此说："尊者不要如此思维：我因质问龙军，遂快乐而彻夜不眠。尊者不应这样看待。尊者，我一整夜如此思维：'我问者为何？尊者答者为何？一切我所问为正问，一切尊者所答

① 在遇到龙军之前，弥兰陀王刁难了很多高僧，他们都不能回答他的问题。例如弥兰陀王问高僧富兰那迦叶："尊者迦叶，谁是世界的支持者？"迦叶答："大王，地是世界的支持者。"弥兰陀王问："尊者，若地是世界的支持者，为何去无间地狱的有情（众生）越地而去？"说此语已，迦叶既不能吞下，也不能吐出（此难题），他双肩下垂，沉默，沮丧而坐。参见《南传弥兰王问经》，第5页。

② 参见费小兵：《〈弥兰陀王问经〉之精彩对话片段》，学愚主编：《汉传佛教义理研究》，第331页。

为正答。'"①这说明弥兰陀王虽然习惯性地用希腊的智者式雄辩思维在不断追问，但其目的不是为了像智者般获得辩论胜利的快乐，而是通过正问意欲获得正答，其缘由是真有疑问，其目的是探寻生命的本质、真谛。所以，笔者认为不应该把弥兰陀王等同于希腊的智者。

开篇弥兰陀就问"尊者何名"，龙军一上阵来也不甘示弱，意味深长地答曰"此龙军名，于此人不可得"，意即我的名字不过是为了称呼、交流的方便，给"我"一个小名罢了，但事实上有龙军这个人吗？答曰"于此人不可得"，其意为没有"此人"。"此人"原文是 Puggala，英语译为 person，又可翻译为"个人""个体"。那么这里也可翻译为"无个体"——这直接涉及了佛教最核心的命题"诸法无我"，即在佛教的终极义、胜义谛中，是没有固定不变的个体、实体的。因此，龙军其实是暗示弥兰陀："你懂得无个体、无我的深意吗？"

龙军言说后，弥兰陀王似乎尚未明白龙军这个暗示里的命题，于是反问：

> "若人不可得，则谁给你们衣服、饮食、房舍、医药等所需资具？又谁享受、谁护戒、谁习定？谁证道、果、涅槃？谁杀生？……尊者龙军，若有人杀你，于他不是杀生。……尊者，头发是龙军？"
>
> （龙军答：）"大王，否。"
>
> "尊者，身毛是龙军？"
>
> "大王，否。"
>
> "尊者，指甲……齿，皮，肉，筋……是龙军？"
>
> "大王，否。"

---

① 《南传弥兰王问经》，第95页。

……

　　"尊者,我数次发问,但我不见龙军。尊者,龙军只是声音,于此谁是龙军? 尊者,你说谎,你说妄语,实无龙军。"①

　　这里可见,弥兰陀王尚未信服龙军,因此提出,假如没有实体意义上的"个人""个体","谁"在吃饭、穿衣,"谁"在杀生,"谁"在被杀? 并且,假若有人杀了你龙军,而你龙军说没有实体意义上的"个人""个体",那么,杀你龙军的他不是在杀一个人,而是在杀"指甲……齿,皮,肉,筋……",因而不算是杀一个人——弥兰陀是想由此悖论来反驳龙军。

　　接下来,弥兰陀王甚至有点讽刺地问了很多个身体的器官(头发、身毛、齿、皮、肉、筋等等)是不是龙军,龙军皆顺着他回答"不是",然后弥兰陀王就以为自己问倒对方了:"我数次发问,但我不见龙军……龙军只是声音,于此谁是龙军? ……实无龙军。"也就是说,既然没有一个你龙军,又没有你的某个器官是龙军,所以龙军只是声音,由此推论出"没有龙军"。但却又看到有个龙军,因而弥兰陀王以为,龙军犯了自相矛盾的逻辑错误,应该承认甘拜下风。

　　但没想到龙军没有直接回答提问者,而是采用迂回战术,运用希腊人熟悉的打破砂锅问到底的论证技巧,亦即类同于苏格拉底式的"精神助产术式的追问方式",不断地反问弥兰陀王:

　　"大王,你是步行来还是乘车来?"
　　(弥兰陀王答:)"我非步行来,我乘车来。"
　　……
　　"大王,辕、轴、轮、车身……车轭……是车否?"

---

① 《南传弥兰王问经》,第25—26页。

"尊者，否。"

……

"大王，我数次发问，但我均不见车。大王，车只是声音，于此什么是车？大王，你说谎，你说妄语，实无车。"

……

弥兰陀王向尊者龙军说道："尊者龙军，我无妄语。因基于车辕，基于车轴、车轮、车身……车轭……等遂成车名、称呼、名字、名号、泛指。"[1]

由此，弥兰陀王反而进入了龙军"以其人之道还治其人之身"的反问圈套，最后说道"因基于车辕，基于车轴、车轮、车身……车轭……等遂成车名、称呼、名字、名号、泛指"，即因为有各种零件组成了车，才有"车"的名字、称呼等，这其实是龙军借追问弥兰陀而得到的答案：没有一个固定的实体，任何事物都是各种因缘（因素）合成，因素的改变导致事物的改变，事物是发展、流变的，从而没有一个固定不变的实体（包括"我"）。

至此，龙军才回答弥兰陀最初的提问："以我来说，基于头发，基于身发……脑、色、受、想、行、识等遂成为龙军的名称、称呼、名字、名号、泛指亦复如是。但依真谛，于此人不可得。"[2]即在现象界，我的各种器官和我的各种意识构成了龙军这个整体的名称，在世俗谛（例如法律、伦理）意义上有一个可以被指代的对象、个体，但由于个体（"我"）是不断在变的，并且也找不到个体（"我"）的具体哪个部分（例如脑或意识）能够代表"我"，所以，在超越世俗的佛学胜义谛意义上，是没有一个实体"我"的。

这样的回答，让弥兰陀王再也无法继续追问下去了，只得赞叹

① 《南传弥兰王问经》，第26—27页。
② 《南传弥兰王问经》，第27页。

龙军"善哉,善哉。解答所问甚是精采"。①

　　这一段问答其实涉及了一个希腊哲学概念"主体"与佛教中"主体"概念的区别。

　　在佛教中,可以说只有"流变的主体",并且"流变的主体"与"伦理的主体"之间在概念上是有区分的。在佛教的胜义谛上,因为找不到个体("我")的具体哪个东西(例如脑或意识)能够代表个体("我"),所以没有一个"实体"(本我),从而在终极上是否定主体的。但是,佛教也承认世俗谛,即现象界的相对存有,其中,每个由各种因素(因缘)合成的个体("我")又必须成为伦理上的主体(或法律上的主体),因此,佛教也承认主体的存有,也承认世俗法律惩罚作恶者(例如承认《摩奴法典》中各种惩罚的正当性)。但佛教却一定强调个体("我")不是固定不变的实体,而是随着各种因素(因缘)的变化而变化的"流变的主体"。例如,佛法也承认《摩奴法典》中对有悔过情节的罪犯给予免罪的规定。《摩奴法典》第230条:"犯罪后,如非常悔恨,即戒除该罪。当他说:'我不再犯了'时,这种不再犯罪的心愿可使他清净。"这里的法律体现了佛教的"流变的主体"精神。佛教徒阿育王对《摩奴法典》的认同说明,由于佛教认可"流变的主体",所以才会有给改过自新的罪犯以免罪的规定。②

　　综上所述,佛教是承认主体的,但却与希腊式的主体观不一样。③ 佛教的主体观是:承认在现象界(世俗谛)有"流变的主体",

----

　　① 《南传弥兰王问经》,第27—28页。

　　② 参见费小兵:《〈弥兰陀王问经〉之精彩对话片段》,学愚主编:《汉传佛教义理研究》,第333—334页。

　　③ 前文提到"精神助产术式的追问"一词,该词来源于许潇《巴克特里亚与希腊化的佛教》,但笔者不同意他关于那先的思想"与佛教相去甚远而与古希腊自然主义哲学十分相似"的观点,通过本节的论证可以得出结论是:那先(龙军)"于此人不可得"的实质理论内容依然是佛学中的"诸法无我",而非古希腊自然主义哲学。关于《弥兰王问经》中用"指甲……齿,皮,肉,筋……"等来解析,而没有用佛经尤其是唯识学中常用的五蕴来解析,也不过是基于言说对象是希腊人而行的方便,其目的都是在论证"诸法无我"。

这"流变的主体"可以作为伦理的主体或法律的主体；正由于对现象界的一切皆流变的认定，即认定主体是流变的、非实体的，所以才会给改过自新的罪犯以免罪的法律规定；但在胜义谛上，是"无我"的，即是否定现象界的实体意义上之主体的。

（二）真实与影子

接下来一节，弥兰陀王问龙军：

> "尊者龙军，你的戒腊几岁？"
> "大王，我（的戒腊）为七岁。"
> "尊者，此七者为何？ 你是七，或者计算是七？"

龙军见地上、水中都有弥兰陀王的影子，于是反问他：

> "大王，你是王或者影子是王？"
> "尊者龙军，我是王，此影子不是王。因有我，影子乃现。"
> "大王，年岁的计算是七，我不是七。因有我，七乃出现，如影子的譬喻。"①

这一节，弥兰陀继续纠缠有没有"一个我"的问题，他问："你是七，或者计算是七？"因为受戒七年，出家比丘一定因戒律而与过去有所改变，那么，变化的这七年是什么呢？ 是"你"的一部分吗？ 或者仅仅是一个计算的数字？ 弥兰陀王是想通过"七岁"（戒腊）是"此时（受戒七年）的龙军"的充分必要条件，推出反面解释"龙军"是"七岁"，而"七岁"是龙军的戒腊时间，这段时间形成了作为比丘的龙军，而非受戒前的世俗人的龙军，因而这"七岁"（戒腊）是龙军脱胎换骨的七年，对龙军而言，相当于这七年"再造"了一个龙军，

---

① 《南传弥兰王问经》，第28页。

因而意义非凡。由此,弥兰陀王才可将"七岁"等同于"龙军"。看来似乎是偷换概念,但他其实是要通过充分必要条件的逻辑质问:"你龙军是时间过程中的龙军吗? 这七年的龙军才是真正的龙军吗?"其实他问的依然是"谁是龙军"。

龙军怎么回答他呢? 龙军指着弥兰陀王的影子问他:"你是王或者影子是王?"弥兰陀王自然回答:"我是王,此影子不是王。"联系前文,龙军的提问肯定是为了回答前面的问题而设定的反问,也就是说他想以"影子"来比喻"戒龄七岁的龙军",因而他说出了答案:"年岁的计算是七,我不是七。因有我,七乃出现,如影子的譬喻。"即他说"我不是七岁戒腊的龙军",这七岁戒腊的龙军仅是"我的影子"。也就是说,虽然这七年受戒对于我龙军的修行成长是质的飞跃,但是时间过程中的任何一个龙军都仅是龙军的影子。

七岁的"我"不是"我"而仅是我的影子,则十岁的"我"依然不是我而仅是我的影子,那么,"谁是我"呢? 此处,虽然龙军说"因有我,七乃出现,如影子的譬喻",似乎是要表明超越时间之外有一个"我",但是前文他已经说了"与此人不可得",就是说"没有一个龙军","没有一个我",这两句话自相矛盾吗? 否也! 此处是要解构时间,破斥时间是一个实体,从而破除某个时间的"我"是真正的"我"。而前面已经从"空间"上破除了有一个不可分割、固定不变的"我",认为"基于脑、色、受、想、行、识等遂成为龙军的名称",除此之外,没有一个在空间中的实体之"我"。

在《弥兰王问经》第二品中,龙军以燃灯来比喻人的转生,由"一更天的灯焰与中更天的焰火不是一回事(一个东西)"推论出"法(事物)之延续而有连结,一生一灭,连结起来似无前后",因此"若人转生,此时之人与彼时之人非同非异",[1]即三岁的"我"与七岁的"我"既非同一个人,亦非另一个人。因为他们之间有延续、有

---

[1]《南传弥兰王问经》,第40—41页。

连接,所以不是另一个人,但前后之"我"其实有性质上的改变,因而并非同一个人。那么,三岁的我与七岁的我,谁是我呢? 依然得不到答案。由此反证,再次证明佛教中的"诸法无我"观点,即证明没有一个灵魂从一更天的身体转移到中更天的身体上,只有肉身和意识的相续相连。

这个"诸法无我"的哲学意涵绝非要否定伦理的个体,而是说相对于佛性(本体)而言,在终极上没有一个现象界永恒不变的、实体的个体。如前所说,"佛性"(buddha-dhātu)一词的一个词根bhu的含义是"相对存在",就是强调现象界、时空中的任何事物(诸法)都是流变的"相对存在",只有否定了现象界的具体事物具有永恒不变的实体(灵魂),才能找到一个超越现象界任何个体的"绝对存在",即佛性的另一个词根 dhatu。但"绝对存在"不是外在于现象界的他者,而是任何现象(诸法)皆体现"绝对存在",两个词根合起来,即绝对存在与相对存在的不二,才是"佛性"(buddha-dhātu)的内涵之一。

龙军所说的"我不是七。因有我,七乃出现,如影子的譬喻"要强调的是,在胜义谛上时间中的"我"都是"我的影子",强调"影子",而不是强调"影子"之外还有一个实体的"我"或曰"灵魂之我"。但这不否定从世俗谛上有主体"我"。

这也可由第三品第六"关于灵魂"一节得到证实。龙军在反问中说:

> "若将眼门去掉,(假如有一个实体的灵魂)则内在的灵魂会更清明地看见空间的景物;若将耳、鼻、舌、身去掉,是否因为空间变化,会更佳地闻香、嗅香、尝味及感触呢?"
>
> "尊者,否。"①

----

① 《南传弥兰王问经》,第57页。

眼睛是用来看的,耳朵是用来听闻的,鼻子是用来嗅味道的,舌头是用来尝味道的,身体是用来感触的,如果把其中某一项去掉,就失去了相应的功能。如果将眼睛去掉,"则内在的灵魂会更清明地看见空间的景物"就是一个与事实不符的谎言;同理,"将耳、鼻、舌、身去掉",内在的灵魂"会更好地闻香、嗅香、尝味及感触"也是一个与事实不符的谎言。从而通过反证证明"于此灵魂不可得",[1]即没有一个超越时空永恒存在的"灵魂"实体,只有变迁不息的意识流,以及由意识流和眼耳鼻舌身诸种结构、零件构成的一整体之肉身生命,这生命也是一直处于不断生长、代谢、衰老的流变和变化过程中的。

综上,龙军认为现象界的一切皆是"影子","我"在终极上是不存在的,换言之,没有一个超越时空永恒存在的"灵魂"实体。进一步推论,既没有现实人类的"个体灵魂"存在,又没有超现实的"上帝灵魂"的存在——即便有超级强大的生命意识,也不过是现象界的流变"影子",不是终极的。那什么是终极的存在?承前所述,有终极的绝对存在,但没有一个实体的终极绝对存在,只有现象自身在超越现象时,能够在相对存在的现象(生命)中自身呈现绝对存在,但"绝对存在"不是独立的"一个实体"。

由此才能更加明白佛家"法之道"的涵义。而佛教法律源于原始佛教徒相聚时发生问题而产生的戒律,其中包括性戒[2]。性戒(如不得杀生、盗窃、邪淫、妄语等)来源于佛教认为这些行为让人心不安,不能开悟,即不能见到本性。因此佛教法律是与"法之道"有关系的——只是过去没有人如本书这样,总结佛教的至上法理

---

① 《南传弥兰王问经》,第58页。

② 性戒是戒除人们皆厌恶的杀、盗、邪淫、妄语等恶行,并进而根治心理动机上的贪、嗔、痴、慢等所引发的犯意,而这些犯意皆源于人性心理感觉上皆有的恐惧。因而在世界上各大宗教和古典哲学观念中,这些与性戒相关的恶行都是被否定的过错和罪恶。参见劳政武:《佛律与国法》,第5页。

为"法之道"。当代东南亚佛教国家如泰国，或我国云南等地区一些少数民族如傣族的佛教法律，其中许多法理都来源于性戒——实际上都与"法之道"有关。这说明佛教法理有入世的一面，进一步说明，《弥兰王问经》中的"本性"是可以与西塞罗《论法律》中的"本性"进行比较的。

道、真实、影子与"火"之间又有何联系呢？这将由下文分解。

（三）龙军的"火"喻及其与赫拉克利特之"火"的比较

《弥兰王问经》中第二品第六节"名色与转生"中有一"火"喻。龙军譬喻道：

> "……置灯之际，茅草着火；于茅草焚烧之际，房舍着火；于房舍焚烧之际，村庄着火；村民捕捉其人说：'朋友，为何汝令一村着火？'其人会如此说：'朋友，我实不曾令村庄着火。我以照明者为一灯火，而焚烧村庄者为另一灯火。'
>
> ……无论多少名色，于死时终结，另一名色即转生。此（名色）确从该（名色）生。因之，他（点火者）不能从恶业得解脱亦复如是。"①

龙军以"火"来论证，一个人点灯不小心将茅草引燃，并引燃房屋着火，引燃村庄着火，这个人说"我点燃照明的是一个灯火，焚烧村庄的是另一个灯火"，但显然这样的狡辩不合人们的思维逻辑。因此，反过来龙军证明此一"火"灭时，已经将"火"转生到另一现象事物（茅草、房舍、村庄）上，故这个人点火造成村庄失火，二者之间构成因果联系，不能脱离失火罪的罪名，而应受到相应的惩罚。

这里，龙军将茅草这一现象普遍化为一切现象（名色），通过这

---

① 《南传弥兰王问经》，第48页。

个譬喻推论出因果的存在,并象征着生命之"火"在因果、流变中的长久存在。

拙作《〈老子〉法观念探微》对道家之道与古希腊"逻各斯精神"的理性作了比较,其中谈到,赫拉克利特说"一切都存在,同时又不存在",他的"理性"——"逻各斯"(logos)没有抛弃感性现实的"火",以永恒不灭的中心火(一)与流变的火苗(多)统一的"火"来定义"逻各斯"(logos),学者理解为是"有定形与无定形的统一"。①但是,赫拉克利特说"人不能两次踏入同一条河流",由此推论,恰恰是在河流流变的感性现实中体现了河流内在的"逻各斯"(理性、动力),所以赫拉克利特的"逻各斯"仅仅是"无定形"的燃烧自身展现着永恒(中心火、一)。他的"逻各斯"就象征着现象中流变的"动"与内在"永恒"的统一,他说"一切都存在,同时又不存在"是因为流变,所以没有一个固定物是存在的,但流变内在的"逻各斯"(火喻的动力因及其自我运动的尺度、规律)又是永恒的存在,因而那永不止息的"流变"自身即是"普遍"或曰"本质"(这个永恒的存在就是本体 as)。即"一"存有于"多"中,且"一"并没有与"多"分裂,在感性现实中存有"一"。因此,他是在现象学上而非后来的亚里士多德之语言学中探寻本体存在。②

与赫拉克利特相区别但又有共同义素的,即是上面这一段"名色与转生"中的龙军言说的"火"喻。似乎龙军言下的"火"与赫拉克利特的"火"都是对普遍化的雷同理解,但二者却是有实质区别的:赫拉克利特的"火"是感性现象的"多"与本体的"一"的统一,他强调了一个"一",如"恒久有效的逻各斯","此即何故须跟随一般(普遍)";③而佛教(在此以龙军言辞为体现)中的"火"只能是现

---

① 参见[古希腊]赫拉克利特:《赫拉克利特著作残篇》,[加]罗宾森英译,楚荷中译,广西师范大学出版社 2007 年版,第 22、41 页。

② 参见费小兵:《〈老子〉法观念探微》,第 75 页。

③ 参见[古希腊]赫拉克利特:《赫拉克利特著作残篇》,第 11—12 页。

象界的因果流转，"火"的传递一定是与人的行为及其因果联系有关，并且不会强调有一个"一"，即没有所谓的永恒不灭的中心火（火的灵魂）。

不过，二者也有相同的义素，这就是以"火"来比喻生命在流变中的长久存在；赫拉克利特的"理性"——"逻各斯"（logos）指的是以永恒不灭的中心火（一）与流变的火苗（多）统一的"火"本体来表达本体未与现象分裂。这一点上，既与道家《庄子》的"薪火相传"有共同的义素，①又与龙军的"火"（既体现现象界的因果流传、"相对存在"即佛性的词根之一 bhu，又体现永恒不变的"绝对存在"即佛性的词根之一 dhatu）有共同的义素：二者皆以"火"来譬喻"相对存在"与"绝对存在"的统一———只不过，赫拉克利特强调一个"一"，道家也强调一个"一"，如"凡物无成与毁，复通为一"（《庄子·齐物论》）。唯有佛教不强调一个"一"，并以"空性"来指代这"绝对存在"，表明除了现象，别无二物——但同时，"空性"还意味着：现象又是必须被超越地观察的。

且将对"空性"的精妙理解悬置起来，仅仅在"绝对存在与相对存在统一"这一点上，西塞罗的"自然法"与佛性启迪出的"法之道"就存有相通、相似的义素。西塞罗的"自然法"概念源于古希腊赫拉克利特的逻各斯精神，而逻各斯精神最内核的本体即"绝对存在"与佛性最内核的空性即"绝对存在"皆有"绝对存在"这一义素。逻各斯（理性）精神的词源即赫拉克利特的本体（绝对存在）是现象界自身的本体，与佛性是现象自身呈现本体，都表明万物自身体现着源于本体的自然法则，这自然法则没有此岸与彼岸、本质与表象、实践与思维的分裂——这可以推论出：自然法（或"法之道"）精神在中西源头上存有某种共性义素。

────────────

① 《庄子》中的"薪火相传"指：作为肉身的个体会变化或消灭，但个体体现的"道"是不生不灭的。"薪火相传"譬喻能量转为其他存在形式了。

(四) 龙军的光影譬喻与柏拉图的洞穴光影所隐喻之苏格拉底

佛教常常将开悟的智慧叫作慧"光",例如《弥兰王问经》第二品第三节中,龙军对弥兰陀王说:

> "大王,当知,(真)识生起时愚痴立即消逝。"
> "请给一譬喻。"
> "大王,譬如有人将携灯入黑暗之家,因此黑暗会消灭、光明会出现,大王,当知识生起愚痴立即消逝亦复如是。"①

龙军也将智慧之识比喻为"光",并且明确说,光明一到就黑暗会消灭,类似于"知识生起时愚痴立即消逝"。可见佛教也是重视知识论的,这"知识"不是一般的知识,如同苏格拉底的"知识即美德"一样,这知识是关于至善、终极真理的探寻,关于本体的发现。这一点龙军是如此对弥兰陀王说的:

> "大王,当智慧生起时他破除无明的黑暗,产生明(知识)的光辉,出现智慧之光及彰显圣谛。于是瑜伽行者以正智见无常、苦、无我。"②

可见,《弥兰王问经》也体现了佛教中以"光""明"来比喻智慧的惯常做法。佛教认为,人的"无明"源于人对自我的执着,源于人以为世间有"恒常"的东西,源于人过于执着追求快乐,但结果是人的心念一动,为了"自我"的快乐追求,为了自我的一切(包括信仰),为了执着自以为永恒的东西,不停地努力行动、造作快乐、塑

---

① 《南传弥兰王问经》,第43页。
② 《南传弥兰王问经》,第38—39页。

造偶像、痴迷狂热；但每个人的执着不一样，于是产生冲突，"自我"受到伤害，不再安全，自以为永恒的东西却往往经不住现实的变迁而坍塌，苦于是有了根源，斩不断根，绵绵不绝……这时，人需要的是智慧，这个智慧如同"明"的光，照亮"无明"的心，照亮执着地不断寻求的心，最后，照亮因为无明而犯罪的心。

龙军的核心观点依然是佛教的三大核心观点——"诸行无常、诸受是苦、诸法无我"，说明他虽然在论证方法上可能为了面对弥兰陀王因材施教而运用了希腊"苏格拉底式追问法"，但在论证的内容上还是坚守佛教的核心观点的，因而笔者不赞同有的学者认为龙军的思想"与佛教相去甚远而与古希腊自然主义哲学十分相似"的观点。

而《理想国》的洞穴比喻中也将发现本体的智慧譬喻为走出洞穴看到"光"。由此可见，东西方的古圣人都是以"光""明"来比喻智慧的，只不过各自的智慧之光看到的内容有些区别；并且，龙军认为现象界的一切事物（包括"我"）皆如同影子，而在柏拉图的《理想国》（另译名《国家篇》）中也描写了影子：

　　在洞穴中的囚徒们只看到火光映射的自己或同伴们的影子，看不到真实，以为"实在（真实、实体）无非就是这些人造物体的阴影"，只有被松了绑的人能够看到造成阴影的那堆火（这或许就是苏格拉底言之灵魂向光明的"转身"），并有人告诉他（哲学王），说他"过去看到的东西全部都是虚假的"，他不知所措地走出洞穴，然后他才看到太阳事物的真相、真实、本质，或曰本体。①

---

① 参见［古希腊］柏拉图：《柏拉图全集》第二卷《国家篇》，王晓朝译，人民出版社2003年版，第510—519页，514A—521B。另参见［古希腊］柏拉图：《理想国》第七卷，郭斌和、张竹明译，商务印书馆2002年版。

学者们分析柏拉图的隐晦写作而认为，走出洞穴的哲学王指的是苏格拉底。① 这里，"灵魂的转身"指的是"假定灵魂自身有视力，只不过原来（在洞穴囚禁中的人）没能正确把握方向"。② 可见苏格拉底也认为人人皆有"哲学的能力"（或看见真实、真相的能力），只不过被可见世界迷惑，才没有上升到可知世界去发现真相。因而，在强调现象是影子，现象必须被超越，真相（本体）是通过超越现象世界（现象）而发现的，且每个人都有发现真相的潜能这一点上，佛教圣贤如龙军比丘，与希腊哲人苏格拉底、柏拉图的立场是一致的。

苏格拉底述而不作，他虽然说"知识即美德"，但他言下之知识是不受欲望侵蚀的知识，"纯洁的、没有玷污的思想（知识）"，甚或是"练习死亡的知识"。③ 不仅如此，他更告诫人们"智慧的人是懂得自己无知的人"，莫非他暗示了一个命题，即"懂得自己无知"就意味着再多的知识、语言、逻辑在宇宙真相面前都显得苍白乏力甚或无知？"定义"本身无法在语言上、知识论上获得完整的真知？因为要"定义"就要分析，而逻辑分析的结果往往导致非局限之形象可表达的本体（"一"）被勉强描述为形象之物，例如当我们给没见过白云的人说白云像白色的石头一样，没见过白云的人就会把白云误解为白色石头。另一方面，"一"（本体）与"多"（现象）在源于赫拉克利特或道家或佛家之现象学意义上，是不可二分的，但一旦定义本体（"一"），就会让读者误解有个实体之本体，即与现象

① 参见范明生：《柏拉图哲学述评》，上海人民出版社版1984年版，第104页。
② 参见［古希腊］柏拉图：《柏拉图全集》第二卷《国家篇》，第515页，518D。
③ ［古希腊］柏拉图：《柏拉图全集》第一卷《裴多篇》，第54—63页。例如第63页66A苏格拉底说："他使用的理智没有其他感官的帮助，他的思考无需任何视觉，也不需要把其他任何感觉拉进来，这个人把他纯洁的、没有玷污的思想（知识）运用于纯洁的、没有玷污的对象……如果有人能够抵达真实的存在，那么能实现这一目标的不就是这个人吗？"

（"多"）二元分裂的本体，这就造成了"一"（本体）与"多"（现象）的二元分裂。所以知识与确定性是需要的，但是最后要超越知识，回到"不受欲望侵蚀的知识"，即超越欲望的、非二元分裂的良知美德本身。

与佛家、道家相似之处在于，苏格拉底也强调"观照"现象，敢于舍离一切障蔽，追求能够调服欲望的精神境界，并主张反思，追求美德，意志坚定，没有对自我甚或生命的执着，例如站在雪地里数个小时不动（如同禅定）；他还有大智慧，悲悯众生，教化众生；等等。这一切行为状态，很类似于佛教中的禅宗，以至于他被有的学者称为"西方的大禅师"。①尤其是他在《裴多篇》谈到"如果有人能够抵达真实的存在"，在《会饮篇》中谈到爱和美的本体是"无始无终，不生不灭，不增不减"，"它自存自在，是永恒的，而其他一切美好的事物都是对它的分有"时，②可见苏格拉底关注一个"无始无终，不生不灭，不增不减"的"真实的存在"。这自然让人联想到《心经》中的句子"是诸法空相，不生不灭，不垢不净，不增不减"，以及《老子》中的道之"周行不殆"——这里，苏格拉底的"一"与佛性的"空相"、《老子》的"道"（无），都提到了"不殆""不生不灭，不增不减"，而现象界总是有生有灭、有增有减、迁流变化的，所以苏格拉底、佛教和《老子》都内含了共同的义素："不殆""不生不灭，不增不减"。它们描述的都不仅仅是现象界（存在者），而是内在于现象又超越现象界的永恒存在——本体。

但苏格拉底却定义了"一"——将这"不殆""不生不灭，不增不减"定义为"理念"。这在知识论上是有重要意义的，也是西方走上知识论的萌芽。但苏格拉底定义"理念"却与佛教（包括龙军）不定

---

① ［美］William Bodri：《苏格拉底也是大禅师》，王雷泉主译，台北老古文化事业公司 1987 年版，第 2 页。

② ［古希腊］柏拉图：《柏拉图全集》第二卷《会饮篇》，第 254 页，211A。

义"一",道家虽"强命曰道"却"不可道"(内含不定义之意)不一样。道家之道是不可言说的"妙"(这玄妙内在于现象之中),佛教(包括龙军)连一个"一"的实体也没有(故名空性),"不生不灭,不增不减"的所谓佛性、空性只能是现象自身这相对存在内在存有的绝对存在。

　　但无论苏格拉底还是释迦牟尼、龙军,他们的共同义素是都认为:现象界的身体不过是流变的"影子"。由于本体是超越一切现象包括生命的,所以,苏格拉底才强调"哲学是练习死亡",并敢于接受死刑判决,能够坦然舍去生命。这或许说明他领悟到生命的本体是不会消失的,所以才不惧怕死亡。[①] 他还强调美德和舍离情欲,这些义素在佛家或道家中也是有的,如《老子》中的"无欲以观其妙",《心经》中的"无受想行识"。道家的"坐忘""元神"脱离身体,与苏格拉底的"灵魂在脱离肉体的时候是纯粹的"之说,都有相似的义素:皆倾向于认为肉体存在者不是孤立的、唯一的价值,精神、灵魂(或理念)或者存在自身是更具价值的。更进言之,无论老子还是苏格拉底,都强调超越个体灵魂之上还有一层意义的存在,老子把它强名曰"道",苏格拉底把它叫作"理念"。只不过在道家思想中,与其说注重孤立之灵魂,毋宁更关注全然信息之"道"的意义。

　　而佛家比道家、苏格拉底都更彻底,连"灵魂""一""元神"也否定掉了。即佛教以及龙军是否定灵魂的,认为不仅身体是"影子",连"灵魂"也不过是"影子"。而柏拉图笔下的苏格拉底仅仅认为感性世界是"影子",但"灵魂"却是一个实体。这就会在逻辑上造成一种后果:个体的实体(灵魂)与理念这个实体成为两个实体,个体无法全然达到理念、彼岸、至善。

————————————

　　① 参见[古希腊]柏拉图:《柏拉图全集》第一卷《申辩篇》,第1—32页,17A—42A。

　　不仅如此，龙军还强调，现实生命虽在胜义谛上是"影子"，但在世俗谛的现实生活中，个体生命的发展变化与其自己行为的因果相联系，这是不能否定的。因果之果又被称为"业"，"此诸业将追随之，如影随形，永不离开"。① 如果说生命如影子，那么"影子"行为的因果之"业"，更应称作"影子"的"影子"。这却是苏格拉底和柏拉图不太关注的。但亚里士多德的弟子亚历山大大帝将希腊哲学带到印度之后，罗马的哲学家，或印度孔雀王朝阿育王派往希腊、罗马等地的佛教使者把佛教带到罗马、希腊后，古罗马哲学与希腊哲学的观念似乎有了微妙的区别，例如对因果（业）的态度不一样，或许是受到佛教的影响。只是，罗马人将"业"叫作"债"，而被法律所调整的"债"被称为"法锁"，又被称为"法律关系"（这里顺带探讨"法律关系"一词，另文详述）。

　　回到关于本体的探讨上来，苏格拉底觉得用"逻各斯"（logos）来表达"一"不够精确，因此，他选用了另一个词——由阿那克萨戈拉提出的"努斯"（希腊文 νόos，英文 nous）来表达"一"及其灵魂的力量（理性的另一辞源）；努斯是无限的，不和其他事物相混，是独立自为的。②

　　这里，"努斯"有"独立自为""无限"等特征，这些特征与佛教之"佛性"的一部分义素雷同。例如，龙军言"因海水久远凝住，故只有一味"，③也就是说世间各种水有不同的形象，如冰、如雾、如云、如雨、如雪、如泉、如江河、如大海。但龙军的譬喻认为，如同海水长久凝聚形成"一种咸味"，水的本质也只有一个，所以譬喻为"海有一味"。这个本质是"无限"的、"独立自为"的，因而是"佛性"的部分意涵：如前所述，"buddha-dhātu"（佛性）的词根 dhatu，其含义

---

　　① 《南传弥兰王问经》，第 75 页。
　　② 参见汪子嵩等：《希腊哲学史》，人民出版社 1993 年版，第 36—76 页。
　　③ 《南传弥兰王问经》，第 92 页。

是"界,是,绝对存在,真如";"胜义谛"的梵文"paramārtha-satya"(关键词根 sat 的含义:是,真,真实,实,有,胜,善,妙,妙善,微妙,有智,有智者,有法,有物,正,法,美,萨,贤,贤良)、"第一义空"的梵文"paramārtha-śūnyatā",其中关键词根śūn 是 sat 的派生。

但是,"海有一味"仅仅是譬喻,如果仅仅理解"buddha-dhātu"(佛性)的词根 dhatu("是,绝对存在,真如")这一部分含义,将造成对"buddha-dhātu"(佛性)一词的误读。不能忘记,"buddha-dhātu"(佛性)的两种词根是一体两面的,另一词根 bhu("相对存在")是和 dhatu("界,是,绝对存在,真如")一体的、不能分割的。词根 bhu("相对存在")关注的恰恰是现实、现象界,只有现象自身才有本体,没有与现象分裂的一个实体作为本体。而苏格拉底确定有一个灵魂,感性事物(例如肉身)就与灵魂分裂了,"一"(努斯)与"多"(现象肉身)就成了两个东西。虽然二者是统一的,但毕竟有了两个东西。① 这是苏格拉底、柏拉图与佛教的区别。

而龙军认为,在现象中存有善恶业报,但没有行恶业者容易发现佛性之"一味",例如他说:

> "大王,行非福德者后生悔说:'我已作恶业',由此邪恶不增。但大王,行福德者则无后悔,既无后悔则喜乐生,喜乐生则欣慰生,欣慰生则身平静,身平静则感受妙乐,受妙乐者之心则凝定,心凝定者则知实相——因此则福德增加。"②

龙军在本段中是要告诉弥兰陀王,现象中的人相对佛性(本体)虽然是"影子",但"影子"间的行为因果关系依然存在,即形成"业"(如在法律上就形成法律关系),所以行非福德者就造了恶业,

---

① 关于苏格拉底与《老子》的区别,参见费小兵:《〈老子〉法观念探微》,第 79 页。
② 《南传弥兰王问经》,第 90 页。

甚或是构成犯罪的大恶业。但如果这个人生起忏悔之心，他的邪恶就不再增加。但行善不行恶的人即行福德者则没有良心的谴责、牵挂，因而喜乐生起，欣慰生起，身心平静，感受到无牵挂的解脱、自由之妙乐，从而心可以聚精会神于一点。如果聚精会神、全神贯注于发现实相（佛性），则可能发现实相（佛性）。由于发现了实相（佛性），他就不会执着于现象界的变化无常，而增加了自由自在的幸福；同时，他也不会执着于将实相（佛性）固化为一个实体，而仅是像"海有一味"一样的"真如"。

龙军强调，实相（佛性）是现象界的人去恶行善之后，通过身体力行、实践聚精会神、全神贯注而发现的。但实相（佛性）不是"一个实体"或"一个灵魂"，而是"真如"。中国古人用"真如"来翻译"buddha-dhātu"，或许是想既翻译出其有"真实不虚""永恒不变""独立自为""无限"的意蕴、特征，同时又防止将之实体化，所以用了一个"如"字来表达这真实之相（实相）。它只是"仿佛""一味"而非"一个"，是"如"同一个，却非"一个"，但一旦发现这"一味""真如"，就可以既活在现象中，又有超越现象的自在意境。

当然，或许苏格拉底是要告诉人们超越现象的同时，也没有要人执着一个灵魂（努斯），毕竟柏拉图笔下的苏格拉底是强调了"一个灵魂""一个实体"的。无论如何，即便仅仅按照苏格拉底的说法去行动，在实践理性中也能够获得超越现象的智慧和快乐，如同柏拉图说的走出洞穴（走出影子的生活），见到"光"。只是，释迦牟尼及其传人们强调，对这个"光"不能执着，否则就构成二元分裂。

（五）龙军认为在本性上中国人与希腊人皆可证涅槃

在论证自性之前，回到开篇引用的龙军与弥兰陀王的一段对话，以证明当时在印度人的语言和观念中"中国"与"希腊"是如此亲切地联系在一起的：

> 龙军："大王，此即戒地。（若人）如理作意，住立于戒，无

论彼处塞国或希腊,处中国或……处亚历山大或尼空巴……无论彼立何处——若住于正行道,彼即证涅槃。"

弥兰陀王:"尊者龙军,善哉!……其事如是,我接受它。"①

请注意,经中有一句"无论彼处塞国或希腊,处中国或……彼即证涅槃",即龙军认为在本性上,中国人与希腊人皆可证涅槃。《弥兰王问经》的译者巴宙将"Saka-Yavana"译为"塞国—希腊",将"Cina"译为"中国",这里表明龙军言下之意是:不同地域的文化看似遥远,但殊途同归,本质上可以沟通。可见,在弥兰陀王时代的印度人知道甚至熟悉中国和希腊这两个国家(因为古丝绸之路在伊斯兰教统治印度前长期存在);亦可管窥,在龙军比丘的视域里,中国、希腊是不受疆域限制而相连的,是在"本性"上一体不二的,皆是现象中的不同地名而已。在本体意义上,山川异域,本性相同,性相相连,没有路途遥远之分隔,只要有戒律、德性或正道,不同国度的人皆可发现本性,证得涅槃。

第三节　中华"法之道"与西塞罗《论法律》之"自然法"的义理沟通

一、西塞罗的理论渊源与亚里士多德之"形式理性"的区别

《般泥洹经》是释迦牟尼即将圆寂时的作品,其中有"自然法"一词。佛陀将要涅槃,众弟子非常哀痛,佛陀则以世间众生都要死亡来回答,并为众弟子开示涅槃的最后真意。由于他当时比往日

---

① 《南传弥兰王问经》,第303页。注意,这时候的弥兰陀王已经被龙军说服,但在经中前面部分,基本上是他对龙军的刁难式提问。

更彻底超越肉身，"完全寂灭烦恼之焰，达至极端之平静状态"方称为"大般涅槃"，因此形成此经。① 两三百年后，希腊人与大月氏人轮番统治印度，《般泥洹经》中"自然法"一词是否曾影响到古罗马斯多亚学派的"自然法"一词的诞生？目前没有确切的证据证明后者未受前者影响，但也没有相反的证据。但纯粹从思想的比较出发，依然可以管窥佛性论尤其是其中的平等精神与古罗马斯多亚学派之平等精神的相似意趣，以及斯多亚学派与柏拉图、亚里士多德等人之"理性"的区别。

（一）亚里士多德形式本体论之下的法治观

苏格拉底的思想是通过柏拉图的写作表现出来的，柏拉图的言说很难与苏格拉底区分开来，而上文对苏格拉底的哲学本体论着墨较多，由于篇幅有限，对柏拉图的分析不得不从简，只提一点最重要的：柏拉图在继承苏格拉底的基础上强调逻各斯（logos）精神及其理念（eidos），认为分离于事物之外的"理念"是超越现实世界的，同时又是现实事物的根据；现实事物不过是理念的影子，因而现实事物与理念是二元分裂的。

亚里士多德继承了柏拉图的二元分离，但与柏拉图重视逻各斯（logos）与理念（eidos）相反，他更重视"努斯"（nous）精神与经验感觉论、反映论，认为现实事物不是理念的影子，因而他重视从现实事物的"原因"出发；这个原因就是"形式因"，即"形式"（form）是现实事物的内在目的因、动力因，是将"质料"形成某物的"赋形"过

① 北凉玄始十年（421），天竺三藏法师昙无谶因沮渠蒙逊之请，在姑臧译出此经为《大般涅槃经》，三十六卷（后作四十卷），分作十三品。此经四十卷本于刘宋元嘉七年（430）由北京传到江南建业，时宋京名僧慧严、慧观等因它文言质朴而品数疏简，遂与谢灵运一起加以修治，并依法显译六卷《泥洹经》增加品目：《寿命品》共出为《序》《纯陀》《哀叹》《长寿》四品，又由原本《如来名品》分出为《四相》《四依》《邪正》《四谛》《四倒》《如来性》《文字》《鸟喻》《月喻》《菩萨》十品，其余依旧不变，改为二十五品，三十六卷。世人称此为《南本涅槃经》，而以昙无谶原来译本称为《北本涅槃经》。

程;这样的过程源于"努斯"(nous)精神赋予事物的外形与独特个体性的力量,使得存在物是其所是,通过对质料的"赋形"过程成为某物(存在、是、有的希腊文是 on、es,是其所是的英文表达是"being as being")。这里,"是"(on、es、as)就缘于"努斯"(nous)的"赋形"力量,最高的"形式"、最高的"努斯"(nous)就是纯粹的精神,没有任何质料的理性神。① 因而,"是"(as)的含义就关涉到现实事物的原因、本体、本质。亚里士多德的"逻各斯"成了有生命的"逻各斯","努斯"的生命冲动也有了内在的尺度和规定性。② 而"形式"及其"努斯"精神是他所认为的外在于现实经验内容的超越之本质、本体,"形式"与"质料"结合后成为不再分离的"实体"("实体"又名"存在者",与"存在"是同一个词根 on),但毕竟亚里士多德的"形式"(本体)是可以独立出来的、外在于经验现实存在物的。③ 由此,有了"形式"赋形给每一个事物以"实体"后,每一个事物皆各有其实体,这就有了最高的"形式"、"努斯"(nous)、理性神这个"一"与现实中许"多"个实体的二元分裂,即"一"与"多"的二元分裂。而整个宇宙就体现为低级的质料通过"形式"赋形而升华为更高一级的事物,通过这样的从低级到高级不断螺旋式上升,最后上升为最高的"纯形式"、"努斯"(nous)、理性神、上帝本身。由

---

① 参见邓晓芒:《古希腊罗马哲学讲演录》,世界图书出版公司 2007 年版,第121—149 页。

② 参见邓晓芒:《思辨的张力——黑格尔辩证法新探》,湖南教育出版社 1998 年版,第 57 页。

③ 汤一介说,"本体"是指"存在之所以为存在者"。他认为,二元分离论是指外在超越于现实存在物的本体,古希腊哲学在柏拉图和亚里士多德那里,大体把世界二分为超越性的本体与现实世界,其后的基督教更是坚信有一个外在的超越性的上帝;而东方尤其是中国的传统哲学则是以"内在的超越性"为其特征的,这种"内在的超越性"的取向认为,人们可以通过其内在的道德修养而达到与超越性的"天道"汇通的境界。引自孙尚扬:《论汤一介的宗教观》,《学术月刊》2015 年第 9 期。

于他"关注理性就在于将理性作为对象"，①从而更关注"形式"，建立起形式逻辑及其知识论，并在此基础上建构了众所周知的"法治"理论。

从亚里士多德形式逻辑与形而上学的整个体系推论出，需要法律治理的人群也是"质料"，通过"良法"加上"普遍遵守"这两个条件而形成法治的"形式"，使得"需要法律治理的人群"这一"质料"得以被"赋形"，升华为一个更有德性的社会有机体、实体，并在法律的治理下，这个社会有机体能够从低级到高级不断地螺旋式上升。其逻辑结论是，只要普遍遵守理性制定的、逻辑自洽的良法这一"形式"，就可以使得现实人群获得长久的"良法"之治，从而让人一步步被"赋形"、升华，变得越来越有理性、有德性，最后成为纯形式的"努斯"（nous）、理性神。这是非常美好的理想。

但问题在于，法律的制定即便是最高理性的体现，一旦被"人"写成文字，也就成为"人"的形式逻辑的东西。形式逻辑理性、三段论的东西如何面对活生生的、万花筒般的现实生命？个案的实质正义如何可能？这是否就是"亚里士多德形而上学体系的内在矛盾和危机"②在法治领域的体现？当然，笔者从不否认法治的价值，只是要警醒，法治的理论根基一定要经得起质疑。

而亚里士多德认为人只有被动的理性，最高的理性神才有完全的自由意志，反过来推论，即他认为人是手段，最高的理性神才是目的。人是宿命的，是不能自我主宰命运的质料，人在"法"（形式）和"理性神"（纯形式）面前是卑微的，那么，人运用自由意志（自由裁量）来裁判就是错误的？

---

① 邓晓芒：《思辨的张力》，第56页。亚里士多德抛弃了赫拉克利特的"逻各斯"描述（"火"喻：流变的"多"与"一"之统一）。参见费小兵：《〈老子〉法观念探微》第一章第三节。

② 参见邓晓芒：《古希腊罗马哲学讲演录》，第167—168页。

亚里士多德的逻辑是,人永远不能制定完满的良法,也不可能实现良法,从而不可能获得真正良法意义上的法治。笔者认为,每个人在纯粹旁观的时候,只要有足够的认识,都能够客观理性地理解人自身的本性,理解人的纯粹良知所制定的完满的良法,因而人可以获得真正良法意义上的法治。

(二) 苏格拉底的另类传人: 犬儒学派安提斯泰尼和第欧根尼的知行合一

或许其后的古罗马斯多亚学派法学家西塞罗的自然法思想能够化解这一矛盾。斯多亚学派源于犬儒学派,后者的创始人安提斯泰尼(Antisthenes)本来是苏格拉底的学生,但在常人看来,只有柏拉图继承了苏格拉底的思想,安提斯泰尼似乎与老师的思想反其道而行之。但安提斯泰尼至少自称继承了苏格拉底,只不过是与柏拉图、亚里士多德有完全相反的路数。

安提斯泰尼常常劝其门徒做苏格拉底的学生,他的行为是像狗一样的简朴生活,其目的是学习苏格拉底的"刚毅",并以之证明痛苦可以使人智慧;并且他与苏格拉底的不怕死一样,认为人世间最大的快乐是"快乐地死去";他也以捍卫德性为使命,他说:"高贵只属于有德性的人","德性本身足以保障幸福"。以至于当流氓向他喝彩时,他却反对这种(不道德的流氓的)喝彩:"我非常担心我做错了事"。他常以荒谬可笑的言行讽刺人们,例如他常常建议雅典人投票决定"驴就是马"。① 或许他的意思是要讽刺、警醒雅典人的民主制度不完善,假如让雅典人投票决定驴就是马,结果极有可能是许多人都会投票赞成驴就是马。

学界一般认为苏格拉底是坚持知识论的,而认为安提斯泰尼反知识论。当有人问安提斯泰尼什么知识是最需要的时,他说:"能除掉已知之物而达到无知状态的知识。"因而学界就将安提斯

---

① [古希腊]第欧根尼·拉尔修:《名哲言行录》,第 339、335—337、338 页。

泰尼归为反苏格拉底的、反知识论的、反理性的感性派。但承前所述，苏格拉底告诫人们"智慧的人是懂得自己无知的人"，或许他是在暗示一个命题："懂得自己无知"就意味着，再多的知识、语言、逻辑在最终的宇宙真相面前都显得苍白乏力甚或无知。安提斯泰尼的怪异常常过于他的老师苏格拉底，但他说："我宁可成为疯子也不会追求感官的愉悦。"①这说明他也是超越感官的，而不是学界通常认为的"感性派"。恰恰是安提斯泰尼的"疯子"行为，或许才更真实地继承了苏格拉底的迷狂、直观精神及其对生死、生命或本质的领悟：或许只有回到超越知识和思维的直观状态，才能直观发现本质。但可惜的是，整个西方哲学史似乎是更重视柏拉图而非犬儒学派，以至于说西方哲学史是柏拉图的脚注，而将犬儒学派用行为疯狂表达思想的方式视为"感性"，殊不知安提斯泰尼从未"追求感官的愉悦"，只不过是常常与柏拉图互相嘲笑，竖起了一面反思柏拉图的思想之旗。

安提斯泰尼的弟子第欧根尼比他显得更怪异，并且秉承了他嘲讽柏拉图和亚里士多德的传统。第欧根尼的怪异故事很多，例如安提斯泰尼生病并喊叫："谁能把我从病痛中解救出来？"第欧根尼向老师晃了晃匕首，答道："它。"②意思是说我一刀结束您的命，您就被从病痛中解救出来了。

柏拉图曾谈论理念，并使用名词"桌子性"（tablehood）和"杯子性"（cuphood）为例证，第欧根尼说："桌子和杯子我可以看到，但柏拉图呀，你的桌子性和杯子性我一点也看不到。"柏拉图说："那是因为你有一双看得见可见桌子和杯子的眼睛，却没有用来辨别观念上的桌子性和杯子性的理解力。"这里体现了犬儒学派与柏拉图在哲学观上的分野，柏拉图要将理念与现实之物二元分裂，犬儒

---

① ［古希腊］第欧根尼·拉尔修：《名哲言行录》，第 337、336 页。
② ［古希腊］第欧根尼·拉尔修：《名哲言行录》，第 344 页。

学派的安提斯泰尼和弟子第欧根尼等人却主张一元论,所以他说:
"河水逆流,直指源头。"即他的逻各斯精神是源自前述赫拉克利特
的"火"喻的"一与多统一"或者说"无定形与有定形统一"的"逻各
斯精神",所以第欧根尼才说"桌子和杯子我可以看到","但桌子性
和杯子性我一点也看不到",并且他在其他场合还说过:"健康和力
量都包含在本质的事情中,这对于肉体和灵魂都是如此。"这说明
他认为作为现实之物的健康、力量和肉体等等,与灵魂一样都包含
在被"直接看到"(直观)的本质的事情中,因此没必要分裂为理念
与现实之物,即现实之物自身就展现了本质,为什么还要多此一
举、头上安头搞一个"理念"出来表达本质呢? 在第欧根尼看来,那
不是有两个本质了吗? 因此,第欧根尼才说:"我是疯狂的苏格拉
底。"①这恰恰表明犬儒学派的安提斯泰尼、第欧根尼继承了苏格
拉底的,只不过是继承了陌生的苏格拉底的另一面——迷狂的、直
观状态的苏格拉底,而非人们惯常认识的冷静地、逻辑思辨的苏格
拉底。

　　有人说第欧根尼等犬儒学派的观点是非理性的感性,②但笔
者认为他们依然是理性的,因为第欧根尼声称自己能以勇气对抗
命运,以本性对抗习俗,以理性对抗激情。③ 只不过,他的理性是
没有二元分裂的,而是回到了赫拉克利特般的一元论。可见,在犬
儒学派安提斯泰尼和弟子第欧根这里,可以发现一种"知行合一"
的德性,与这种知行合一相匹配的哲学是赫拉克利特的感性与理
性没有二元分裂的本体论。

　　与古希腊、罗马的哲学前辈相比,犬儒学派的一个独特之处在
于:其"自然"含有了一种每个人都在本性面前平等的观点。只有

①　[古希腊]第欧根尼·拉尔修:《名哲言行录》,第360—361、352、369页。
②　参见闵抗生:《论第欧根尼》,《南京晓庄学院学报》2007年第4期。
③　参见[古希腊]第欧根尼·拉尔修:《名哲言行录》,第354页。

平等才不会受权势带来的等级的束缚,才有真正的自由。① 安提斯泰尼主张妇女应该和男人一样有德性,这已经是在反对当时的主流观点:妇女、儿童和奴隶不是公民,不需要有和公民一样的德性。第欧根尼更进一步主张人人平等,包括奴隶。关于犬儒学派的平等精神,在下一节中将联系西塞罗的思想展开论述。

而且,第欧根尼不仅追求平等,还像乞丐一样地生活(以追求简朴的德性),并且他还说"我是世界公民",通过超越对城邦的狭隘情感,以达到超越城邦的自由。他还自喻"你们应该叫我萨拉皮斯",萨拉皮斯指的冥府门口坐着的守门人,旁边一只动物,长着狗头、狮头或狼头,像一只三头的冥府守门狗。可见他自喻为地狱门前的道德审判官。于是他常常白天提着灯笼对人们说"我在找人",似乎他满街看到的在德性上都不够资格做"人";他还说"探查你无尽贪欲的人",②这或许表达了他热望人们恢复天然、简朴、自然的德性。可见德性、自由与自然是描述他行动的三个主题词。

关于死亡,他说:"既然它(死亡)出现时我们觉察不到,那怎么会是恶事呢?"③可见他与真正理解佛性论的佛教徒一样,也不怕死亡。他的墓志铭中写道:"你的荣耀,第欧根尼,任何永恒都不能摧毁。因为只有你,向凡人指出了自足之训和生活的最易之道。"可见他关于德性的核心观念不过是简单易行的自足与生活的最易之道。这不由让人联想起主张大道至简的道家,或许从第欧根尼尖叫"大偷捉小盗"的故事中还可发现他与庄子说的"窃钩者诛,窃国者为诸侯"(《庄子·胠箧》)有异曲同工之妙。而他的死亡也有引人遐想之处,就是他"屏住呼吸,升向极乐"。④

---

① 参见谢佳辉:《第欧根尼与亚历山大》,《吉林华侨外国语学院学报》2009 年第2 期。

② 〔古希腊〕第欧根尼·拉尔修:《名哲言行录》,第 365、366、355 页。

③ 〔古希腊〕第欧根尼·拉尔修:《名哲言行录》,第 368 页。

④ 〔古希腊〕第欧根尼·拉尔修:《名哲言行录》,第 372 页。

最后,也最重要的是,第欧根尼是一个反对战争的人,例如他嘲笑那些为了战争做准备、挖壕沟的人们"都在努力挖沟和踢打,以胜过他人,但却没有人努力成为善良忠实之人"。据说他说完这句话后,就不停地在他的桶中滚来滚去,以表明他无聊地打滚也胜于人们准备战事而忽略德性的培养。[1]

亚历山大大帝在东征的途中拜访过第欧根尼,第欧根尼最著名的话是躺在桶中说的那句"别挡住了我的阳光"。第欧根尼暗含之意是,躺在这里已经很自由、很快乐、很自足,你还有什么理由去东方打仗,通过征服来得到虚荣、权威和自由呢? 承前所述,他实际上是想劝说亚历山大大帝放弃东征,然而亚历山大拒绝了,理由是"我的命运已经注定"。[2] 或许亚历山大认为他的命运就是去东方寻找其他的哲学,但关于这点似乎证据不足,不过,恰恰是通过他向东方的征战,促进了东方的佛教、婆罗门教与古希腊、古罗马等欧亚交界地区的文化和哲学的交流沟通,也使得今日的研究多了一些实例和想象的空间。并且,在不动心、行为上的乞讨方式、超越对外在事物的引诱、对死亡的态度等方面,犬儒学派第欧根尼等人的确与早期佛教徒的行为方式非常相似。而当亚历山大说出"如果我不是亚历山大,我愿意成为第欧根尼"的感叹之时,更让人认为他虽然是亚里士多德的学生,却更加向往第欧根尼的生活方式。可见第欧根尼对亚历山大的影响之大,或有可能会促进后者在东方的征战途中更加关注并传播佛教。

(三) 斯多亚学派西塞罗的自然法概念:传承自犬儒学派而非亚里士多德

芝诺是犬儒学派克拉特斯的弟子,不过芝诺爱好在廊柱下聊

---

[1]〔古希腊〕第欧根尼·拉尔修:《名哲言行录》,第 349 页。
[2]〔古希腊〕第欧根尼·拉尔修:《名哲言行录》,第 346—365 页。另参见张森奉:《别挡住我的太阳——"犬儒"之变》,《宁夏日报》2012 年 10 月 17 日第 7 版。

天的行为与犬儒学派爱好生活在桶中、讥讽世人的怪异行为还是有些区别的,这或许是由于芝诺的谦逊性格,使得他无法当众做出睡在大街边的桶中或在人们看来放荡不羁或恬不知耻的其他举动。① 他在学习犬儒学派的德性,尤其是节制、节俭、尊严、自由、平等等美德的同时,也接受逻各斯精神,但他接受的是赫拉克利特意义上的"逻各斯"精神,而非柏拉图意义上的"逻各斯"精神,所以芝诺被人称为斯多亚学派的鼻祖。芝诺常常在彩绘柱廊下与人对话、传授学说,门廊的英文是 stoic,来自希腊文 stoa(音译为斯多亚),故后人将 stoa 专指斯多亚学派。

　　芝诺及其后来者引入赫拉克利特的"神"的概念,但不是指神的意志,而是指"逻各斯"。承前所述,赫拉克利特的"逻各斯"(logos)没有抛弃感性现实的"火",以永恒不灭的中心火(一)与流变的火苗(多)统一的"火"来定义"逻各斯"(logos),学者归纳为是"有定形与无定形的统一",即"逻各斯"是像"火"一样自我定形的宇宙之自然理性、规律或法则;人们遵从自己制定的法律也就是遵从自然的法则或规律,因为人的法律是由神的法律所派生的。②赫拉克利特说"人不能两次踏入同一条河流",由此推论,恰恰是在河流流变的感性现实中体现了河流内在的"逻各斯"(理性、动力、本性),所以赫拉克利特的"逻各斯"仅仅是"无定形"的燃烧自身展现着永恒(永恒、一),即"一"存有于"多"中。③ "多"因为分有了"一"的本性而合于自然法则,成为自然正义的。由此,赫拉克利特说:"人的一切法律都是依靠那唯一的神圣法律所养育的。因为它随心所欲地统治着,满足一切,战胜一切。"而在他看来,作为人类法律源泉的神(自然)的法律,也同时代表着逻各斯、理性或自然,

---

　　① 参见[古希腊]第欧根尼·拉尔修:《名哲言行录》,第 398 页。
　　② 参见汪太贤:《从神谕到自然的启示:古希腊自然法的源起与生成》,《现代法学》2014 年第 6 期。
　　③ 参见费小兵:《〈老子〉法观念探微》,第 79 页。

它是宇宙的唯一存在。故赫拉克利特说:"那唯一的智慧,既愿意又不愿意接受宙斯这一称号。"①

芝诺接受了赫拉克利特的一元论,认为"逻各斯"是宇宙之"大火",个体只是一个"小火",从而推论出每一个人都像是一个"小宇宙"(microcosmos),乃是"大宇宙"(macrocosmos)的缩影,从而形成"大宇宙"与个人"小宇宙"的统一,与柏拉图的理念与现实、亚里士多德的形式与质料这两种二元分裂相反。

芝诺将此形而上哲学融入他学习的犬儒学派学的"自由""平等"中,将核心词转化为"自然"(本性),即特别强调"自然"的观念,认为人这个小宇宙合于"大宇宙",逻各斯就是合于"自然"(本性)。这个本性是"高贵的本性"。与之相关,真理的标准是把握性表象,即来源于实在对象的表象;而表象包括理性和非理性的;表象优先于其他部分的认同理论和关于理解和思想的理论,不能脱离表象来陈述,因为先有表象,然后能够表达自己的思想赋予主体从表象中接受的内容以命题的形式。在此前提下,斯多亚学派认为自身完善的陈述就不仅仅是亚里士多德的三段论,而是包括"判断、三段论、问题和咨询"。最后,芝诺在《论人的本性》一书中提出"与自然相一致的生活"是人的目的,这种以"自然"为目的生活方式同时也是有德性的生活,而德性就是自然引导人朝向的目标,其中起码包括"智慧、勇敢、正义、节制"。② 这或许是他吸收赫拉克利特的一元论的缘故,因此不认为从表象中抽取出一个彼岸本体、形式是优先的。因此,他涉及本体论的就是未二元分裂的形式与质料的"本性"一词。西塞罗继承了这一点(顺带一提,西塞罗以"本性"一词表达其本体论,所以笔者在接下来的论述中出于引用的方便,常常没有再区分"本性"与"本体"两个用语)。

---

① [古希腊]赫拉克利特:《赫拉克利特著作残篇》,第51—250页。
② [古希腊]第欧根尼·拉尔修:《名哲言行录》,第401、421—423、428、438页。

不过中晚期的斯多亚学派与早期的观点有些微妙的区别，例如西塞罗就属于中期的斯多亚学派，与犬儒学派第欧根尼完全讽刺柏拉图、亚里士多德不同，他在《法律篇》中时常赞美他们。

西塞罗（全名马尔库斯·图利乌斯·西塞罗）是斯多亚学派中完整论述自然法并提出"自然法"概念的学者，他大约诞生在弥兰陀王统治时期（约前160—前140）之后几十年，或曰半个世纪左右。与犬儒学派先辈和斯多亚学派创始人不直接从事政治不一样，他年轻时爱好法庭辩护，热心参与政治，到老年见识了政治上的风云变幻后，才如同第欧根尼和芝诺那样，淡泊功名，宁静致远，潜心写作《论共和国》《论法律》等书。虽然他学问广博，但总体而言，他还是属于斯多亚学派，是此学派中的狄奥多托斯之弟子。他尤其崇尚芝诺的观点。如前所述，犬儒学派创始人安提斯泰尼本来是苏格拉底的学生，后来自成一派，与柏拉图、亚里士多德风格截然不同。而西塞罗在学习斯多亚学派的同时也学习其他学派如学院派、伊壁鸠鲁派和法学的知识，因而西塞罗也深受希腊柏拉图、亚里士多德等人"理性"学说的影响，尤其是受柏拉图《法律篇》的影响，常常模仿后者的言辞。①

不过，西塞罗也强调，他与柏拉图、亚里士多德哲学不一样的地方在于，他更尊崇斯多亚学派芝诺的观点，对柏拉图的模仿只是在于其《法律篇》的对话体"风格"，②他《论法律》中的"自然"（本性）一词依然源于赫拉克利特意义上的逻各斯精神。

在此基础上，西塞罗很清晰地表明了"自然法"的崇高性，但是，西塞罗的"自然"不等于自然界动物般的兽性，不等于希腊智者学派的"自然主义"，而是与其相反的神圣性，例如他说："统治整个自然的是不朽的神明们的力量或本性"，"人与神的第一种共有物

---

① 参见［古罗马］西塞罗：《论法律》，第29页。
② 参见［古罗马］西塞罗：《论法律》，第107页。

便是理性。既然理性存在于人和神中间,那么人和神中间存在的应是一种正确的共同理性"。西塞罗强调的是人人皆具有的神圣的本性,这本性是"人与神第一种共有物"。由此,"除了人,没有哪一种生物具有哪怕是一定程度的神的观念",①即人由于分有了神性、理性而成为一定程度的神。这里的神明指的就是赫拉克利特意义上的逻各斯精神,是非人格化的。他的逻各斯、本体、存在是通过对"火"的现象观察得出的结论,而非像亚里士多德通过语言学及其形式逻辑得出本体论。并且,赫拉克利特早就写过《论自然》,这可能是犬儒学派及斯多亚学派的"自然"一词传承之由来。

西塞罗的核心词是"本性"(natura),与之相区别的是柏拉图的核心词"理念",亚里士多德的核心词"形式",三者是有区别的。拉丁文中的"natura"与"nascor"(天生)、"natralis"(出生时)等词源相关,"natura"包含了"符合形成整个自然的普遍理性"的意涵,并且西塞罗的"natura"也包含了渊源于犬儒学派的"德性"和瞄准最高级形式"神明的力量或本性",即赫拉克利特意义上的逻各斯精神的"本性"。② 故 natura 翻译为英文是名词 nature(形容词 natural),翻译为汉语既可为"本性",也可为"自然"。

回到西塞罗的《论法律》,西塞罗是从对市民法的本质开始思考法律的本质的,他认为"人的心智蕴含怎样巨大的创造完美事物的能力？……人们之间存在怎样的自然联合?""我们需要解释法的本质问题,而这需要到人的本性(natura)中寻找",对市民法的了解不应该仅仅限于"有益于人民"的浅显回答,市民社会的自由生长有其内在的崇高价值,这就是斯多亚学派所言之"自然"或曰"本性"(natura)的价值。遵循"本性"(natura)的法律"乃是植根于

① [古罗马]西塞罗:《论法律》,第35、37—39页。为了解读西塞罗用词的本意,本节统一将"自然"对应于拉丁文 natura。
② [美]约翰·菲尼斯:《自然法与自然权利》,第298—299页。

自然的最高理性"，"当这种理性确立于人的心智并得到充分体现，便是法律"。①

在西塞罗这几句话中，植根于"本性"（natura）的最高理性——不是一般的理性，而是对理性有价值判断，析取出其中合于"德性"的"最高理性"，它是在人的心智中找得到的"本性"（natura）。也就是说，"本性"（natura）在西塞罗这里是最高的，先有"本性"（natura），再由"本性"（自然）产生出人的含有德性的智慧，然后由这含有德性（正确理性）的智慧"选择"到作为公正标准的法律，而这法律是以"本性"（natura）为目的的。因而，只有合于"自然""本性"（natura）的才是"正确的理性"。关于"自然"与"理性"的关系，西塞罗说："自然（natura）赋予他们的必定是正确的理性"，"法律是允行禁止的正确理性"，"德性是完美发展的理性，它存在于自然（natura）之中"。② "自然（natura）/本性"就是赫拉克利特式的逻各斯的本来面目，则亚里士多德的形式本体论，在这里一定要接受西塞罗的"神明"这个完美发展的理性（赫拉克利特意义上的逻各斯）的审查，只有现实中"正确的理性"的行动才是合于此"本性"（natura）的"德性"行动，而非每个"理性"都是正确的。

可见，西塞罗的"自然"（natura）包含了芝诺所继承的犬儒学派的"知行合一"中努力追求的"至上的德性"，或曰类似于神（逻各斯）的德性："人和神具有的同一种德性——这种德性不是什么别的，就是达到完善，进入最高境界的自然。"他认为宇宙中存在普遍的"本性"（natura），"普遍本性"产生的"德性"反过来又进入最高境界的"自然"（natura）本身，含有这最高境界的自然的法才是"最高的法律"，即在这种赫拉克利特意义上的逻各斯精神最高境界下

① ［古罗马］西塞罗：《论法律》，第31、33页。
② ［古罗马］西塞罗：《论法律》，第57、61页。

的"德性"的普遍法则被定义为自然法。① 法律是一种含有德性的智识，这智识是源于本性的智慧，因而真正的法律是源于本性的有德性的规则。而所谓的"神"，在西塞罗的逻辑中是具有"达到完善，进入最高境界的自然"的有"德性"的逻各斯理性，"神明"是自然（natura）意义上的，而非人格意义上的，因而"神性"也就是"最高境界的自然与德性"，即"正确理性"。

这样，西塞罗的"德性"作为境界性的东西，就不再完全等同于亚里士多德的"形式"了，虽然也含有"being as being"（是、存在、本体）的义素，但作为有内容的"德性"，其"natura"（本性、自然）不是仅凭"as"（是，存在、本体）义素就能涵盖得了——因为这不只是"形式"，而是包含了作为境界性的价值判断，即"natura"（本性、自然）蕴涵了"最高境界"的德性"至上性"。由此可见，西塞罗的"自然"及其自然法是蕴涵了"as"（是，存在、本体性）和"德性"（至上性）、"终极性"三重义素。

在此，"本性"（natura）既是有本体意味的"as"，又是人的现实心智中找得到的，是对理性有价值判断的，并且只有"得到充分体现的理性"才是合于"本性"（natura）的法律，从而"本性"（natura）是有"德性"意味的"being"，不再是"being as being"中"being"与"as"的二分，而是说它倾向于"being"（存在）与"as"（是）的统一。它不再是亚里士多德意义上的形式逻辑之理性，不再是抽取了内容的纯形式（或彼岸的理性神），而是有德性内容的此岸的现实，如同"火"一般运动不息的存在着自我的动力因，即赫拉克利特意义上的逻各斯。

由于"当理性发展成熟和完善时，便被恰当地称之为智慧"，有了"德性之智慧的选择"，智慧可以在不同时期、不同境遇下有不同的正确理性之选择，那么，当理性发展成熟和完善时，就不再用"理

---

① ［古罗马］西塞罗：《论法律》，第 35、41 页。

性"这个词来表达了，用"正确理性"也不足以表达，因此，西塞罗用
"智慧"一词来表达。西塞罗的"正确理性"是关于选择何者公正的
"智慧"，这智慧源于"本性""德性"，因而与亚里士多德更重视"形
式"（logos、as）和分配正义的"理性"之内涵有区别。即西塞罗认
为，希腊的正义和法律的要义源于"公正"，"赋予每个人所应得"
（各得其所），但西塞罗的正义和法律却源自"选择"。① "选择"就
包含了此岸之人的智慧和道德的抉择，因而"法律乃是自然之力
量，是明理之士的智慧和理性"，这个智慧来源于自然（natura）的
力量，有了智慧的抉择，才有"公正和不公正的标准"，而智慧不是
逻辑理性、纯形式所能够涵盖的。由此，西塞罗与柏拉图或亚里士
多德的本体论不同之处是：（西塞罗或斯多亚学派式的、赫拉克利特
式的）"本性"（natura）→含有德性的智慧（源于犬儒学派之德性）→作
为公正标准的法律。所以说，柏拉图哲学中的关键词是"理念"，亚
里士多德的核心概念是"形式"，与西塞罗的区别在于，后者的核心
词是源于犬儒学派"知行合一"的德性审视下的正确理性或智慧（赫
拉克利特式的逻各斯理性）所努力追求的至善"本性"（natura）。

由此推论，在西塞罗这里，被普遍遵守的法治的"良法"应是符
合"最高境界之 natura（本性、自然）的德性"的"自然法"，不仅仅是
亚里士多德的"形式"（as）之"良法"，而是合于正确理性的自然法。
由于有了"德性之智慧的选择"，智慧可以在不同时期、不同境遇下
有不同的正确理性之选择，由此可推出，西塞罗式的自然法是"可
变的自然法""智慧的自然法"，而亚里士多德式的、不变的"各得其
所"的分配正义可以被称为"不变的自然法"。但读者不能误解为
西塞罗式的自然法由于是"可变的自然法"，就不具有"普遍性"，而
应该明白，西塞罗式的自然法有一个"普遍性"——这个"普遍性"
就是人皆有之的"natura"（本性、自然），以及源于"natura"（本性、

---

① ［古罗马］西塞罗：《论法律》，第 37 页。

自然)的人之德性光辉下的智慧。

　　这里的关键是,西塞罗的"自然"是一种超越无德性的心灵状态,它类似于"神明的力量或本性",因而是一种此岸之人趋向于神性的"德性"(赫拉克利特式的逻各斯理性)。当人拥有神一般的正确理性时,人与神就是平等的了。这里的"德性"就不再仅仅是亚里士多德意义上的"形式"(as)以及纯形式(上帝),而是此岸宇宙中实在存有的普遍"本性"(natura)。亚里士多德意义上的"形式"作为"一"是一个抽象的、没任何内容的彼岸世界,但"普遍本性"却是人的精神世界的最高追求,是人的最崇高的"德性"境界。"德性"不再是抽象的彼岸世界,而是"人与神第一种共有物",是人的"本性",这个"本性"没有像亚里士多德区分"logos"和"nous"一样被区分为两个东西,因此,彼岸即此岸,"神性"的实质是人的最高潜能中的至善"本性""自然"(natura)。

　　可见,与其说西塞罗的"理性"与亚里士多德的"理性"之内涵有继承关系,毋宁说二者的相异之处更大:在西塞罗这里,"这种德性不是什么别的,就是达到完善,进入最高境界的自然",从"本性"产生出来的"德性"又倾向于回到"进入最高境界的自然(本性)",又是"人和神中间存在的正确的共同理性"。西塞罗也不是完全与亚里士多德对立,而依然有理性和最高神的概念,但是他的理性和最高神的概念不是彼岸的纯形式意义上的上帝,而是人的最高境界,人的最高的正确理性。"人"达到至善的德性、最高境界的正确理性,就叫作"神"。

　　由此,前面的简化公式又可以转化为:本性＝自然＝德性＝正确理性＝智慧。可见,源于犬儒学派的"德性产生的智慧"一词成了斯多亚学派"本性"一词和赫拉克利特"理性"一词的中介。"自然法"一词即以此"本性＝自然＝德性＝正确理性"为核心内涵,由此,西塞罗之"natural law"是本性、自然、德性、正确理性或曰智慧下的人之至善境界所规定的普遍法则。

二、中华法哲学本体论与西塞罗之"自然法"的比较与沟通

（一）佛教与犬儒学派、雅利安人婆罗门教之史缘窥探

在古希腊哲学中，或许赫拉克利特《论自然》的思想中暗含有人的本性平等观念，但从其留下来的书籍残篇中至今尚未发现这一痕迹。在苏格拉底哲学中，几乎没有发现"人之本性平等"哲学观。虽然苏格拉底主张在已经形成的法律面前人人平等，但他认为人的德性的高贵性是不一样的，德性境界高的哲学王应该成为国王和立法者。在法律面前人人平等这一点上，与苏格拉底相似的是亚里士多德，但后者认为有德性的人应该成为家庭中的主人，没有德性的人应该成为奴隶，只是在国家的法治（而非哲学王之治）及其法律面前，应该人人平等地遵守。

安提斯泰尼继承了苏格拉底迷狂的一面，但唯有一点，他没有继承苏格拉底的观点，这就是安提斯泰尼已经有了"男女的本性平等"，即"人的本性平等"观的萌芽，这与苏格拉底"各得其所"和亚里士多德的分配正义、矫正正义这两种贵族等级观（后者认为人有德性高低）开始有了分歧。到第欧根尼，则完整提出了"人的本性平等"哲学观。

可见只有犬儒学派及其后的斯多亚学派有平等观，之前也未见过"本性平等"哲学观。那么，为何犬儒学派会与老师苏格拉底有如此大的分歧呢？为何西塞罗的"人的本性平等"观点也与柏拉图或其他希腊哲人的贵族观念不一致，而有与佛教相似的平等精神呢？是什么原因使然？有没有外因即外来文化与思想启迪的可能？

承前所述，由于印度列国时代的混乱与各国贸易之发达，导致交通交流更加便捷，佛教在释迦牟尼证道之后就开始逐渐弘扬开来。后来马其顿国王亚历山大大帝东征，占领印度，几百年间希腊

或罗马人断断续续统治印度,加强了文化交流。阿育王、弥兰陀王等又曾主动派人传播佛法到希腊、罗马等地,客观上导致印度当地各家各派哲学之间不断进行辩论、交流、沟通、糅合。例如,在佛经中就有佛教与其他六十二家哲学或宗教学派(佛经称为六十二外道)的辩论。本书研究的《弥兰王问经》就是佛教与外道辩论中的沧海一粟,而辩论产生的各种问题或思潮也可能被马背上的人们(打仗的或经商的)传播回宗主国希腊、罗马。

是否佛教"人人皆具佛性而平等"的观念传到了古希腊罗马,让当时的许多哲人信服? 或者,古罗马地区本来就有人人本性平等的观点,恰巧与佛教众生平等观相似?

反对佛教平等观念传到了古希腊罗马这一假设的人(或对此假设存有疑惑的人)可能会联想到,罗马哲学中无论哪一学派(尤其是犬儒学派),都强调在实践中"不动心",这一点与婆罗门教、佛教追求"不动心"的行为相似。那么,是否"人人本性平等"的观念是地中海沿岸的、与婆罗门教同出一源的民族传下来的?

与婆罗门教同出一源的民族是自称高贵的雅利安人,他们有"人的本性平等"哲学观吗? 公元前14世纪,雅利安人从北方的高加索来到印度定居,成为当地的统治阶级婆罗门和刹帝利贵族;雅利安人还不断向南、向西或向东迁徙,公元前9世纪中叶就有亚述记载他们已生活在伊朗即古波斯,并到达了地中海沿岸。在亚欧交界处,波斯历史上有名的米底人和波斯人都是雅利安人后裔,而古希腊和古波斯历史学家提到的塞西安、撒尔马希安、马萨革泰和阿兰聊人等都是雅利安人后裔。① 可见有部分雅利安人早已迁徙

---

① 顺带一提,游牧民族雅利安人在历史长河中向各地进攻,摧毁了四大文明古国中的古巴比伦、古印度、古埃及。雅利安人在中国《史记》里被叫作塞种人和乌孙人,远古时候在中国西北部新疆和甘肃一带活动,所幸中国尚未被这个强悍尚武的游牧民族给毁灭。另外,《梨俱吠陀》描述了古雅利安人到印度的状态:一系列有亲缘关系的部落,主要定居在旁遮普及其邻近地区,使用共同的语言,信仰共同的宗教,(转下页)

到欧洲南部的地中海沿岸例如希腊、罗马等地生活。根据《梨俱吠陀》《吠陀本集》和《梵书》等古诗和史料记载，佛教之前的婆罗门教也有"不动心"的修养方法。古罗马本地的各家各派哲学中也都强调"不动心"，例如古罗马有信仰太阳神（日神）的宗教，可能源出于古老的波斯宗教改革家查拉图斯特拉（Zarathustra，也是雅利安人，约生于公元前 628 年）将雅利安人的梵天崇拜改革为拜火教（祆教）。① 但是很可惜，在雅利安人的这个宗教中也没有发现平

（接上页）自称为"雅利安"（arya-）。据说，他们与许多被称作"达萨"（Dasa）或"达休"（Dasyu）的敌对民族处于持久的战斗状态。从有关战斗的多种历史资料表明，战斗的结果常常是雅利安人大获全胜。雅利安人到印度区域后，因其武力强大而成为统治阶级，也就是后来人们熟悉的刹帝利阶级。Arya 即"雅利安"有"高贵的""尊敬的"的含义，此含义一直沿用到古典时期。Arya-varta 即"雅利安伐尔塔"在巴利文中被叫作"雅利安·阿雅塔南"（ariyam ayatanam），指北印度，意思是"雅利安人居住的国土"。耆那教经典常提到雅利安和蔑戾车之间的差别，或不同种族间的不同等级；在泰米尔文献中，北印度的国王就是指雅利安人的国王。而阿育王就是雅利安人。参见［英］H. G. 韦尔斯：《世界史纲》，梁思成译，上海人民出版社 2006 年版。

① 查拉图斯特拉（Zarathustra，另一翻译为琐罗亚斯德）就是尼采在著作《查拉图斯特拉如是说》中赞美的查拉图士特拉。不过，需要注意的是，雅利安人的太阳神崇拜是一个偶像崇拜的宗教，有一个被崇拜的实体，因此必然导致二元分裂。雅利安人在他们早先的家园开创的共同文化和宗教，仍然分别反映在伊朗人和印度—雅利安人最早的典籍中。在后者的文献中，查拉图斯特拉意为"骆驼的驾驭者"，即古波斯语的琐罗亚德斯，古波斯的宗教改革者。他的宗教改革带来了一些引人注目的改变，太阳神是从梵天身体的一部分中诞生的。根据查拉图斯特拉的说法，他是唯一的真神，但琐罗亚斯德的神学融一神论和二元论为一体，他称太阳神为阿胡拉·玛兹达（现代波斯语为 Ormuzd）。阿胡拉·玛兹达（英明的主，即真神）支持正直和诚实。但是琐罗亚斯德还相信存在一个凶神——安格拉·曼纽（现代波斯语为 Ahriman），他代表罪恶和虚伪。在现实世界里，善神和凶神双方之间在不断地进行着斗争。是站在善神一方还是站在凶神一方，每个人都有权做出自己的选择。虽然斗争的双方可能会势均力敌，但是拜火教徒相信，从长远的观点来看善神的势力终究会赢得胜利。其结果是，原有的单词"神"（梵语为 deva-）获得了"魔鬼"（阿吠斯塔语 daeva-）的词义。同时，吠陀经中某些重要的神（如因陀罗），在阿吠斯塔中则被降到魔鬼的地位。有相当数量的共同遗产保留下来：虽然因陀罗这个名称变为指魔鬼，但其称号"杀弗栗多者"（Vrtrahan-）的伊朗语形式 Vrthragna 仍指一尊重要的神祇；与吠陀经中的密多罗（Mitra，婆罗门教、印度（转下页）

等观,而只发现了二元论及其对立的神,例如太阳神不过是大梵天的儿子,与其对立的还有一个凶神。不过在古老的雅利安传统宗教中,的确有追求不动心的传统。

由此推论,雅利安游牧民族宗教思想中的修心方法或许就流变为罗马哲学各学派皆追求的"不动心"哲学观,婆罗门教与罗马的一些哲学派别(如犬儒学派)有可能共同渊源于雅利安人的宗教及其"不动心"的修养方法。犬儒学派创始人安提斯泰尼、第欧根尼很可能接触到了罗马本土的"不动心"哲学观,但不能由此推论出,古罗马的雅利安人传统宗教中有"人的本性平等"观。另外在古波斯的雅利安人的传统中没有发现此平等观念。

但问题是,印度的婆罗门传统宗教中有"人的本性平等"观?

从中亚往南迁徙进入印度的雅利安人——旁遮普人,即婆罗门和刹帝利的祖先,也未发现有此观念。具体而言,印度的雅利安人在印度打仗胜利,结果是成为印度的统治者即婆罗门和刹帝利等级,创造了吠陀文化,并建立种姓制度(玄奘将之翻译为族姓制度,因为此等级是按照民族划分的,故玄奘的翻译更准确)。他们自认为是高贵的民族,要与他们认为低下的民族区分开来,所以其婆罗门教的教义中只有民族间的等级学说,而没有人人本性平等的学说。例如,婆罗门教主张有一个"大梵天"是世界万物的造物主,有一个彼岸的实体(因而是二元分裂的哲学);大梵天造物时所造的前三个等级是婆罗门、刹帝利和吠舍,这三个等级都是雅利安人,而非雅利安人则是大梵天所造的脚,即最低等级首陀罗(多数成

(接上页)教神名,《吠陀》中的昼神)相应的伊朗的密斯拉(Mithra,古代波斯神话中的光与真理之神,后成为太阳神),仍为他们最重要的神祇之一,后来在罗马帝国有过一番不寻常的经历;崇拜火和苏摩祭是印度和伊朗两者的共同遗产;吠陀中的毗伐斯万特之子耶摩[Yama,太阳神毗伐斯万特(ViVansvant)之子,死者之王]和阿吠斯塔中毗伐赫万特之子伊玛(Yima,伊朗古代神话中也为太阳神之子,人类始祖)这样一些人物也说明有一种共同的神话。

为奴隶）。①

释迦牟尼要否定的恰恰就是当时婆罗门教的等级制度。作为游牧民族的古雅利安人的尚武精神、种姓等级制度，爱好统治别人、奴役最低等级，正是人的自我意志的体现，是为了实现"自我"价值，体现"自我"力量，满足"自我"欲望，展现"自我"意志（例如will，即权力意志）和存在感，而不将他人的生命、情感放在眼中。这恰恰是释迦牟尼所完全否定的人性中的"我执"的极端化表现。

由此反而证明，在犬儒学派之前，既然在古希腊、罗马都没有见到"人人本性平等"的哲学观，在佛教之前的印度也没有"人人本性平等"的思想，而犬儒学派与佛教沙门行为又有许多相似处，那么最有可能的推论是：佛教"人人本性（佛性）平等"的思想传播到古罗马、希腊，启迪了犬儒学派"人人本性平等"哲学观的诞生；换言之，公元前445 年出生的犬儒学派创始人安提斯泰尼的"人的本性平等"思想，除非是自己想出来的，否则只要受到前人的影响，最大可能就是受到了佛教众生平等观念的启迪。这也就在很大程度上打消了有人怀疑安提斯泰尼受到佛教之外的雅利安人及其婆罗门教思想的影响之揣测。

此外，还有一些蛛丝马迹也可成为旁证：安提斯泰尼主张妇女应该和男人一样有德性，这已经是对当时的主流观点——妇女、儿童和奴隶不是公民，不需要有和公民一样的德性——的反对。可见，在安提斯泰尼这里，已经有了"人人本性平等"观念的萌芽。第欧根尼则更进一步，主张包括奴隶在内的所有人的本性平等。可以说，到了第欧根尼这里，才完整地表达了妇女、奴隶在内的所有人的本性平等，犬儒学派的"人人本性平等"的哲学观是在第欧

①　种姓制（族姓制）即四瓦尔那制度，包括四个等级：婆罗门、刹帝利、吠舍、首陀罗。《百喻经·二子分财喻》："昔摩罗国有一刹利，得病极重，必知定死。"唐玄奘《大唐西域记·印度总述》："若夫族姓殊者，有四流焉：一曰婆罗门，净行也……二曰刹帝利，王种也。旧曰刹利，略也。"宋沈括《梦溪笔谈·杂志一》："唯四夷则全以氏族为贵贱，如天竺以刹利、婆罗门二姓为贵种，自徐皆为庶姓。"

根尼这里完整呈现出来。而恰恰是这个第欧根尼,最有可能通过亚历山大大帝东征时带到印度的哲学家回国后,听闻见识到了佛教思想——因为,公元前 323 年是东征十来余年后,亚历山大大帝逝世,同一年,第欧根尼也奇怪地"屏住呼吸"自杀了——这种死亡方式在印度的宗教中也存在(后者叫"坐化")。这一年距离释迦牟尼圆寂大约有 150 年。150 年间长期而频繁的贸易往来、战争与文化传播,是足以让佛教使者(或古希腊罗马哲学家、哲学爱好者)将佛法广泛地传播到罗马地区的,并且,亚历山大大帝东征十余年间,带到印度的哲学家当中估计也有些人回到了国内,因此可以说,第欧根尼去世前十年间接触到佛教的可能性比安提斯泰尼更大。

　　斯多亚学派创始人芝诺的生卒年大约是公元前 336 年—前 264 年(70 多岁的说法。如采用 90 岁的说法,则是公元前 246 年逝世),这个时间段也与阿育王之在位年(前 273—前 232)有交集。阿育王多次派人向希腊罗马等地传播佛教,这个时期希腊人虽多次与孔雀王朝交战,但阿育王一直在印度保有较强大的势力,繁荣的商队贸易也一直绵延不绝。所以,芝诺能够接触到佛法的可能性进一步提高。

　　最后,完全没有争议的是,希腊人弥兰陀王的在位年间是在公元前 160 年—前 140 年。弥兰陀王在位期间曾大力传播佛法,《弥兰王问经》在西塞罗(前 106—前 43)出生前应该就传到了古罗马,佛教众生自性平等观在《弥兰王问经》中有明确的述说。因此在希腊人时强时弱地统治印度几百年之后,西塞罗除受到犬儒学派、赫拉克利特、斯多亚学派的影响,其"人人本性平等"的观念及其在此基础上的"自然法"概念,极大可能借鉴了佛教思想中的人人平等具有佛性的思想。①

━━━━━━━━

　　① 不过,西塞罗还有个灵魂、我的概念,他认为个人(小宇宙)具有大宇宙、神明的自然本性,而推出了"人人平等"的观点,这与佛学中每个"流变的主体"打破自我(超越ego),让自然本来具足的本性(佛性)呈现出来,从而达到众生平等,还是有细微的区别。

以上蜻蜓点水式地分析了与佛教相关的古代印度与希腊、罗马的文化交流史，目的是提醒对这个问题感兴趣的读者去深入研究相关史料。本书的重点是思想本身以及思想之间的比较研究，如本章对佛教的"本性"思想与西塞罗的"本性"（natura）思想的异同做了一些符号学、哲学阐释学、比较学意义上的分析。即便以上的历史窥探有一定误差，也不会影响下文关于来源于佛性论的"法之道"与西塞罗的自然法的义理比较。

（二）西塞罗的"本性"与《弥兰王问经》等佛经中"本性"的比较

西塞罗使用"本性"（natura）一词，佛经中也常常使用"本性""自性"（佛性即"buddha-dhātu"的另一种翻译）一词。如前所述，西塞罗使用"本性"（natura）一词时或许受到了"佛性"（"本性""自性"）一词西传的影响，甚或西塞罗所崇尚的斯多亚学派及其前辈犬儒学派也曾受到印度佛教的影响，笔者不得而知。但为何犬儒学派没有继承苏格拉底的等级观，却反而主张平等观？当然，二者皆主张"人人本性平等"或是一种历史的偶然或巧合，而只是异曲同工地使用了相近的词汇。不过，在西塞罗之前四五百年释迦牟尼就圆寂了，其后几百年间，印度长期受到希腊、罗马人的统治，希腊、罗马的贵族常常被派到印度做国王或高官。这些国家和地区间的贸易往来也非常频繁，因而在长期的往来中彼此影响是极有可能的或许。例如《弥兰王问经》的向西流传，使得古罗马的哲人受到一定影响；阿育王派遣使者到达埃及、希腊、罗马等地，阿拉伯人将佛经向西传到埃及、希腊、罗马等地，造成了不同词汇的融贯使用，并渐成惯例。所以，不排除斯多亚学派的"本性"一词可能与印度传到古希腊、罗马的"佛性"（"本性"）一词相关。

那么，西塞罗的本性思想与佛教的佛性（本性）思想到底有何异同呢？

首先，佛教的"本性"与西塞罗之自然法中的"本性"含义有区

别。在《弥兰王问经》中的确能够看到关于自性(佛性、本性的另一种表达)、德性的许多对话:

> "大王,彼诸自性清净……一念之顷即是无碍……"
>
> "大王……破灭五盖,离去诸障的心变为澄清、清净、安静。"
>
> "由彼不喜乐、赞许、贪着则渴爱灭,由渴爱灭则取(占有)灭,由取灭则有灭,由有灭则生灭,由生灭则老、死、愁、悲、苦、忧恼灭。如是则全部苦蕴灭。大王,如此是寂灭即涅槃。"①
>
> "大王,有此二种烦恼:世间过咎及制度过咎。……大王,实有涅槃,涅槃以心识之。善修行之圣弟子以清净、崇高、正直、无碍、无欲之心则见涅槃。"
>
> "大王,譬如有人入于正在燃烧的大火聚,会从此无救护、无归依及无保护之火逃避……当彼既见(诸行)转起之怖畏,心中如是思维:'此诸行(烦恼思维)转起是炙热(如大火聚)、炽燃、焚烧、多苦、多恼,若人得(诸行)非转起,则为寂静、殊妙、诸行寂止、舍离一切执着、爱尽、离贪、寂灭、涅槃。'于是其心入于(诸行)不转起,喜悦、欣喜、欢喜而说:'我得出离。'"
>
> "尊者龙军,善哉! 涅槃被你指示,涅槃之证悟被你宣说,戒德得以庄严,正行道得以指出,法旗高举,法眼确立,善专心之正加行非徒劳。各宗最殊胜之师,其事如是,我接受它。"②

此处将以上几段引语结合起来阐释:在《弥兰王问经》中,向弥兰陀王传道的龙军以大火来比喻人的烦恼思维,认为通过戒德,

---

① 《南传弥兰王问经》,第246、34—35、70页。
② 《南传弥兰王问经》,第249—253、301、303页。以上三段在《那先比丘经》中没有,可能是后人添加的,但作为公认的南传佛经,笔者关注的是其思想内容,而非经文是否为原始经典,因而依然予以引用。

破除五盖(即贪、嗔、痴、我慢、怀疑正法)，就可转身、出离、超越于现象界的过咎、烦恼之火——其重点是"若人得(诸行)非转起"，也就是在现象之苦的流转、无常中"非转起"，见到超越现象流转的不变本性。或者说，破除对喜乐、赞许、贪婪(贪爱对象、事物等)的执着，从而超越渴爱，由超越渴爱而超越贪取，由超越贪取而超越占有，由超越占有而超越对自身身体的所有权的执着，由超越对一切的执着而超越愁悲、苦恼、忧烦、衰老，最后，由于超越对"我"的执着而超对死亡的恐惧，从而见到本性，进一步完全安住于本性(去蔽意义上的本体)，即证得、发现不生不灭的、非实体的本性。弥兰陀王最后说："涅槃之证悟被你宣说，戒德得以庄严……各宗最殊胜之师，其事如是，我接受它!"表明到此时，他这个希腊人终于被龙军比丘说服了，认为通过"戒律"或德性、智慧能够发现本性，达到涅槃。

对证得涅槃的心性的描述有"舍离一切执着、爱尽、离贪"等，龙军描述达到这般心境时的德性是"清净、崇高、正直、无碍、无欲之心"。南传上座部《清净道论》认为涅槃心性有无相、不转起、离有为行、灭之意，关键是要"入于不生"，乃至"入于无恼、灭"，"寂灭一切怖畏"。① 无论龙军的言说，还是《清净道论》，其核心词都是"寂灭""灭""入于不生"，合于传统佛教关于无余涅槃的定义，即灰身灭智，有情都灭。② 换言之，南传上座部阿罗汉为了安住在本性状态，让身心都不存在，以涅槃心性、彼岸为所缘。

这种德性是北传佛教(传统称为大乘)也有的吗? 木村泰贤依据巴利文原典及汉译佛经认为，原始佛教非小乘非大乘，而为小

---

① 得到这种涅槃的智慧被称作种姓智，参见［印］觉音：《清净道论》，叶均译，中国佛教协会，第629—631页。

② 参见(刘宋)求那跋陀罗译：《胜鬘经》，《大正藏》第12册。

乘、大乘之渊源。① 大乘佛法追求的是无住涅槃,指为度脱一切众生,既不住生死亦不住涅槃的一种涅槃。② 换言之,追求菩萨道的人不住此岸,亦不住彼岸,身体入此岸、世间做事,心态保持在放下境界,是不住本性的本性状态。笔者认为人间佛教应让佛教中的精华为入世的法律提供参考,因此支持此菩萨道立场,即应借鉴大乘经典中关于"本性"的理论,融通进入本书研究的"本性"之义理中,才有助于在中华从义理上建构"法之道"。总之,中华传统教界认为,南传佛教主要追求无余涅槃,北传佛教主要追求无住涅槃。当然,南传佛教也有追求菩萨道的,不能一概而论。无论南传还是北传佛教,涅槃指向的都是安住于"本性"。

相关的,学界公认的第三时教中有北传的《大般涅槃经》,这部经重点讲述"涅槃"的含义,对于"涅槃"的理解与《弥兰王问经》都是以三法印为基石,因此是一贯融通的,虽然义理上有些微区别,但方向是一贯的:南传佛教经典《清净道论》中有"涅槃"一词,《涅槃经》也有"涅槃"一词。只是二者的理解不可能完全一致,北传佛经为了破除执着,常说对涅槃也不执着,才能证得涅槃;南传佛经直接强调证得涅槃。北传认为应回小向大,更深度地放下,不仅得到无余涅槃,还得到无住涅槃。但二者都认可涅槃等三法印是佛法的核心。③ 南传佛经中直接提到"自然法"的经典不足,通过《大

---

① 参见[日]木村泰贤:《原始佛教思想论》,欧阳瀚存译,台湾商务印书馆1999年版,第56—82、335页。

② 参见(唐)玄奘译:《成唯识论》卷10,《大正藏》第31册。

③ 佛陀的三时教是指:第一时教是佛成道后七年中于鹿野苑讲说四谛之理,即目前学界公认的南传佛教;第二时教是佛成道七年后在舍卫国说《般若》等,以"空"照"有",此时具有"转""照"二轮,即目前学界公认的中观见;第三时教是佛入涅槃前,在毗舍离国为"真常菩萨"说《解节经》等,"空""有"双照,此时具有"转""照""持"三轮,即《金光明经》《涅槃经》的核心思想。参见杨维中:《大乘"三系判教"与如来藏系经典的地位新论》,《华东师范大学学报(哲学社会科学版)》2016年第2期。吕澂在玄奘翻译的《瑜伽师地论》最后二十卷中发现《摄事分》大部分引用的是《杂阿含经本母》,因此(转下页)

般涅槃经》则可拓展对"本性"一词的理解，及其对中华法哲学的启迪。

《大般涅槃经》将"涅槃"叫作"第一义空"（佛性），与之相关，《般泥洹经》将达到这种涅槃相关的德性描述为："清净究畅，一切敷演，是一难有自然法也。"①此经中的"自然"指的是德性的圆满清净，"法"指的是宇宙万有、一切存在事物、现象，而不是法律；合起来，《般泥洹经》中的"自然法"指的是：当某人的修行德性达到"清净究畅、崇高、正直、无碍、无欲之心"时，能够在流变之现象中发现非实体的、不变的本性，或曰自性、真如、一真法界；安守此境界即曰涅槃。这里的"自然法"虽然不是法律，但却内含有崇高性、本体性、终极性三义素，这三义素恰恰也是前述"法之道"的核心义素。

但"法之道"的概念与西塞罗的"natural law"（自然法）的确有微妙的区别。古罗马如西塞罗的本体论是继承古希腊的赫拉克利特、柏拉图等人的，以承认灵魂是一个实体为前提，其本体论认为宇宙中有一个正确理性，能达到正确理性的是神，那么神也是一个有灵魂的实体，因此其本体论是实体意义上的本体论；②而佛教意

_____

（接上页）发现瑜伽一系学说的真正来源是上座部禅法。这为研究瑜伽系的渊源以及大小三乘佛法的相互关系提供了有力的根据，在佛学史上具有极其重大的价值。参见吕澂：《吕澂唯识论著集》，崇文书局 2019 年版，第 12—25 页。故释迦牟尼的三时说法只是时期不同，甚或内涵有深浅的不同，但对于"涅槃""本性"的理解应是一以贯之的，皆不可能离开三法印。

① 《大般涅槃经》中，释迦牟尼佛将圆寂时，弟子须跋陀向众人说佛陀的制戒让他烦恼，佛灭后就可不受戒了。正其时，迦叶路过听见，深感佛理有可能被人误解，故认为有必要召开结集法与律的全体大会，共同审议佛所教的法与律。而律藏中的大品亦提及第一次集会，阿难被问者是小小戒，正好对应此经的第六诵第三节；此经从印度翻译到中国后，在中国佛教界被认为是释迦牟尼临圆寂时留下的经典。隋智顗也以此经义，立五时教（华严时、阿含时、方等时、般若时、法华涅槃时）和天台四教（藏、通、别、圆），以《涅槃经》为"第五时教"，即最圆满的"圆教"。

② 参见下文对破斥灵魂实体说、对西塞罗的解读及其脚注，这里不再冗述。

义上的本体是无实体的(北传或南传佛教皆否定了实体的灵魂)，证得本性即是涅槃，是本体、佛性的无遮蔽的显露状态(无明则是本体的不显露状态)，是 dhatu(绝对存在、"是"、如实的本体)与buddha(相对存在、不断流变生成的现象)这两个词根的合一；①当生命如人类处于我执——现代心理学表达是自我意识(英文 ego)及其自我意志(will)的盲目冲动未被超越的状态时，是因禁、局限在"我"的意识现象中的，这时是本体不显露的状态，佛教称为无明。但无论人类处于我执、局限状态，或是本性、无限状态，本体都存在——只不过，当人处于我执状态时，本体是隐蔽的存在，而超越我执时，本体的本性是去蔽、显露的存在状态。本书的"法之道"则是指当一切存在事物达到本性时的圆满清净的德性，是本体的显现，不是规则意义上的 natural law(例如西塞罗的 natural law)——但当某人的德性达到不变的本性时，自身依然可能在四正勤时含有善恶法则。② 或可能推演出如下法则，即人若处于本性状态，在心理上对应的是崇高、正直、无欲、开悟，即处于"本觉"

①　林晓辉认为，阿耨多罗三藐三菩提的梵文"Anuttara-samyaksambodhi"可以重新翻译成"绝对观念"，并等同于黑格尔哲学上的"绝对观念"。参见林晓辉：《佛教哲学中的"是"》，《五台山研究》2007 年第 1 期。笔者认为，佛性是不一不异的，而黑格尔的"绝对观念"是"一"、精神，所以"Anuttara-samyaksambodhi"不能翻译为"绝对观念"，只能翻译为"最正确的认识"(或保持原译：无上正等正觉)。本书与林晓辉的观点的微小区别在于，他认为"真如"与亚里士多德的"being as being"(形而上学)无区别，本书则认为"真如"与亚里士多德的"形式论"中的"本体"(on)有区别，虽然二者的词根一样。但《金刚经》言："无有少法可得，是名阿耨多罗三藐三菩提。"无有一法可得，才是阿耨多罗三藐三菩提，即没有一个"一""绝对观念"，佛学中的"真如"(佛性、本体)仅是在流变中的真如，缘起中的真如，没有一与多的分裂(是绝对存在与相对存在的不二)。亚里士多德的"on"只是"一"，从而是二元分裂。参见费小兵：《〈弥兰陀王问经〉之精彩对话片段》，学愚主编：《汉传佛教义理研究》，第 328—350 页。

②　四正勤是佛法修行三十七道品中的一类，主要包括：未生恶法令不生，已生之恶令除断，未生之善令能生，已生之善令增长，勤精进修习此四种行为。参见《增一阿含经》卷 18、《杂阿含经》卷 31 等。

的空灵状态；①其自然呈露出的后得智，在应物时升起的纯粹良知能够直观判断出存在世界的善恶规则，笔者将之称作"法之道"（对应于西方的 natural law 精神）。② 这个"法之道"在逻辑上是可能推演出来的，因为修行四正勤时，必然涉及对善恶的判断，只有这样才能断恶生善。这个判断善恶的法则被借用到对法哲学的启迪上，就可以通过其纯粹良知直观判断出善恶的法则，即名之为"法之道"或本性法。而四正勤是无论大乘、小乘（包括本书所说的南传上座部）都必须修习的法门，因此其判断善恶的能力是大小乘都有的，甚至可以说是正常人皆具有的潜能。"法之道"由于具有此崇高德性，因此可涵盖规则意义上的 natural law 这种追求德性的自然法法则（下文详述）。

　　而龙军等佛教所言的清净究畅、崇高正直、无碍无欲之心也体

---

　　①《圆觉经》言："善男子！无上法王有大陀罗尼门，名为圆觉，流出一切清净真如菩提涅槃及波罗蜜教授菩萨。一切如来本起因地，皆依圆照清净觉相，永断无明方成佛道。"牟宗三发明的词汇是"智的直觉"，参见牟宗三：《圆善论》，第 10 页。笔者认为他的"智的直觉"中的智即理智，该词联系的是逻辑思考。而本书中的"本觉的直观"，是人在"无我"状态下的、未经逻辑的、直接的智慧观照，与牟宗三"智的直觉"有区别。

　　② 这里举一个例子来帮助理解"本性法"中的"直观""无我"：当某个人（处于无知之幕的任何人）的面前突然从空中掉下来一个婴儿，掉的高度设定为：不太高，即不足以让人来得及用逻辑思考；不太低，即比人高，且有足以让人在本能状态下伸出胳膊的时间。那么，从空中掉下来一个婴儿时，没有用逻辑思考的人的本能应该是处于"无我"（0 信息，或忘我）的直觉、直观，而伸出胳膊接住婴儿；而用逻辑思考后就可能有"算法"（例如产生害怕自己被砸着的计算等），而不会伸出胳膊、闪开或延迟伸出胳膊的时间等。因此，谁也不能百分之百、完全成功预测未知的某个人此时的意识判断。本书把此种人在"无我"（及其旁观、大公、超然）状态时的直观状态，叫作本觉的直观。每个人都有这种本觉及其后得智之下的纯粹良知状态的潜能、可能性。此处"无我"是借鉴佛家"诸法无我"。佛家认为，在终极意义上没有一个固定不变的"实体"之我。只有打破"我执"，才能站在绝对旁观的视角，产生纯粹的本觉及其后得智、纯粹的良知，能够用纯粹旁观的良知判断出存在世界的善恶法则，即本性法。关于儒佛道三教的"无我"的区别与相通处，参见费小兵：《佛性启迪出的本性法》第二章，四川大学道教与宗教文化研究所 2016 年博士后出站报告。

现了对圆满德性的追求,这种德性能发现可变现象的不变本性(或曰佛性)——当然,它不是一个实体,言语道断、心行灭处(我执意志不起作用)的时候方可证,因此被称为空性。①

此《大般涅槃经》中至上的"自然法德性",既是证得"佛性"(本性)的前提(佛教称之为"根本智"),又是证得、发现"佛性"之后的德性,佛教称之为"后得智"。北传佛经中的"本性"是直接与"德性"相关的,南传佛经中的龙军认为"自性"(本性)也是通过人的最高境界的"德性"直观发现的本体的自然呈露状态,而非被各种贪嗔痴掩盖后的、纷繁复杂的表象状态。可见,南传与北传佛教在对"本性"一词的基本精神、内涵义理的理解是意义贯通的——这也说明南传、北传对涅槃、本性的认识取向是一致的。

总之,佛教思想中的本性不是与现实存在者二分的,而指向现实存在者的本质;人可通过德性、智慧达于"本性",本性是存在者的本体的去蔽状态,安住本性的本觉产生出后得智,其后得智应对事件而表现为纯粹良知,纯粹良知判断出的善恶法则,即是"法之道"。②

---

① 佛学亦强调从"本体论"视角直观发现现象即本性、终极因,被误读的万法唯心其实是强调心的作用,反之,非唯心=空=本性=非实体、有动力、非二元、无造物神论的本体,如《心经》"色即是空"就表此意。可见,"无心"是"无我"的另一种表达,并非唯心才是佛学"本性"的内涵之一。但印顺认为,如来藏是"真常唯心论"。参见印顺:《印度佛教思想史》,台北正闻出版社1988年版,第176页。
② 从佛性、本性推衍出"本性法"的主要思路如下:现象在佛学中表达为"无执之现象",本体在佛学中表达为"无实体之本体",则现象与本体不二,现象不离本体,本体不离现象。并且,由于本体不是实体,不是东西(故称为空性),就没有脱离现象之外的本体,现象自身本体呈露的状态即被称为本性。反之,现象中人被"色受想行识"遮蔽时,本体就处于被遮蔽状态、自身的本性不呈露的状态,被称为无明,则"无色受想行识""无眼耳鼻舌身意""乃至无意识界""无智亦无得",就是要不断深入地去蔽、超越。人的心理活动可阐释为"自我意志"起来后的信息处理过程,即人的心识就是一个"幽禁在自我的意识"(唯识学指第七识、末那识)支配下功能强大的信息处理系统。负面情绪信息会像病毒一样使人为恶犯法;反之,趋向本性的本觉产生出后得智,人在超越自我后的后得智应物生出纯粹良知,良知判断出的善恶法则可名之为"本性法"。

《弥兰王问经》与北传佛经一样,都不认为本体是实体,这是理解佛教的"本性"与西塞罗的"本性"区别的关键,也是解析下文的钥匙。

综上,虽然佛经中的"自性"(本性)与西塞罗的"本性"都是通过最高境界的"德性"达到本体状态的"本然"(呈现、露出本体的天然状态),但在符号学意义上,西塞罗的"本性"与佛经中"本性"一词还有如下区别:

第一,西塞罗认为人是由神明创造的,龙军等佛家认为人自身与非实体的本性一体不二。

斯多亚学派是"一元论",但其门徒西塞罗认为,具有德性或曰正确理性的人是由"神明"创造的,只不过,"人是一定程度的神"。① 而《弥兰王问经》常用同义词"自性"来表达"本性"。龙军认为,作为现象的人与"本性"(去蔽的本体)是一体不二、体用不二的,因而是人自身的本性演化了自己,没有异于现象的另一个创造者,不存在造者与被造者的二元分裂。② 笔者认为,人如果证得"本性"的后得智,遇到事情油然而生的纯粹良知与西塞罗的正确理性都指向了至善,这是二者的相似之处。

但西塞罗与芝诺一样,接受的是赫拉克利特意义上的逻各斯精神,这种逻各斯精神的最高状态即"神明"不是外在于人的,而是人的最高德性状态。但赫拉克利特将逻各斯定义为"一"、普遍性,因此依然是一个"实体"。西塞罗对人自身没有信心,不敢承认人能够达到最高境界的德性状态,所以他在书中常常区分关于不完

---

① 参见[古罗马]西塞罗:《论法律》,第39页。

② 另外,老子也认为"道"是"象帝之先",超越于"神明"的。换言之,人自身就载道,人自身就是"道"自我的创造,或曰神明就是人自身的神明。从《老子》中发掘出的意涵是,道(本体)也没有与现象分裂,但《老子》文本中没有提出打破灵魂。佛学认为因为本体有两种性质,其中一种被称为"无明"的性质产生有分别的各个独立个体,另一种性质是让各个个体打破自我意志,回到无分状态,即是"本性"。

善的人与完善的神的分别,例如他说:"由于自然的教导,(人)还发明了各种技艺;(人的)智慧仿效自然,创造出了升华需要的各种东西。"西塞罗说的"自然"就是指赫拉克利特意义上的逻各斯精神或曰"神明",人的智慧只能仿效它,并且是"自然这样创造了我们"。① 这里,西塞罗依然认为人是神明的创造物,虽说他秉承斯多亚学派的一元论,但似乎有点远离一元论,有滑向二元论的危险。只不过,他依然认为人是一定程度的神,人的德性的最高境界就是神,还是没有完全否认人可能通过道德修养达到德性的最高境界;而且他的神作为最高的德性存在,并没有抛弃其所继承的犬儒学派的德性的现实感性内容,没有抛弃赫拉克利特通过"火"比喻的"一(普遍)与多(流变现实)的统一"的"逻各斯",及其所依据的"神明"意涵,从而不同于亚里士多德完全的二元论中纯形式意义上的"上帝"(或 on,是,彼岸)。但毕竟西塞罗认为人是神明的创造物,而《弥兰王问经》中龙军认为人与"本性"是体用不二的,是本性在无明中产生了自我意识,二者还是存在区别。

第二,西塞罗认为人有一个灵魂,龙军等佛家认为在终极上没有实体的灵魂。

西塞罗认为人有一个灵魂,但龙军认为在终极上是没有实体的灵魂,只有流变不息的意识流。虽然龙军在世俗谛意义上也可能会提到人的神识,但他强调神识即思想的内容是流变的,没有脱离意识的"一个"灵魂。也就是说,佛经彻底地否认终极上有一个实体不变的灵魂。在佛经中,没有亚里士多德二分的"形式因"概念。龙军认为,由于人的"我"的意志,才产生了现象上彼此分裂的个体。联系起来看,龙军要打破的恰是"形式因""灵魂"等实体。即"是"本身不是一个实体,只能在现象中显现。绝对存在与相对存在是一体不二、体用不二的,合成一个词"佛性"(buddha-

---

① [古罗马]西塞罗:《论法律》,第 41、47 页。

dhātu）。只有证得本性（或曰佛性）的人才有本觉，这个本觉与西塞罗继承的苏格拉底的理念都是在描述至善，但佛教不认可人有灵魂，即实体、不变的自性之"我"。

而西塞罗有一个"灵魂"的概念，也就还有"我"的概念，还在现象之中。于是，实际上他就难以真正超越现象，见到本体。西塞罗受教的斯多亚学派接受的是赫拉克利特的"逻各斯"，后者被喻为宇宙之"大火"，个体只是一个"小火"，从而形成"大宇宙"与个人"小宇宙"的二分——斯多亚学派自称"一元论"，"小火"（个人小宇宙）似乎是宇宙之"大火"（大宇宙）的不可分离的一部分；但其毕竟还有"灵魂"的概念，所以还有"小火"（个人小宇宙）与宇宙之"大火"（大宇宙）两个实体，是个人这个"小宇宙"分了"大宇宙"的普遍本质、自然本性。但赫拉克利特和西塞罗强调了一个"一"，佛性论却反对有一个固定不变的"一"。所以，从符号学上看，龙军及其他佛家的观点是"一即一切"（真如）、"不一不异"，是纯然的非二元论；赫拉克利特以及斯多亚学派包括西塞罗的观点是"一与多的统一"，是一元论，有"一"个纯形式。

所以，西塞罗认同斯多亚学派关于宇宙中只有"一"个普遍的自然本性的观点。如他认为，人的敏捷的心智、如同侍卫和使者般的感觉，都是自然本性的赐予。但在佛经如《弥兰王问经》中的龙军不仅认同此一点，更认为，人的心智、感觉虽然源于本体，却是因为有了"我执"即"无明"才产生出一个个能动者与所动者分裂开来的个体我，有了"无明""我执"的个体我就遮蔽了本性（本体隐没的状态）；如果要回到本性（本体显现的状态），人就必须打破"我执""无明"或对"灵魂"等所有固定不变的实体的执着，才能去蔽、呈露出本性（本体显现的状态）。而人之所以有超越感性欲望的理性、敏捷的心智，乃在于虽然人有"无明""我执"，但毕竟人还有超越"无明""我执"的本性及其后得智，所以当人冷静、安住本性时，能够或深或浅地觉照、直观、呈露出自我内在的本觉，及其后得智直接表达出的纯粹良知。换言之,"醒来"就是超越了自我意志的囚禁。但如果"我执"(自我意志,唯识学称之为第七识)依然未被破除,人就把自我看成一个实体,人的第六识即理性意识就将直观发现逻辑化,并从属于自我意识(ego)。由此状态,其逻辑推演出的至善德性就只能是实体的一个"是"本身,且在分裂的彼岸,被称为他者、"神明";他者与我是二元的。因而,站在佛家如龙军的视角看来,西塞罗的"认为宇宙中只有一个本性(自然)",自我的灵魂(ego)只要不断完善就趋近于神、类似于神的观点,其实是有待商榷的。因为自我意志(ego)或曰自我的灵魂没有被打破、被超越或从"我"中醒来时,这自我意志(ego)就处于盲目冲动的状态,这就是尼采所谓的"will"(又被译为权力意志)。所以,仅仅通过理性意识和自我意志(ego)就试图达到本性(自然),并与本性(自然)完全合一,是不可能实现的——因为"我"还是处在与"一"(逻各斯)这个"他者"是两个实体的分裂状态;虽然西塞罗的"我"在向"他者"的至高德性境界努力迈进,小宇宙试图与大宇宙合一,而被叫作一元论,但如果"我"尚未超越自我的灵魂或曰打破自我意识(ego)的话,就还仅仅是倾向于"合一"的状态,不是纯然的一元论。

　　第三,西塞罗主张"一元论",龙军等佛家超越了普遍性的宇宙"一合相"概念。

　　由此,也可更加理解西塞罗的如下理论渊源:他所学习的斯多亚学派,吸收了阿那克西美尼关于万物之始基是"气"的观点。Pneuma 是"气""精气"的希腊文,也是斯多亚学派的"主动原则"即"神"(即赫拉克利特式的"逻各斯")的内涵之一,是内在于实体中的理性。这个"主动原则"使得"被动原则"即质料因得以运动变化。"气"无定形,但"气"本身又是一个东西,它存在于物质之内就使得物质活起来,按照黑格尔的说法是多样的统一。① 在这样的

---

① 参见邓晓芒:《古希腊罗马哲学讲演录》,第 17—18 页。

观念下，西塞罗认为，"神明正是这样创造和装备了人，希望人成为其他一切事物的基础，因此很显然，自然（本性）本身凭借自己的力量更前进一步，因为它不是受任何教导，而是从它的第一次的、初始的理解形成的各种观念出发，凭借自己的力量，使理性得到巩固和完善"。① 可见在西塞罗的观念中"神明"就等同于自然（本性）、正确理性，它凭借自己的力量创造和装备了人，使人的理性得到巩固和完善。那么，是通过怎么样的方式创造和装备的呢？是由于逻各斯（理性）的主动原则通过"Pneuma"（气、精气）运行于实体中，推动实体发展变化的。

　　这里，西塞罗的"神明"是指生命中的"主动原则"，让人联想到熊十力在《新唯识论》中将《易经》中的《乾卦》叫作"乾元"，即宇宙的动力。② 笔者曾在拙作《〈老子〉法观念探微》中说，道家的一生二，则阴、阳二"神"不过是"先天一炁"自我分化为二的状态；"精气神"中的"神"，依赖于精气的养化，是不断"燃烧"精气、转化能量、新陈代谢的过程，故"神"又可被称为"神火"，是"精气"的精华和升华。现代人简化"精气神"为"精神"二字，其实是省略了中间的"气"字，意涵也变化为"人的意识、思维活动"，其实只相当于"识神"（大脑内的逻辑思维，人的主动有为思考的状态）。而"元神"的自动运行是人处于"无思"的直观状态，是道家的无为状态。这时，内在于人而言是炁自动推动身体的生成代谢，外在于人而言，也是炁推动天地万物

　　① ［古罗马］西塞罗：《论法律》，第43页。
　　② 熊十力继承了"谭嗣同式的如来藏思想"，即"本体"等于实体之"本心"的观点，并由此认为儒家之道是实体之"本心"，从而他由佛转儒，以《周易》"乾坤"为逻辑起点，自称新儒家。熊十力将乾元等同于本心，让宇宙生生不息的"辟"的势能（好比动力因）。参见熊十力：《新唯识论》，第1、12—27页。笔者对熊十力关于本性、本性、本体等几个词的混用做了梳理，参见本书前文。

生成流变。① 因此有趣的是,斯多亚学派吸收了阿那克西美尼关于万物之始基是"Pneuma"(气、精气)及其主动原则的观点,与《易经》中的"先天一炁""乾元"的形而上意涵(元阳、主动精神)更相近。道家、儒家的天人合一,与前述西塞罗及其前辈赫拉克利特、犬儒学派、斯多亚学派主张的"一元论",都与亚里士多德不一样。这个不一样就在于,西塞罗及其前辈都主张"神人合一",并在行为艺术中"知行合一",严格践行这个德性;其与《易经》的哲理皆为一元论,而非如亚里士多德那样主张二元论。

但佛家如《弥兰王问经》龙军的理论中却没有一个"一",没有普遍性的宇宙"一合相"或曰"大宇宙""神明"或"天"的观点,所以才与北传《涅槃经》"一即一切"(真如)的精神方向一致,超越了一切的"实体"概念,包括普遍性的宇宙的"一合相"概念。因此,南传上座部的龙军、弥兰陀王都接受了佛理中的心物不二、一与一切不二的观点,而不局限于正确理性、纯形式(理念)这种偏向"心"或"彼岸神"的观念。

(三) 西塞罗的"本性"与佛性论的相通约义素

虽说佛教中没有一个"一",而与西塞罗及其斯多亚学派有区别,但西塞罗及其斯多亚学派的思想中依然有与佛性论的相似、相通之处。

1. 二者皆有相似的本体词源

西塞罗使用"本性"(自然)一词表达最高的本质、本体概念(natura),佛经(包括《弥陀王问经》)中也常用"自性"一词来表示本性——以相对存在(现象)为前提的绝对存在。印欧语系表达"是"、存在的词根有两个：as 和 bhu,as 派生出 sat、satta、sattva、

---

① 参见费小兵:《〈老子〉法观念探微》,第 85—94 页。佛家认为本性与现象并非两个东西,本性是现象自身的,本性非实体,故用空表达。而道家、儒家认为天人合一。或许在佛家看来,道家、儒家的道是一个实体,但三家皆倾向于本体与现象非二元,本体就存在于现象中,熊十力用汉语术语概括为"体用不二"(参见熊十力:《新唯识论》,第 1—7 页),这一点笔者是赞同的。

satya 等词，佛经上便用来指终极的、真实的、是、本体、绝对存在，包括佛性、本性等词。"as"（是，绝对存在）是西塞罗与本性论者龙军二者共有的本体词根，即有相似的义素——"绝对存在"这一义素：西塞罗的"本性"源于赫拉克利特说"一切存在又不存在"中的存在（on、as），而"佛性"一词的梵文中也有表达绝对存在的词根"dhatu"。补充一点，西塞罗理论的渊源赫拉克利特说"一切存在又不存在"，他的意思是，"不存在"指"火"的感性现象的一面，是流变的，所以在感性现实中找不到一个固定不变的实体，因而赫拉克利特说的"存在"，是指终极不变的本体的存在。[1] 由于西塞罗继承赫拉克利特的"理性"一词，必然就会继承其"as"（绝对存在，是）的义素和现象流变（相对存在）的义素。如前所述，绝对存在的义素和现象流变（无常，相对存在）的义素恰恰也是本性（佛性，buddha-dhātu）这个词中的两个词根，因此西塞罗的"本性"的义素在这两点上与佛性相近。只不过，佛性论的表达式是"一即一切"，西塞罗的表达式是"一与多的统一"。"本性"（佛性）一词中有"是"的哲学，但又要打破"是"，即"是"不是独立的实体，而只能是相对存在、现象自身全然显现的本性。虽有这一点区别，但龙军的"本性"（佛性）与西塞罗的"本性"（自然）都包含了"本体性"（绝对存在）这一义素。

2. 二者皆追求至上的德性

佛教认为可以通过"德性"达于"本体"，西塞罗的思想中也有通过"德性"接近至上境界的"本性"（他有时用"本质"一词），而同时他又延续古希腊的传统，将这个"德性"叫作"正确理性"。不过，既然西塞罗认为人"本性"地倾向于追求至上的神圣"德性"，他的思想中则已没有亚里士多德的严格的二元论。如西塞罗说："这种德性不是什么别的，就是达到完善，进入最高境界的自然。"就是说

---

[1] 在这个意义上才能理解赫拉克利特说的"人不能两次踏入同一条河流"的意涵：一切流变，后一只脚进入水里时，前一只脚碰到的水已经流走了。

人的德性的努力方向是达到宇宙唯一的"本性"、最高境界的自然。因此,二者有一个共同的义素,即德性的至上性,或曰至善。

3. 二者皆认可终极性的义素

最重要的是,西塞罗的"本性"一词来源于一元论,与佛家龙军的"本性"有以下相似处:至上的德性没有与本性分裂,也没有与感性的现实分裂,是对本体与现象二者的关系是一元而非二元的肯定,所以二者都是对人的肯定,是对人可能回归本性的肯定,是对人可能达到最高德性境界的无限潜能的肯定,是对此岸之人向着德性升华的无限潜力的肯定。

但龙军的本性论不能被强说为一元论,由于其一个词根有"绝对存在"、本体论的意涵,因此是反对二元论、趋近于一元论的(为了不把本体定义为实体,所以不是固化的一元论,而是本体存在于流变的现象、现象即本体的近似一元论)。只是,佛性论是肯定终极因、终极性的义素的。

总之,二者的第三个相似的义素是:西塞罗是一元论,龙军反对现象,似乎也是一元论,且二者都承认终极因的存在,都有终极性的义素。

人们一般较为熟悉的是南传的"无余涅槃",指驱除了感性而守住顽空孤寂的,而常常忽略大乘精神中的"无住涅槃",[①]其生活

---

① 无住涅槃在佛经中的原义,如《成唯识论》卷 10 曰:"无住处涅槃,谓即真如出所知障,大悲般若常所辅翼,由斯不住生死涅槃,利乐有情,穷未来际,用而常寂,故名涅槃。"大乘"涅槃"的中心思想,主要有三:第一,如来常住;第二,涅槃"常乐我净";第三,一切众生皆有佛性。大乘"涅槃"主张"真空妙有"。大乘"般若"明无我,讲"真空";大乘"涅槃"示真我,讲"妙有"。由于此"有"不是对立的现象之有,故称"妙有"。从大乘思想的发展看,大乘《涅槃经》出现在《般若》《法华》《华严》等大品类经之后,以对治认为"涅槃"是永远沉寂的消极涅槃观。《金刚经》"应无所住而生其心"一句也可用来阐释无住涅槃的意涵:无所住、无执着地生活于生生不息的俗世间,而生起"守在如如不动、不生的本体"的心灵境界。换言之,守住崇高之空性(本体),同时有动、有万物,只是让万物和"有动"不妄动而失去"本体"之本性,即无住涅槃。

于感性现实中，却保持本性，没有与感性现实对抗、决裂，并让感性的方向朝着至上的德性、本性的显现、ego 的醒来（即打破我执）。在这一点上，被世人误解的佛教恰恰具有"入世"的精神，①因此可能与西塞罗的本性（自然）为人间立法的精神沟通。

由于西塞罗及其前辈赫拉克利特、犬儒学派、斯多亚学派都强调有一个灵魂，西塞罗的"理性"内涵就不完全是"佛性"意味上的"打破灵魂"（超越"我"）。在亚里士多德、柏拉图那里，也由于都还主张有一个灵魂，所以西塞罗等人的"本体"都与现象有一定程度的距离——即便没有亚里士多德意义上的二元分裂，但也由于现象之人没有达到放下"我"、超越现象、见到本性（本体的显现）的境界，而没有完全达到与"本性"合一的状态。因而，亚里士多德的形式、柏拉图的理念这两种"理性"概念虽然在言辞中含有"as"（绝对存在，是）义素，但其实本体对于他们而言都是"彼岸"——都不是现象与本体的不二状态。但毕竟西塞罗和前辈赫拉克利特、犬儒学派、斯多亚学派都是主张"一元论"的，与亚里士多德、柏拉图不一样，这个不一样就在于后者尤其是犬儒学派是主张"知行合一"的。因此，西塞罗等认为的本性都是"德性发展的最高境界"，在这一点上，与佛家中包括龙军认为的本性也是其"德性发展的最高境界"（只不过高到不可说的境界，以至于常以"空性"表达）存在以上的共同义素。

综上，西塞罗的"自然法"一词中的自然本性与龙军等佛家的"本性"（佛性）一词有三个共同义素：本体性、终极性、至上性。而这三个义素是古代西方自然法的三要素，②因此，由这三个要素的

----

① 《坛经》中慧能曰"佛法在世间，不离世间觉"，表达的也是"无住涅槃"的入世精神。只是，入世不是混同于世，而是在入世的同时保持住本性（本体的显露状态）。

② 耿云卿的《先秦法律思想与自然法》通过对自然法三要素——本体性、终极性、至上性的分析认为，道家有自然法观念，中西自然法的比较中有趋同面。

佛教的"本性"（佛性）一词推演出的"法之道"，也具有西方古代自然法的三要素。

4.总结：此岸现实中可能实现"法之道"

西塞罗及斯多亚学派强调"大宇宙"（macrocosmos）、神明与个人"小宇宙"（microcosmos）的合一。熊十力在《新唯识论》中论述到《易经》中的乾坤，"乾元"被他称作"本心"（无意识之灵动力），又称之为"辟"势，是能动者，是让道得以演化为万物的动力因，其与道家的元神，皆源出于《易经》。可见，西塞罗和熊十力——或者说被误读的（中国化的）佛性论，皆认为宇宙中的本体是一个实体的"宇宙大生命"；但在佛教看来，本体在本质上不是一个实体。

在龙军等佛家的视角看来，有我执（根本无明）的人，有"我是"，才可能定义出一个"实体"（他是）的概念。斯多亚学派的个人"小宇宙"或熊十力的"本心"概念，恰恰是执着于"我"这个"小宇宙"，才会由"我"推论出宇宙中有一个"大我""大宇宙"或曰神明、祂是。但其实这样理解的"大宇宙"，还局限在狭隘的感性对象中，最多只能接近终极的、无限的本性（本体的自然显现），而不能等同于本性。因此，斯多亚学派及西塞罗概念中的"大宇宙"或熊十力的"本心"，都只能仅仅是动力因，而不能等于纯粹的、清净完满的本性。在佛教视角中，"大宇宙"或"本心"都不是终极因，心与物皆是"本性"的感性现实呈现而已，佛性（本性）非物非心。

佛教最后超越了我执（即现代心理学术语自我意志，英文是ego），前提是，在超越感性的前提下，还要打破"我"的理性。超越了自我意志（ego），佛教成为最绝对的无为法（佛教中的无为指"无我"状态下的本性之为）。

那么，"无我"意味着只剩下所谓的"大宇宙"或"本心"了吗？答案是否定的。由于"大宇宙"或"本心""德性最高状态的神明"

是从"小宇宙""我"这个不完善的"德性状态"的人逻辑推演出的，所以，既然进入"无我"的境界，也就没有"一个"实体的"大宇宙"或"本心""德性最高状态的神明"，这样的"无我、无人、无众生、无寿者"①之境界，佛教称为"无执之现象"，现代语言即是无执之现象。

一切存在者、感性现象在流变的意义上无实体的同时，得以让流变产生的终极因存在，故在"无我、无人、无众生、无寿者"的前提下，存在的终极因被佛教称作绝对存在——在无实体的意义上被称为"空性"，是与流变相对的存在，二者合起来才是中道的、完整的生命，可用佛性、真如或本性表达。换言之，佛教所言"无实体之本体"，即指绝对存在与现象的不二。

由此可知，在有情生命超越"我执"，达到诸法无我的境界（而非抛弃感性质料的纯理性境界）时，才能展现本性（buddha-dhātu）。本性是超善恶的，它不是法律，但人如证得内在的本性，其后得智在无杂念状态下呈露出的纯粹良知是可以判断善恶的。由此呈现的普遍的善恶法则，本书称之为"法之道"，是潜在的可能实现的、此岸的自然法，而非西塞罗的、彼岸的自然法。不过，这个"法之道"依然有近似于西塞罗之"自然法"的三个义素：本体性、至上性、终极性。

所以，西塞罗所要实现的"本性＝自然＝德性＝正确理性"，在他这里是只有彼岸的神才能实现的德性，对于人类而言还是一个难以实现的理想、倾向、目标，是"难以完善达到"的自然法；而通过龙军、弥兰陀王和佛经视角推论出，人类只要打破我执（ego），就有潜力也有可能实现这个理想，让高处不胜寒的"法之道"实现在此岸、当下的现实中。

---

① 寿者是指与天地同寿的生命，或其他宗教中自认为有无限寿命的神明。

三、佛教与西塞罗之"平等"精神的沟通

（一）佛教的"佛性平等"观

很多佛经中都有众生"本具佛性"的观点，[1]即众生在本性上原本是佛，换言之，众生皆有超越现象（及我执）而安守本体、本性的潜力，因而人人皆有修行成佛的潜能。人放下"我执"，就可以发现自己原来与佛性（绝对存在与相对存在相统一的本体）不二、不别，从未离开自己的本性（简称自性）。《华严经》言"全波即水"，个

---

① 《杂阿含经》卷20、《大般若经》卷57《平等品》、《大宝积经》卷60、《大乘庄严经论》卷12、《佛地经论》卷5等佛教经论上皆曾述说人的佛性（有时叫自性、本性）平等。"平等"的梵文为 sama，巴利文与之相同，译为汉语名"舍"，意谓"无差别"，指一切现象在共性或空性、唯识性、心真如性等上没有差别。例如《金刚经》"是法平等，无有高下，是名阿耨多罗三藐三菩提"，即均平齐等，无高下、浅深之差别。为差别、分别、等级之对立。释迦牟尼否定印度吠陀以来之阶级差别，尤其是婆罗门教的种姓制度，而主张四姓平等。诸经论中有关平等的思想与用语极多，例如认为佛、法、僧三宝，以及心、佛、众生三法，于本质上均无差别，故说平等；或描述本体界，称为"空"平等、"真如"平等。另如《大般若经》卷49阐论般若波罗蜜、三摩地、菩萨等三者之平等，《大智度论》卷100明示法平等、众生平等之理，《大日经》卷1述说身、语、意之三密平等。《往生论注》卷上载，平等是诸法体相，由此所达到之智慧，应无所分别，主观与客观亦无区别，此称智平等；对于众生亦应等同视之，无高低、亲怨之区别，在值得怜悯和具有佛性上，平等无二，此称众生平等。佛被称为平等觉，自性法身被称为平等法身。此外，一乘法乃表示与佛的智慧平等之大慧，称为平等大慧；普遍于一切而无差别之爱，称为平等大悲；对一切平等，了悟真理而不起差别见解之心，称为平等心。空、假、中三观中，从空入假观，又称为平等观；观身、语、意三密之平等无差别，称为三平等观；不论怨、亲之别，一概一视同仁，称为怨亲平等。《华严经》卷53《离世间品》举出菩萨具有十种平等，即一切众生平等、一切法平等、一切刹平等、一切深心平等、一切善根平等、一切菩萨平等、一切愿平等、一切波罗蜜平等、一切行平等、一切佛平等，菩萨若安住此法，则得一切诸佛无上平等之法。同经卷30《十回向品》举出业平等、报平等等十种平等。《大方等大集经》卷50则举出众生平等、法平等、清净平等、布施平等、戒平等、忍平等、精进平等、禅平等、智平等、一切法清净平等十种，众生若具此平等，能速得入无畏之大城。这些皆说明人、法、国土、修行乃至诸佛等，悉皆平等，无有差别之道理。

体如浪花，本体如海洋，但本体不是一个实体，因而被叫作空性，所以才可能任由我执或无明或固执于自我之自由意志的盲目冲动，从而分别出"我"与"他者"，即能动者与所动者；被我的妄念、盲目的自我意志之冲动支配，人还是处在众生一体不二的本性中，只是不知道而已，于是就有了对自我存在感消失的恐惧。

当大多数人还有这个我的妄念或盲目的自我意志之冲动时，在现实中就不能实现本性上的平等。释迦牟尼尊重此现实，并将佛教与其他思想作了区别，将一体不二的佛性（绝对存在与相对存在相统一的本体）及其众生平等叫作了义语、胜义谛，将当时印度流行的思想叫作不了义语、世俗谛。这些世俗谛也常常在佛经中出现，但释迦牟尼说自己说的不都是了义语，例如佛教在世俗谛上借用了婆罗门教的"轮回说""水、火、地、风"四元素说。这里让人联想到的有趣事实是，前述在印度占统治地位的婆罗门教传承于雅利安人，而希腊人有一部分也是雅利安人的后裔，所以也可能传承了雅利安人思想中的轮回说。例如柏拉图《理想国》第十卷也论述了轮回说，或许就来源于雅利安人的思想；恩培多克勒之"水、火、土、气"构成宇宙的四根说，或许也来源于此；等等。

不过，在佛教看来这些都属于世俗谛的范畴。也就是说，从佛教视域看来，在人还没有证悟一体不二的佛性及众生平等之前，人世间的盲目自我意志冲动、情绪和欲望还是会导致人内心的战争、人与人的战争、国与国的战争。有情众生之间的社会关系最主要的就源于这种彼此偿还的相互连接，他们各自在普遍联系中的条件就有所不同。佛教继承婆罗门教的观点，将在普遍联系的各种因缘（条件）中依凭我执状态之意志的盲目冲动下的造作、行动、做事称作"业"。① 有情众生之间彼此偿还的因果关系，体现的是

---

① 业，梵文 Karman，巴利文 Kamma，中文译为"业"。业有三种含义：一者造作，二者行动，三者做事。在佛陀未出世之前的古印度婆罗门教等宗教中，人们对（转下页）

"业"的一种社会关系,各种业因形成多米诺骨牌效应的因果之流,于是有"业"就有"轮回"(轮回是"业"在轮回,是造业者在诸种因素中接受业果的同时又造下了新的业,彼此之间形成一个巨大的共业之网)。由此,有情众生成为我执、固守自我意志盲目冲动的行动责任人、后果负责人,甚或说,有情众生成为我执及其意志与欲望的奴隶。

但释迦牟尼及其佛教的目的却是要证悟一体不二的佛性及众生平等,让众生安住在一体不二的佛性(绝对存在与相对存在相统一的本体)中而超越我执、战争与轮回。

本章以《弥兰王问经》为古印度与古希腊之思想沟通的切入点,所以引用此经中述说"业"、不平等与超越"业"、不平等的段落来论证佛教的相关观点。

《弥兰王问经》第四品第二"人群不平等"中,国王(弥兰陀王)问:

> "尊者龙军,为何人群不平等:有短寿、有长寿、有多病、有少病、有丑、有美、有少欲、有多欲、有贫穷、有富裕、有卑贱、有尊贵、或有智慧、或无智慧?"
>
> 长老(龙军)说:"大王,为何树木皆不平等:有酸、有咸、有苦、有辛、有涩、有甜?"
>
> "尊者,我想是因为种子的差异。"
>
> "大王,人群不平等乃因业的差异,故有短寿、有长寿、有

(接上页)"业"的解释为"做事情"。佛教用语中的"业"特别有"造作"之意:起心动念,对于外境与烦恼,起种种妄心去做种种行为。行为可分为身、口、意:用身体去做,用口去讲或心里在想,这些都是行动,称为造作,也称为业。这样的一个造作过程,就会招感将来的果报。从果报来看它的原因,就有所谓的业因;从业的因到业的果报,就有所谓的业力,即是说由业力与外缘(条件)配合形成果报,就是所谓的业力。参见陈兵编著:《新编佛教辞典》,第151页。

多病、有少病、有丑、有美、有少欲、有多欲、有贫穷、有富裕、有卑贱、有尊贵、或有智慧、或无智慧亦复如是。大王，世尊亦曾作此说：'青年人，有情各有己业，彼等是业的承继人。业是母胎，业是眷属，业是所依，由业区分有情，即此尊卑等。'"①

这一段，龙军的论点并无多大新意，因为在婆罗门教中就有此"业"的观点，只是婆罗门教不懂得如何化解、超越"业"。不过，龙军的论证方式倒是耐人寻味：他问弥兰陀王"为何树木皆不平等：有酸、有咸、有苦、有辛、有涩、有甜?"各种树木及其果实的味道的确不同，酸咸苦辣辛涩甜，各有异趣。弥兰陀王回答道："是因为种子的差异。"种子不同，结出来的果实及其味道自然就不同，这是智力正常的人能够明白的。于是龙军以树木的种子不同譬喻人的"种子"不同，不同种子诞生不同的人(有短寿、有长寿、有多病、有少病、有丑、有美、有少欲、有多欲、有贫穷、有富裕、有卑贱、有尊贵、或有智慧、或无智慧)，所以人群也有不平等，也就是说"种瓜得瓜，种豆得豆"。②

龙军引用释迦牟尼的话"有情各有己业，彼等是业的承继人。业是母胎，业是眷属，业是所依，由业区分有情，即此尊卑等"来论证，在有我执的人世间，有情众生各自因自我意志的盲目冲动，必然会产生或善或恶的行为，从而形成"业力"。但释迦牟尼诠释的"业力"、轮回与婆罗门教讲的在意趣上略有区别：释迦牟尼认为，因为诸法无我，所以"业"与轮回在终极上无能动者(无我)、无所动

_____

① 《南传弥兰王问经》，第66—67页。

② 笔者曾论证，《老子》第二十三章言"同于道者，道亦得之；同于失者，道亦失之"，失去了"先天自然秩序"，追逐"后天异化秩序"，人就得到"舍本逐末"之果，而非"自然法"之果。此即种瓜得瓜种豆得豆。"先天自然秩序"形成的因果律使得"种子"的异化秩序必然得其应有的因果，故"天网恢恢，疏而不失"。参见费小兵：《〈老子〉法观念探微》，第128页。可见道家与佛家皆认同有情众生之间普遍存有的因果关系。

者(他者),也没有主宰者,即无造业者与受业者。"业"与轮回没有主宰,这只是世间自然的法则,以佛法来讲,即是"法尔如是"(比如说天要下雨,是自然诸种因素形成的因果关系或规律、法则、可能性)。婆罗门教认为"业"与轮回有一个主宰者——大梵天,而佛教认为"业力"本身没有一个如同灵魂一样的控制者,也没有一个类似大梵天一样的主宰者。"业力"是行为本身的作用力在宇宙普遍联系中自然形成的因果关系或规律、法则、可能性,导致有情众生虽有死亡,但是其"业力"不死,所以说当下的有情众生是过去的有情众生的"业力"的继承者,而非"灵魂"的继承者——由此是业力在"转生"、轮回,[①]而非灵魂在轮回;因为本无一个实体的灵魂,在胜义谛上也无造业者与受业者。所以,这个"种子"就是"业因",这个"业力"就是"业果"的前提,于是"由业区分有情,即此尊卑",在世俗谛上形成了不平等的众生。

但是,并不是同样的一颗种子在不同的环境中都会收获同样的瓜果庄稼,而是说,有不同的外因就会种出不同的瓜果庄稼,甚或说,没有阳光雨露、和合适的土壤,种子也不会发芽。这譬喻说,"业因"的产生本来就是有许多因缘条件的,"业果"的出现也需要许多外因外缘,这外缘就形成普遍联系的关系。所以,人需要努力,来改变"业因"、消除恶业,甚或证悟"无我"(消除了 ego,即"幽禁在自我的意志")而发现"业"本来也空——"业"是缘起法则,缘起本来无自性,故由此"业"空而不再受"业果"。因此,弥兰陀王接下来就要问怎么样才能"消除业",在《弥兰王问经》第四品第三"临渴掘井"中,他问:

> "尊者龙军,你们说:是否此苦会消灭即他苦不再生?"
> "大王,此为我等出家的目的。"

---

① 参见《南传弥兰王问经》,第48页。

　　"是否为畴昔的努力？不应当现在始努力？"

　　长老（龙军）说："大王，现在努力无用，畴昔努力才有用。"

　　"请给一譬喻。"

　　"大王，意以为何？是否当患渴时你始令掘井及池，说道：'我将喝水？'"

　　"尊者，否。"①

　　这里，弥兰陀王果然悟性超强、聪颖过人。他想，既然有不平等，有果报，那必然会因恶因让自己接受恶果。例如在在战争中，从国王沦为敌人的奴隶也是有可能的，那多苦啊，所以他想通过"努力"消除"业果"之苦。于是他就问"是否此苦会消灭即他苦不再生"，即通过"努力"改变"业因"，从而消除"业果"，不再受不平等的世间之苦；或者，他通过前面一段时间与比丘的对话，已经大致知道佛教的核心要义，从而猜测对方出家的原因是否是为了证得无我与佛性（涅槃），即懂得"业"（是缘起）无自性而明白"业果"也无自性，安住佛性，使得流变的"业果"在永恒的佛性面前如同虚无。

　　无论如何，弥兰陀王开始想要通过努力超越"业"与"轮回"。但龙军的回答是：不可能"临渴掘井"！这是不现实的，也来不及，所以说要早努力，不要"平时不努力，临时抱佛脚"。

　　怎么努力呢？佛家的努力就是证得涅槃。何为涅槃？思维到此，弥兰陀王必然会在《弥兰王问经》第四品中继续问道：

　　"尊者龙军，是否寂灭即涅槃？"

　　"大王，是。寂灭即涅槃。"

　　"尊者，如何是寂灭即涅槃？"

---

① 《南传弥兰王问经》，第 67 页。

"大王,诸凡愚凡夫喜乐、赞许、贪着内外[六]处——他们
该被洪流冲走,不得从生、老、死、愁、悲、苦、忧恼获得解脱。
我说彼等不能从苦的解脱。但大王,多闻的圣弟子不喜乐、赞
许、贪着内外[六]处。由彼不喜乐、赞许、贪着则渴爱灭,由渴
爱灭则取灭,由取灭则有灭,由有灭则生灭,由生灭则老、死、
愁、悲、苦、忧恼灭。如是则全部苦蕴灭。大王,如此是寂灭即
涅槃。"①

这一段是谈从不平等的现实探究回到平等和涅槃的方法,是
《弥兰王问经》对话的最精华处之一,其要义是:
凡夫"喜乐、赞许、贪着内外[六]处",所谓"内外六处"即是指
外面的眼耳鼻舌身五种感官和内在的第六感官——意识。龙军此
处是说,凡夫喜乐、赞许、贪着外在的五种感官和内在的第六感官
即意识流中,他们就会被感觉和思维意识的洪流冲走,所以没有片
刻停止、休息;并且有了意识,就有了喜乐、赞许、贪着,随之就有对
"他者"的渴爱,以及不自足感,这就需要依赖"他者"甚或占有"他
者"而获得满足感,从而产生去获得、占有的各种行为。于是就有
了因果联系(例如得到某物或被拒绝占有某物的各种因果情形),
也就有了"业因",而不能从各种"业果"(包括不平等的现实)及其
带来的各种烦恼中解脱出来(例如得到了就想得到更多,得不到就
想得到,得不到就会有嗔恨或者痴迷……)。最终,人处在"诸行无
常"的流变中而不能安心"寂灭"——此处的"寂灭"即烦恼的止灭。
心不安,则不仅有各种愁、悲、苦、忧等烦恼,还有随之而产生的各
种疾病和死亡。
反之,多闻的佛教圣弟子追求真正的"不动心",不喜乐、赞许、
贪着外在的感觉和内在的意识,而是任其流去,我心不动。由此,

———————————
① 《南传弥兰王问经》,第70页。

渴爱获取、翻腾不息的情绪停歇下来；渴爱的情绪停歇，则获取的欲望消失；获取的欲望消失，则占有的欲望消失；占有的欲望消失，则"我执"(ego)消灭。如果说不平等的业因、业果及其烦恼等诸种情绪（包括取得某物时暂时的快乐情绪）是一种苦的感受，即"诸受是苦"，那么要熄灭人的业、苦、烦恼的感受，就需要达到"诸法无我"的境界，就一定要超越"我执"，达到"诸法无我"，即在所有事情上都放下执守自我(ego)及其自我意志(will)的盲目冲动。这种无我执的状态又称为无为的状态（《金刚经》言"一切贤圣皆以无为法而有差别"）——唯有这般"我执"(ego)的消灭，才可能导致渴望得到、取得、占有的欲望及随之而来的烦恼（包括不平等和战争）消失，无烦恼则无业果，无业果则无业因，最终业才得以消除。在这样的状态中，可以有行动，但没有了自我意志的盲目冲动，而是处于随缘的状态，即随缘中自由自在的状态。这时候的"安守"就是一种真正的"不动心"，或心的"寂灭"。达到此境界，即证涅槃——证得《心经》所言之"不生不灭、不垢不净、不增不减"的、不可见但永恒存有的、非实体故称"空性"的安守佛性的状态，由此获得永恒——这就是释迦牟尼告诉后人的"觉悟"。由此，就超越了生灭、生死的轮回，以及一切流变、无常中的业和忧恼。在这种境界中，全部现象界的情绪即苦蕴都已消灭，从而实现真正、彻底的平等。这就是寂灭，即涅槃，亦即安住众生一体、不一不异的本体状态。此时，超越了一切现象，而又在现象中——在此安守本体的（涅槃）境界上超越现象，处于超越状态的众生的本质（本性）一体无差别，自然就"无众生"；并且，在此境界直观世俗谛的现象界，众生也不过是处于流变无常状态的，可谓之众生无自性、无实体（在此意义上也叫作"无众生"）。因此，无论怎么"直观"，看众生皆平等。

最后，在《弥兰王问经》这章的最后一节，弥兰陀王问道：

"未证涅槃者，是否知涅槃乐？"

"大王,未证涅槃者亦知涅槃乐。"……"彼未被截断手足者是否能知手足截断的苦痛?"

"尊者,是。彼等能知。"

"彼等如何能知?"

"尊者,由听闻他人手足被截断的悲痛之声,他们知手足截断是苦。"

"大王,若人听闻彼现见涅槃者之声即知涅槃是妙乐亦复如是。"①

这一章最后的部分告诉我们,由于释迦牟尼证得了涅槃之妙乐,龙军也证得了"含无碍智的阿罗汉果"②即涅槃的一种境界,所以,如同听到"他人手足被截断的悲痛之声,他们知手足截断是苦"一样,听到证得涅槃之妙乐的龙军说有涅槃之妙乐,即听"过来人"讲过来人的心得,其中甘苦,"过来人"自然是知道其中味道的。因此,"过来人"所说品味到的涅槃之妙乐,自然是经过实践检验的;而没有尝到其味道的人,如同看电影时看到电影中所说的味道,虽然没有亲自尝到味道,也能看出酸甜苦辣的大体方向,即起码也能判断出涅槃境界是最无忧的,在涅槃境界看到的众生,其佛性(本质)平等是真实的。

以上即是《弥兰王问经》第四品中龙军和弥兰陀王从不平等谈起,说到对不平等之苦的反思,最后到述说唯有觉悟、涅槃即烦恼寂灭的境界,才能真正直观发现众生平等。我们虽然难以尝到涅槃的味道,但通过阅读而听闻"过来人"讲过来人的涅槃心得,自然会有正常的判断力,知道在其境界中的直观必然能够发现众生平等——不仅是看到现象界流变无常的平等,而且看见众生的本质平等。

---

① 《南传弥兰王问经》,第 71 页。

② 《南传弥兰王问经》,第 16 页。

（二）西塞罗的人之本性平等观

虽然苏格拉底主张在已经形成的法律面前人人平等，但他认为德性境界高的哲学王应该成为国王和立法者。与苏格拉底相似的是亚里士多德，后者主张在法律面前人人平等，但也主张奴隶制正当。这里，苏格拉底和亚里士多德的平等都仅仅是在守法上的平等，而非认为每个人在终极本性（潜力）上有同等高度的德性。这就使得在现实中，自称拥有更高德性的人、自称是哲学王的人，在正当性上能够成为立法者或国王，即统治者，因此必然形成高贵者与低贱者、统治者与被统治者的等级划分。那么，在终极上，人与人之间是否是平等的呢？只有证明了人在终极上是平等的，才能在现实中坚守、捍卫民主制度。而假如误解了苏格拉底反对民主制的缘由（为了追求德性），当下之人对反对民主制的坚守，就可能在现实中导致：代表个人私欲的专制者打着高尚德性的旗号，对大众实行奴役。因此有必要重提尊重平等的意义。

而苏格拉底的学生、犬儒学派的创始人安提斯泰尼，已经提出了男女本性平等的说法，这或是"人人本性平等"的萌芽。但到了第欧根尼主张奴隶也应被平等对待时，才完整地表达了包括妇女、奴隶在内的所有人的本性平等。换言之，犬儒学派的"人人本性平等"的哲学观在第欧根尼这里才完整呈现出来。而恰恰是这个第欧根尼，极大可能通过随同亚历山大大帝东征印度且回国后的哲学家，听闻并见识到了佛教思想。

此外，或许还有如下现实原因促成了第欧根尼坚守这个平等观：第欧根尼自己曾经不小心被海盗抓住当作奴隶拍卖过，当拍卖者问他精通什么时，他回答道："统治人。"他是想暗示人们，奴隶也可以统治人。奴隶只要有思想，就同样可以成为像野兽一样自由的人，并可能统治人。第欧根尼还说："坏人就像奴隶服从主人一样服从贪欲。"可见在第欧根尼眼中，坏人比奴隶还要卑劣。另外，有人吹嘘在奥林匹亚运动会上击败了所有人，他却说："不，我战胜的是人,而你战胜的是奴隶。"在古希腊,自由公民才有资格参加运动会,妇女、儿童和奴隶都没有资格,而第欧根尼却说被战胜的公民是奴隶,他或许是想暗示人们,"主人"与"奴隶"之区分在于,是否有关于德性的思考和行动,是否有"言论自由"及其自我反思;如果没有德性,那就是贪欲或其他欲望的奴隶,因而他才说"你战胜的是奴隶","我"因为战胜了欲望,所以"我战胜的是人"。还有一个关于奴隶的故事:有人建议第欧根尼去追赶逃走的奴隶,他回答:"如果曼涅斯(奴隶)没有第欧根尼可以活下去,而第欧根尼没有曼涅斯却不能活,那简直太荒谬了。"他是要表明奴隶更有生存能力,可以独立地生活下去,而这"独立"却是人格独立乃至人格平等的关键。第欧根尼还常常和奴隶包括逃亡奴隶像朋友一样平等温和地说话。① 从这些故事中可发现,他是真正在行动中践行他的平等观。

　　综上,与古希腊罗马的前辈哲学家相比,犬儒学派的一个独特之处在于其"平等"观:每个人都源于宇宙本性(赫拉克利特意义上的逻各斯理性,或曰正确理性、智慧、德性、神性、本性)的创造,这是人的"自然",并且,在向最高境界的德性努力升华的潜能上"人的本性平等"。只有平等才不会受权势带来的等级的束缚,从而才有真正的自由,向着最高境界的德性努力升华。②

　　芝诺继承了犬儒学派的平等精神,西塞罗与前期斯多亚学派学者强调"人人平等"的观念一样,也与柏拉图的贵族精神(个别哲学王拥有理念)及其等级观念存有差异。

　　西塞罗认为,"人人本具德性","德性"这一"本性"使得人们能够判断善恶,知道什么是该做的,而恶人是知道判断的结果后却向

---

　　① 参见[古希腊]第欧根尼·拉尔修:《名哲言行录》,第 350、367、365、368、361、360 页。

　　② 参见谢佳辉:《第欧根尼与亚历山大》,《吉林华桥外国语学院学报》2009 年第 2 期。

相反方向去做。人判断善恶后知道按照此德性（或曰道德理性）去行动，就开始了"认识自己"，①而"谁认识了自己，他首先就会感到自己具有某种神性，意识到自己拥有的智力如同某种神圣的影像（偶像、神祇）"。② 这一点不同于后世比较保守狭隘的神学家，因为后者认为人永远有不可消除的原罪，永远也达不到自己崇拜之上帝的德性高度。相反，西塞罗的本性与佛性的相通处在于：二者至上的德性没有与本性、本体分裂，也没有与感性的现实分裂，从而，二者都是对人的肯定，是对人可以回归本性的肯定，是对人的德性可能达到最高境界的肯定。也就是说，西塞罗的"人人本具德性""人人皆可向最高境界的德性努力"的观点，也与佛教"人人本具佛性"观有共同的义素：每个人皆具有达到至善的德性潜能，每个人皆具有发现本性（佛性）的能力，每个人皆具有回归本性的可能，进一步言之，每个人皆是本性（佛性）的体现；或者说，二者皆主张一元论，即人与本体是没有二元分裂的，人与本体是本来不二的（佛教观点），或可以合一的（斯多亚学派西塞罗观点）。

　　西塞罗进一步认为，民族之间的本性是平等的。由于"没有哪一种生物像我们相互之间如此近似、如此相同"，人人在本性上如此平等（西塞罗有时称本性为神性），因而，法律"必定也对所有的人同样适用"，"人们之间存在一种同样的、共同的生活法则"，"人们之间由某种天生的仁慈和善意以及法的共同性相维系"，即由于人天生的本性相同，那么"法即自然"，③法应有的本性就是人人平等具有的、先天的至善本性，因此在法律面前应人人平等；并且，由于人与人之间天然本有"天生的仁慈和善意"的社会关系，法律的目的就应是维系这种本有的、天生的仁慈和善意之社会关系。

---

　　① 西塞罗在《论法律》中写至此处时，或许是回忆起了苏格拉底的名言"认识你自己"。

　　② ［古罗马］西塞罗：《论法律》，第77页。

　　③ ［古罗马］西塞罗：《论法律》，第43、49、51页。

　　不仅如此,西塞罗还认为,"有哪个民族不重视礼貌、善意、真诚和感恩? 有哪个民族不蔑视、不憎恨傲慢的、邪恶的、残忍的、忘恩负义的人?"①这说明西塞罗也与犬儒学派一样是世界公民,认为所有民族在本性上都是倾向于德性的。这或许是受第欧根尼的影响。第欧根尼曾经说过:"法律是某种开化的东西。"②也就是说,现实之人制定法律的目的在于促进人的德性向最高境界升华,因而法律不是促进人愚昧、邪恶、狭隘、自私,而是促进人开化、开明、开放,促进人创新、自我否定、打破疆域与界限、追求人人平等、民族平等,从而在终极上实现人人在至善之德性上的平等。因此,真正的法律对于人而言,应该只能是良法,而不能是恶法。这样法律才能"医治所有的民族",③促进所有民族的每一个人向着至善进化。因此,民族之间的本性平等是所有人的本性平等的延伸。

　　佛教既然主张众生平等,必然也主张无论哪个民族、哪个宗教都是平等的。④ 而践行佛教的阿育王也主张各民族、各宗教平等,反对民族战争和宗教战争,在他统治之下,不仅支持佛教,同时也保护婆罗门教、耆那教等宗教;他对外不再以武力实现自我意志,而是派遣使者,促进佛法传播,并保护经济贸易往来。

(三) 佛性平等与西塞罗之本性平等的沟通

　　站在佛教视角看来,要实现西塞罗的"人人达到至高德性"的

---

①　[古罗马]西塞罗:《论法律》,第 46—47 页。

②　[古希腊]第欧根尼·拉尔修:《名哲言行录》,第 370 页。

③　参见[古罗马]西塞罗:《论法律》,第 51 页。

④　刘小枫教授近年在《共和与经纶》中专门研究熊十力的宪政启蒙意义,也顺带提到过佛家的平等。参见刘小枫:《共和与经纶》,生活·读书·新知三联书店 2012 年版,第 46—69、85 页。除了"平等",中国的本性法中还有"自由"精神,另文详述。笔者此处仅强调,中国或东方的哲学中却有与西方现代理性范式不一样的思维范式,所以虽然当代中国多数学者以西方现代范式为标准认为中国"无自然法",但恰恰东方的思维范式如根本智(自然智慧)与直观,却内在含有德福一致、主客统一、平等与自由、自由与整体不矛盾的自然法精神,可有助于防范西方现代性法治被恶俗所异化。

理想，必须每个人都超越我（ego）或曰打破自我意志的幽禁。好斗尚武、奴役被征服者的那些雅利安人是我（ego）的妄念、自我意志、自我存在感的极端表现。释迦牟尼要否定的是印度雅利安人的宗教即婆罗门教之等级观。人是否应该有积极进取精神呢？答案是肯定的。人的消极、懒惰、悲观常常会带来愚痴、昏沉、堕落的后果，只有积极进取才能让人精神振作——但振作不等于亢奋。人要努力，但不能局限于盲目的自我意志冲动，局限于刷存在感，局限于自我表达。如果仅仅局限于此，恰恰是人恐惧死亡、追求不死之存在的表现；而人依然是会死的，无论怎样的权力欲、物欲、情欲的满足，都无法抵挡死亡的到来，和人对死亡的恐惧。

雅利安人的宗教流变出一个拜火教，即波斯宗教改革家查拉图斯特拉（Zarathustra）将雅利安人的梵天崇拜改革为拜火教。拜火教中有善神（太阳神）和凶神，人可以选择善神，也可以选择凶神。人依凭"自我"的意志去选择才是关键。由此可以推论出尼采的观点：人的自我意志（will）选择恶，也是人的一种积极进取，是一种"好"。人或许的确是处在德性的中间状态，是既有善又有恶的动物，是动物向更高生命（被西塞罗称为神）进化的中介，但人的进化不是只有盲目的上进心、盲目的自我意志就可以的。因此，无论斯多亚学派的西塞罗，还是佛教，都不会赞同雅利安人查拉图斯特拉和尼采的观点。

因而，在佛教或斯多亚学派看来，人要独立、主动、努力、上进，但不应该是自我意志（will）的盲目冲动，而应该让人的意志走向智慧（如佛教的智慧），或西塞罗所言之德性（正确理性），向自然（本性）努力升华。在佛教视域中，这是发现自己与自然本性本为一体；在斯多亚学派这里是"我"这个小宇宙与大宇宙的合一。在此意义上，二者皆需要放下人的"我执"或曰自我意志的盲目冲动，即"我"的"无为"，也就是放弃"我"盲目意志之妄为；反之，选择恶，恰恰是"我"盲目意志之妄为的表现。尼采的"上帝死了"的准确含义应是：上帝不再是彼岸的他者。不过，打破我执，并不是否定主体地位，而是恰恰需要自我改变情绪、性格，从而改变命运——因为佛教强调没有一个他者决定自我的命运，并且一切流变不休，所以个体应该"相由心生，命由己定"，在流变中通过觉知、觉察，发现自己性格的缺点、弱点，然后自我提醒、转化、升华，从而改变性格、情绪，乃至改变相应的命运。

综上，对"本性"（和佛性）与"平等"的整合描述是：因为放下了"我"（ego），才能发现众生一体，从而发现众生是平等的；并且，在佛教视域中，由于这个"一体"之本体不是一个实体、合相，本体恰恰只能展现在已经涅槃的圣人和尚未悟道的众生身上，因而，每个人不仅是平等的，而且是宇宙间最崇高的——因为与本体等同。只不过，当人们局限在我及我的盲目自我意志的冲动中，或局限在我的欲望中之时，不知道自己是宇宙间最崇高的存在的表象而已。

小结：中华"法之道"与西方的自然法精神渊源是可能沟通的

本章比较了龙军及佛教中的佛性论与赫拉克利特、苏格拉底等古希腊哲人的"本体"观，认为赫拉克利特的"逻各斯"有"一（本体）与多（现象）不分裂"的义素，这也是佛陀的"本体"观之核心义素：在流变之现象中直接呈现不变之本体。苏格拉底被称为"西方的大禅师"，或许他更强调"一"（本体、理念）的独立价值，但他的"一"与佛家的"空相"、道家（老子）的"道"（无），都提到了"不殆""不生不灭，不增不减"，这些描述都指向与现象界相反的永恒存在——本体。柏拉图要定义这"一"，亚里士多德完成了"形式"（一）与"内容"（多）的分裂。

在此基础上，本章重点比较了西塞罗的"自然法"概念与佛性论及其"法之道"（本性法）的异同。西塞罗虽然继承前述希腊哲人，却提到了"人人具有德性(本性)"而涉及人人平等，这一点恰恰与佛教"人人本具佛性(至善之本性)"有相似之处，或许也曾受到后者影响。总之，"nous"或"logos"精神与佛教的"本性"一词有相通性，区别仅在于后者从未有"本性"与"存在物"的二元分裂

由此推论出，"法之道"就是不与现象分裂的"一"(精确说是"如一"的存在)，是至善，其本性是至上崇高的德性。不过，"法之道"不是高不可攀的彼岸，不是二元分裂的彼岸，而是现象界自身的普遍本质——用一句更通俗的话概括，"法之道"就是本体在现象界的人类呈现出的良知及其法则。因此"法之道"是此岸可能实现的，而不像西塞罗的自然法是彼岸的。不过，"法之道"依然有近似于西塞罗之"自然法"的三个义素：本体性、至上性、终极性。

西塞罗的"人皆具有本性"(德性)是一种实践理性，这是与亚里士多德的形式理性、逻辑理性有区别的。形式理性更有原则性，更强调具有逻辑精神的法律的统治，而西塞罗的"本性"(德性)这种实践理性却必然关涉人的"德性"，这是逻辑无法单独论证、裁判的，必然要回到人在良知状态的"本性"(德性)来直观判断。这就使得成文法的统治应该让位于人在良知状态的"本性"(德性)之治理，即"自由心证"高于亚里士多德的形式法治。

本章还顺带提及，"债"即义务(duty)，源于古罗马的个别性的"法锁"，其实与佛教的"业"这个词有相似的义素，至少有殊途同归之意蕴。

其后，后期斯多亚学派的平等观直接影响到后世的基督教，并启发了近代西方启蒙运动中的平等观。基督教神学集大成者托马斯·阿奎那又把亚里士多德的"逻各斯精神"转化为"神"的本质，彼岸于是完全成为彼岸，二元分裂完全形成。不过，基督教神学依然有其非同寻常的意义和价值。例如，其原罪说源于《圣经》中的人(夏娃)吃了智慧果，这可警醒人们不要滥用自己的理性、智慧、精神能力，否则，人在欲望指使下妄用的智慧将变成小聪明，反而

离自我的崇高德性越来越远。"彼岸"的设立让人变得谦卑而不自大。不过,古希腊的赫拉克利特、苏格拉底、西塞罗等哲人与东方的佛教圣人一样,皆认可一点:人可以超越欲望带来的原罪,最终走向至善。这至善的法则就可称作"法之道"。

只不过,在赫拉克利特、苏格拉底、柏拉图、亚里士多德等古希腊哲人的视角下,"自然法"是在彼岸的;在斯多亚学派西塞罗的视角中,人可能达到彼岸的德性,实现彼岸的自然法;而在佛教视角下,"法之道"源于此岸,并且也能够在此岸中完满展现。因此,需要通过理解佛教的"放下我执"(及放弃对灵魂、实体观点的执着),才可能达到最高境界的德性,实现最高境界的自然法,让智慧(或最高理性)由理想变为现实。这使得斯多亚学派的西塞罗及其前辈犬儒学派可以在义理上与佛教达成沟通——而无论在史实上二者是否曾经彼此影响、启迪、借镜。

在佛教比丘龙军视域中,人的自性(佛性)是可以通过人的努力修养在此生达到的,他的弟子、希腊人、印度国王弥兰陀王通过听闻龙军的言说,当下也可以立即坚信人的自性(佛性)是可以通过人的努力修养在此生达到的。这正是佛教视角的"法之道"源于此岸并且也能够在此岸中完满展现的一个例证。

那么,在"自然法"精神的当下,与其说是中西之争,毋宁说更是古典德性(良知)与现代欲望(忽略良知的权利)之张力。这让当代中国人警醒:我们迎来了权利时代,但应该是有良知、有德性的权利时代,换言之,是内含形式法治并提升形式法治的良知时代。不过,良知是每个人潜在具有的,实质上不需要被代表。

而中华"法之道"如何直面近现代的西方自然法?另文详述,简单表述是:在直面近代霍布斯的自然法的逻辑预设(人皆有对暴死的恐惧)时,可以用下面的逻辑思维导图为俗世立法,从而呈现出自然法的三种层次及其共时性存在的理由,即"法之道"与西方的功利论(如霍布斯的自然法)、理性自然法(如罗尔斯的正义论）。① 导图简要呈现其逻辑：

人的各种恐惧（含暴死之恐惧）→何以超越？方法是：自我→无我（发现）
→本体（本性）＝人呈露的状态即本觉→后得智
→大圆镜智＋平等性智＋妙观察智→纯粹良知→"法之道"
→为恐惧立法

【中华"法之道"为恐惧立法之实现过程逻辑思维导图】

由此逻辑思维导图发现，如果打破近代西方哲学家如功利论者霍布斯预设的人们对利益和恐惧的心结，就被代替之以新的杠杆，即向着至善的人间天堂或向着自我的人格进化的理想，成为人性前进的新动力。以此为鹄的，可以推衍出一个定义："道"在人心上展现的本觉及其后得智观照下逐渐修养而成的或潜在可能的纯粹良知有一种判断力，其判断善恶而形成的法则，就是"法之道"。它可以作为不完满的人类的标准、楷模、范式，为当代法治之良法提供关于基准、动力和方向的参考，这不失为探寻宪法终极崇高感的一种路径。"法之道"的原则，可为法治精神提供如下理想图景的借鉴：向着至善努力的人间净土，人皆自由而有德性，民主而无群氓，以向善、光明（无私）、德性、自由为风向。

总之，中华"法之道"与西方的自然法精神是可能沟通的。在现实当中，由西方传入中国的法治，公私法区分明晰，建构科学，逻辑更为完备精美，在实践运用当中已凸显出其价值，其权利观有助于独立人格、主体人格的建立。不过，人们亦需要中华法哲学的体用不二、天人合一观去实现个体生命的内在超越与意义感、自由感；但是，没有独立的主体性、个体人格的公民是无法去悟道、体证

① 参见费小兵：《三种自然法共时性存在背景下的算法正义观——兼与赫拉利〈未来简史〉对话》，全国西方法律思想史年会，2021年12月25日。

体用不二的，从而也是无法最终实现"法之道"的人间天堂般的法律理想图景的。

所以，在民法法域与社会法法域之间需要严格的功能划界——在传统法域如民法中最好是隐而不用的，即民法等法域最好适用功利主义，需要平衡公私利益时适用理性的义务论即前述罗尔斯的正义论。而"法之道"的理念在现实中最好重点应用于社会法法域，即面对人工智能、基因工程、代孕、生态等全球化危机，如何不让人类遭受灭顶之灾，保障人类不被智神、新的少数精英统治、奴役等。需要注意的是，有的法典，例如《个人信息保护法》，即便就此一部法典而言，在面对不同的情形时，也需要用到不同法域的思维，这要求根据自生自发秩序的变化，实现基于"合道"之良知的平衡原则（下文详述）。其理由是：如果尚未出现由人工智能、基因工程、代孕、生态等全球化危机导致的是非对错难以分辨的情况，在日常生活中要预防有人打着追求至善的旗号，来侵犯别人的正当权利，所以"法之道"在传统法域最好是隐而不用。并且，传统法域中的必要条件基本还是现代的功利主义与理性主义的自然法，如果没有功利主义，尤其是理性主义自然法相辅相成，"法之道"的弘扬可能又会退回到前现代的教皇专制、皇权专制或道德强制主义及其蜕化的虚伪礼教等之中。所以需要三种自然法的共时性存在，"法之道"保障意义感不丢失，功利主义、理性主义自然法保障正当的权利以与传统糟粕相抗衡。

有人或许会说：正当的权利有可能是不合情理的权利，对其的保护不等于保护过街老鼠之类坏东西的权利吗？答曰：在罗尔斯的理论中已有部分答案，他认为在无知之幕的设置下，人们不清楚自己个人的和社会的具体信息，只能运用最大最小值的规则进行推理，每个人都可以假设自己是这个社会中生活处境最差的那个人，从而制度的设计应站在这最差、最弱者的立场上。这给我们的启发是：一个受教育程度低、交友皆不良的人，他保护自己正当权利的结果可能是不合情理的（例如不愿拆迁而影响了该地段的经济发展），但在某种意义上，还是应该保护这种生活处境最差的人所自我捍卫的正当权利，以抗衡强者可能的恃强凌弱——因为每个人都可能沦落为最弱者。当然，从道德的角度上，可以去说服他，让他不正当的权利走向合情理的状态，但是在法律上，这就是他正当的权利。所以，保护他的正当权利，就是保护每个人的正当权利，因为每个人都可能成为社会生活中生活处境最差的那个人。

而在关乎人工智能、生态等全球化危机问题时，的确需要"法之道"以弥补罗尔斯等学者的正当权利。但是，对于尚未实现人人平等、主体地位的社会，还是需要先补上一课，所以需要把理性自然法所保护的每个人的正当权利作为必要条件而先提上议事日程，然后在这基础上，才能实现以"法之道"成为社会走向更好状态的充分条件。

总之，功利的自然法的作用是保护公民的利益与权利，理性的自然法的作用是基于义务论而捍卫权利的正当性及权利不被滥用，而基于良知的"法之道"有助于保障人的意义感，保障作为弱者的人类不被更强大的算法、新人类所奴役，或实现生态正义、社会法法域的公平。因此，功利的自然法、理性的自然法、人类潜在之纯粹良知判断善恶而形成的"法之道"，这三者虽然存在境界上的递进关系，但却是并行不悖，互为弥补，互为制约，又各有主题，因而可以是、最好是共时性存在的（下文详述）。

第五章　结论：跨文明沟通视域下现代中华"法之道"的新理念

　　这是总结思路并提升思想的结论章。承前所述,旧的、以专制等级为核心、诸法合体为特色的中华法系"消亡"了,以"现代人类的体验是意义和权威的来源"为特点的中国在精神上将走向何方?"法之道"与西方的现代自然法如何共时性存在? 刘军宁认为,新道家立场的内涵是"天道的最大美德就是不干预"。① 而笔者认为,不干预的前提是没有一个实体的"道"(或西方的上帝)作为意义和权威的来源,从而也就没有"主权在君"作为道的代理人、代言人。更甚言之,"道可道,非常道",任何一个被"强名曰道"的"道",一旦变成了人们观念中崇拜的"道"即实实在在的"常道",都可能导致干预、道德强制主义、新神的产生(神不一定指彼岸造物主)。

　　如《鼎卦》的卦辞"元吉,亨"给我们的启迪是,革故鼎新,吉祥亨通。《鼎卦》卦象是下风(木)上火,意为煮生成熟,由旧转新,因而前人才说:"周虽旧邦,其命维新。"(《诗经·大雅·文王》)所以,新儒家立场如果要出场,首先就要把旧儒家自身尤其是糟粕遗忘掉。新道家立场如果要出场,首先就要把旧道家自身尤其是糟粕遗忘掉。同样的,新的佛家、法家、墨家等诸子百家的立场如果要出场,首先皆要把自身的旧糟粕遗忘掉。例如,梁启超认为法家思想即

---

① 刘军宁:《天堂茶话(修订版)》,东方出版社 2016 年版,第 375 页。

法治，即"春秋战国之间……法治思想乃始萌芽"，只是此法家的法治，"终为礼治主义之学说所征服"。① 但他却忘了，现代法治的词源在亚里士多德《政治学》里的含义是：法治与专制相对立，法治对应的是公民作为主人的人民共和政体，专制对应的是主人对奴隶的统治。② 现代法治追求的恰恰是源于亚里士多德的与法治含义相关的公民社会、人民共和，但法家的法治却追求的是以君主至上、实现君主功名的专制社会。这完全是南辕北辙的意涵——后者可能限制广大人民中的每个人在良知之下的权利及其以权利为前提和基础的德性修养、生活品位和精神追求，从而不符合现代社会主权在民的基本旨归。所以，新的法家的出场，更应该要把旧的法家自身消亡掉。

因此，只有彻底的没有任何造神运动即造偶像运动之后，人的理性的自信才不会给人类自身带来新的伤害。由此推出的结论是：不要害怕中华法系及其旧传统的消亡，一切都是在变化中的，现象中没有什么是一定不能消亡的，也没有什么是一定真的消亡了。③ 因为所谓亡了并非就是不在了，就像木炭的死，转变成了空气中的二氧化碳。那么，这就存在凤凰涅槃的可能——不过，凤凰涅槃不等于旧的腐朽的东西的借尸还魂。在儒家、道家、佛家、墨家、法家等诸子百家抛弃其糟粕后，其优秀的文化基因是可能在现代规范的前提下作为现代法治的道德支撑、精神基因而涅槃重生的。换言之，中华法系是可以新生的，它必须通过直面现代人的生

---

① 梁启超：《中国法理学发达史论》，《梁启超全集》第四册，第166、167页。

② ［古希腊］亚里士多德：《政治学》，颜一、秦典华译，中国人民大学出版社2003年版，第1—9、31、33、39、46、71—73、239页。

③ 如同张晋藩所言："复兴中华法系绝不是复旧，绝不是保守，而是在旧有合理基础上的伟大创新，把适合于中国传统国情的本土文化融入现实的法制建设中来，找到中国与世界、历史与现实的契合点。"参见张晋藩：《解读中华法系的本土性》，《政法论坛》2010年第5期，第3—10页。

存境遇与新的自我意识、权利意识来获得重生。

但是，打破一切偶像崇拜并不等于狂妄自负、无根漂泊，好比佛教所言之"无自性的本性"，不是在任何外在的造神、神化运动中找到某个东西，但也不等于断灭论、无根说。它究竟是什么，需要人在不断打破外在偶像和自我迷恋的过程中去进行自我心灵的历险、参究，也就是最后要打破佛经、打破老师、打破"自己做自己的奴隶"，达于真正的自由和对真相的发现。

这样的精神或许可以作为现代法治精神的一个启迪，而不是形成新的偶像、束缚、奴役：破除不同风俗、不同神化作为自然法的渊源之后，人可以为自身立法——不是圣人，而就是普通人。但不是普通人变化无常的欲望和意志在为自身立法，而是说，只要信息绝对透明，每个普通人都可能站在纯粹客观的视角，以纯粹良知去判断善恶是非。这纯粹良知判断善恶是非而形成的法则，就是现代人类自身的体验，是世俗法之道。这有点类似于罗尔斯的"无知之幕"为人类自身立法，但却是来源于纯粹良知的"无知之幕"。

从而，王阳明所言之人人皆可为尧舜，可以转化为：人人平等的纯粹良知的"无知之幕"，在立法投票或决断是非的那一瞬间是可以存在的——虽然平时每个人可能有各种感觉、欲望、意志，但在决断的瞬间，人是可能处于纯粹良知的客观状态去判断是非的。因此，人是不需要圣人、君王代表的，民主是可能在良知状态下实现的，而不是随时随地都在被人狂热地牵着鼻子走，以感觉、欲望、意志的所谓"民主"实现少数狂人的主观情感、意志，从而导致僭越民主的悲剧。

这可能就是旧的中华法系及诸子百家消亡了，而人之纯粹良知的本性基础上的中国的"法之道"（或本性法）涅槃重生了。它既可暗合现代人类的体验是意义和权威的来源的现代人文主义，又不至于因无根性而道德堕落。由此，在中华法系及其旧的学派消亡的同时，传统各个学派应该与现代世界各地各学派的优点相结合,才可能造福于国民;结合所有人类文明的长处,并直面吾国民的心理,才可革新中华法哲学。

中华法系自身的凤凰涅槃,也是中国法治精神的凤凰涅槃。

第一节　总结中华"法之道"义涵

笔者虽然赞同亚里士多德的法治,及其逻辑范式下由西塞罗定义的自然法,乃至其三要素(本体性、至上性、终极性),但是更赞赏中国佛教的觉悟智慧、道家之直观精神、儒家的内省精神,以弥补亚里士多德的法治及其逻辑范式下自然法的缺陷。因此,笔者梳理了释道儒三家关于"道"的义涵的异同,并在探寻其共通性义素"本性"的基础上,推衍、启迪出"法之道",即在法哲学意义上融通三家之道。首先总结的是释道儒三家源初理论中的"道"有区别:一、对本体的认识视角和致思重点的区别;二、是否彻底关注打破我执的区别;三、修养与政法原则上的区别;四、对自然之理解的区别。而更重要的是由三家之道的相似处所发掘出的共通性义素:一、三家皆重视无为与超越我;二、三家皆以"无名"的"直观思维"超越感性和理性;三、三家皆有相似的体用不二、天人合一之本体论——法之道的核心哲学观。

通过异同的分析,得出三家之道的共通性义素是:"道"(无实体之本体)演化出人,人有来自"本体"的"本性""本觉"功能,人能够返回"本觉","本觉""本性"可呈现出人的"良知"。由此,每个人潜在的良知皆可发现"法之道",即人皆有可能源于"本体"未遮蔽之"本性"及其产生的后得智慧,从而潜在有应物而旁观呈现的"纯粹良知",其判断善恶而产生的规则,是"本性"直接呈现出的法则,即是"法之道"(即中国自然法或曰"本性法")。

由于这是在中国范式、中国经典中推演出来的,为了与西方的古典自然法(natural law)相区别,笔者勉强命名为中华法哲学本体论，即"法之道"。中国历史上许多学人尚未明白佛性之意涵，就开始"三家合一"，如果读者也依循此路径理解三家的"法之道"，将会走向误区，所以，我继承也批判了近代应世的梁启超、谭嗣同、熊十力等人学说中的佛学背景，并理清其相关的现代汉语转型中的个别混乱术语，从而为我建构新定义的"法之道"扫清佛教术语在现代转型中的混乱与障碍。

然后，笔者通过释道儒三家之"中道"的共通性义素，推衍出了"法之道"一词，以"绝对存在与相对存在的统一"阐释中国哲学术语"体用不二"。

承前所述，没有一个永恒不变之实体的"灵魂"说，只有不断流变的"神识"（意识）说——在没有一个固定不变的实体的意义上，可以启迪出：一切现象皆流变，即"无执之现象"。具体而言，"道"非实体，而只是现象自身呈现的本质；在"非实体"的意义上，在现象无执、流变的意义上，可称"道"为"空性"，这是缘于佛教的启迪。而道家《老子》言"道生一"，即"道"也非"一"，但《老子》太简短，似乎没有向注重逻辑的现代人完整地展示"道"是不是实体，但起码是"可道，非常道"，即"道"是不可言说、言语道断的。但既然"道"非"一"，"一"在哲学上代表实体之"本体"，那么，也可以理解为道家之"道"也是非实体。

顺带说明，英语世界将佛家之"空性"翻译成"emptiness"是错误的。因为现象与本体是"一"不是"二"的关系，换言之，现象即是本体，本体即是现象。用"空性"一词的初衷，就是为了预防用"合相"一词导致的"有相"。其实佛教也肯定"色"（现象事物）的存有，故亦强调"空不异色"。本体离不开现象事物，现象万物（包括其中有意识和智慧的人）的地位则陡然崇高。"此有故彼有，此生故彼生"，现象界的一切事物都是随着各种条件（缘）的变化而不断变化的，这就是"无执之现象"。如前所说，现象界没有一个固定不变之实体的状态，简称为"不一"。而让现象崇高的原因是现象自我存有的本体——本体、是、存在（sat）才是与现象不可二元分裂的、现象自我的内在终极因。"不可二元分裂"在佛教中称为"不异""不二"。因而，"不一不异"构成现象与本体关系的完整描述，即现象界没有一个永恒的"一"（实体），现象与本体不可分，本体不能脱离现象而单独成相。

而佛教认为，"本性"的性质是"圆满清净"，即"清净究畅，一切敷演，是一难有自然法也"。这里的"法"指佛教中的"一真法界"，而"自然法"包涵"自然"和"法"两个概念："自然"指的是圆满清净，"法"指的是宇宙万有一切存在事物，而不是法律。合起来，《般泥洹经》中的"自然法"指的是"本体"（一真法界）的自性是不生不灭的，即在宇宙万有的流变之中呈现出不变，本然真如呈现出圆满清净。因而，《般泥洹经》中的"自然法"不是西方的自然法。

但释道儒三家之"道"可启迪出我的法学概念创新，即由前述关于"法之道"概念可知，道（本体）不是法律，但它的无遮蔽状态在人心体现为潜在之良知，良知判断善恶的法则被笔者称为"法之道"或"本性法"。叫什么名称不重要，重要的是再呈现一个人类追求的、至善的、超善恶的、纯粹的法则，以之作为旁观的参考。

而从佛道儒三家之中道启迪出，法理中的"中道"就是"可变的内容与不变的本性"统一的"法之道"。"可变的道"是指道的本体（及其本性）不是一个实体，因而道只能在现象中随着时代之内容（例如目的、价值）的变化而随缘变化、与时偕进，"不变的道"是指道的本体存在。总之，可变与不变的统一，才是"法之道"的真义，即指随缘变化、与时偕进的内容法则应合于"法之道"的纯粹良知原则——"法之道"的形式原则本身没有具体的内容，只有根据时代的变化而有具体的内容，即可变的"法之道"；而"法之道"的形式原则只有纯粹良知本身，除此之外没有别的原则。

可以用一个简化逻辑表达"法之道"的由来：本体即无遮蔽的本性，本性体现为人的本觉，本觉产生出后得智，后得智应物而产生纯粹良知,纯粹良知判断善恶而生出法之道。更复杂的逻辑在前述第四章即"法之道"呈现出的新法律理想图景(兼提升近代西方自然法,另文详述)。

综上,在人可能超越我执(心理学上的 ego)及其自我意志(will)的盲目冲动(权力意志)时,可"直观"发现本体——这本体是绝对存在之空性(有本体,但无实体,而只在现象中)与相对存在之现象的统一。"法之道"的定义由此产生,即"法之道"源于本体,①它未离开现象,又是现象中众生的崇高性来源和目的;它的自然本性不仅是最高的德性,不仅是正确的最高理性,并且也超越了逻辑思维中的理性,是通过人(或灵性生命)的后得智"自然"呈现出来的、纯粹良知所发现的本性之规律、法则。此"法之道"是法之道的当代转化。这里之所以说"法之道"源于"自然",是因为没有一个无论此岸或彼岸的权威在制定规则、发布命令,而是根据事物的本来面目、本性应当如此而立法。

但在此有必要重申前文的观点:关于动物世界的弱肉强食是否合于自然规律的问题,佛教的理论可以推论出,一切都是"业力"所致,弱肉强食合于因果律,但不合于本觉及其良知,故在佛教认为是不合"自性清净,自性不生"的"本性"的,因而在价值上是应该否定的。换言之,动物世界的弱肉强食虽然合于自然规律,但这样的自然规律恰恰是要超越的,如此才能合道。所以,对规律最多只能说是行动的、必然因果律,但不等于是合道的、自由的。笔者之所以强调中华法哲学本体论是此岸的"法之道",是因为这是根据事物的本性来立法的;但本性又是超越我执或曰自我意志及其盲目冲动的,因而具有超越性、至上性之维度,并且这样的超越性能够发现现实中因果律等规律,但同时又否定这些规律(例如弱肉强

---

① 此本体无实体,故佛教的遮诠式说法在有的经典中亦说是无本体。但无本体不是断灭论,而实际是指无实体。

食规律），而在这些规律中找到"法之道"要为之立法、提升人性之法则。本性是现象的本质，因此本性具有终极性、本体性的因素，是人之所以高尚且平等的理论渊源。

而这个"法之道"超越了"应然"与"实然"之二元分裂，实现了"人类理想法则"的内容可变与本体不变的统一，宇宙起源论与本体论的统一，平等与自由的统一（另文详述），体与用的统一。

定义"法之道"的意义还在于：在全球化的今天，面对不可回避的世俗平庸的经济异化，只有在超越本心、本性、天的纯正"体用不二"中，在探寻法的至善精神中，人这个既是现象又是本体的存在，才不会失去"心物不二"整全状态中最崇高的价值和自主性的存在。并且，它将在促进生态文明、义利平衡、文化融通，化解世界文明冲突等方面，产生不可忽略的价值。

但是，或许有人会问：现代化是一个世俗平庸的时代，"最崇高的价值"对于芸芸众生（市民）是否是绝对的应然需求？笔者认为，恰恰是"最崇高的价值"才让世俗之人有了崇高的奠基，其正当权益才不会被随意剥夺。因而，中国不仅应该依法治理，更应该依据"法之道"及其衍生的法理和规则治理。需要强调的是，这里并不是要将法律与道德混淆，提高法律的道德要求，而是要提高法治的精神追求、价值取向。

实践"法之道"的精神，才是写作本书的目的。牟宗三的"良知坎陷"与柏拉图的"回到洞穴试图启蒙人民的哲学王"同样有兼善天下的热情。① 这兼善天下的热情也是本书写作的动力。

---

① 但是，牟宗三阐释新儒家的《政道与治道》能否适用于现代民主国家？余玥认为，牟宗三以个体性原则为中心建立了政治世界的最高律则，它以先天伦理体系为基础，在历史中曲折实现。但黑格尔不可能认可牟宗三的方案。先天伦理体系下的个体良知和天然良善的人际关系均非现代国家的基础，这是因为现代社会具有超出良知范围的风险特性和天然共同体的天然可解体性。然而由于传统观点认为，黑格尔对国家持非建构论的观点，所以也使黑格尔学说陷入"国家神话"危机。当代从建构 （转下页）

那么，中国古老的释、道、儒之原初道理、法则是否需要在现代社会通过承认规则而上升为有法律效力的国家法律？答案是：因为我们的时代既不是远古以圣人的良知来判决的时代，也不是以《周礼》为典范的传统礼治时代，而是处于以主权国家为主导的时代，我们当今的法律是经国家制定或国家认可才有法律效力的法律，因而这样的时空决定了释道儒的精神或规范必须要转化为国家立法的精神才能发挥其功能。凯尔森认为，不可说的"黑箱的运作"叫作立法之前的"基础规范"，是立法的"超验逻辑条件"。但笔者认为，中国的直观思维恰恰要探明"黑箱的运作"之内容究竟是什么，而这样的"内容"就体现了释道儒的精神意向或伦理规范，并可根据时代人性的生存状态，重新阐释、发挥、转化之，或可以之作为当今公序良俗的内容。例如，前文提到的德性转化的法的目的价值等级体系"道—德—仁—义—礼"是中国古老的"法之理"的重要内容，可转化为"道—自由—平等—正义—功利"的现代目的价值等级体系。[①] 本书第二章总结的超越我执的自由，与第四章第三节的佛性平等思想与西塞罗平等观比较后形成的平等观，可以融入现代法的目的价值等级体系中，从而让法官们有清晰的思维与参考，可以较为轻松地自由裁量疑难案件是否符合公序良俗。

因此，超越意志的"法之道"及其法之"理"，假如要转化为具有法律效力的国家法律，只能呈现为其中的最终精神追求，而落实在当

（接上页）论角度解释黑格尔现代国家学说，多依据社会批评理论的解释。牟宗三阐释的新儒家的政道与治道虽可以避免政治基础陷入"国家神话"问题，但有曲解黑格尔之嫌，这是因为它磨灭了国家与社会的界限，由此余玥认为，产生一种新的（法治）建构主义的"弱的制度主义"方案或许有效。参见余玥：《为现代国家奠基？——重审牟宗三与黑格尔国家学说之差异》，《当代中国价值观研究》2019 年第 4 期。

① 参见费小兵：《"中国自然法"基准下的古代目的价值等级——〈老子〉"上德不德"章的启示》，《华中科技大学学报（社会科学版）》2014 年第 1 期；费小兵：《中国自然法基准下的"现代目的价值等级体系"——用符号学重释〈老子〉第 38 章》，《西南大学学报（社会科学版）》2014 年第 3 期。

下现实，则主要体现在现代社会法法域中，推衍出其相关原则；或在民法中成为穷尽一般原则之后仍然无法解决疑难案件时使用的公序良俗原则，可利于对现实产生实在的良善导引（这将在下文阐释说明）。

第二节　中华"法之道"与西方自然法的共时性存在

一、中华"法之道"在现代代替西塞罗之"自然法"的原因

笔者写作本书的现实动因是，中国未来怎样走向法治？走向什么样的法治？传统中华法哲学与法治的关系是什么？要回答这些问题，首先需要厘清亚里士多德提出的法治中的两个要素之一即"良法"，即古希腊之自然法精神及古罗马之自然法的内涵。

中国释儒道三家之道与西方古典的自然法（natural law）的哲学渊源区别在哪里？西方轴心时期的哲人，如古希腊的柏拉图等人也发现了"一"，但追求"一"却走向二元分裂，其结果是将本体等同于"实有的、固定的实体"，最后演化成中世纪经院神学，或将"一"化生之"本觉"功能等同于本体，或形成德国观念论等。这些二分法都没有还原为现实真实之现象自我展现的不二本体（真空妙有）。这个问题涉及西方现象学，将另文详述。而就在现代西方哲学中，也一直难以妥善处理好追求向上德性的理性与堕落的工具理性的统一，这依然源于西方主流的主客二分哲学，及其主流的"个体是原子"的哲学观。这种哲学观如果在中国流行，可能会在信仰缺失的中国人之间形成自由却孤立的孤岛状态。与之相关的，是防止亨廷顿预言的"文明的冲突""未来的战争是关于宗教和意识形态的战争"成为现实，防止以各种宗教力量为主的国家将其他宗教、人民和国家当作假想敌，所以，通过哲学义理沟通各大宗教和思想的教义，有助于促进人类永久和平。

当代中国哲学家如汤一介先生等皆认为，中国的佛教禅宗、道教、儒教都是通过德性实现人的"内在超越性"，实现人与永恒之"道"的连接，这或许会导致中国历来一直持有的观点，即不主张法治，而主张依靠内在自觉性约束自己的圣王治理，或依靠"治人"（治理国家的人才）。相比之下，西方强调以"外在超越性"（上帝）的力量来约束人的宗教和哲学，似乎更容易开出重视法治的现代政治制度，从而约束人性之恶（在西方宗教视域称为"原罪"）。

而笔者认为，当代中国很多人性腐败的现象或许到了需要深度反省的地步，因而难以判断并找出谁是圣人（例如实现了"内在超越性"、见到自身之"道"之本性并安守本性不动心的人），所以，或许的确到了急需借镜西方的法治，以之作为治疗中国腐败病的药方。具体而言，可以先用外在的约束、法治约束每个人，尤其是官员，在此基础上，才能让每个人都拥有有尊严、有品质的生活，每个人才可能有良好的环境得以向善进化。这样，法治的目的才是促进人的向善升华，以"法之道"的理想图景或精神意向为旨归。

但是，亚里士多德的法治是"良法"（"形式"）加上"普遍遵守"（"质料"或曰经验内容），其逻辑结论是，仿佛只要普遍遵守了某时订立的逻辑自洽的法律（形式），就可以在现实（质料）中获得长久的"良法"之治，从而法治本身成为"形式"理性，以此治理作为"质料"的人民，最后通过这种治理让人民回到彼岸实现最高的纯形式（理性神）。但拥有"质料"即感性肉身的人怎么也达不到纯形式的高度，于是形成二元分裂。因此，亚里士多德虽然也主张"形式"与"质料"、逻各斯精神与努斯精神的统一，但其法治却似乎在现代走向了仅仅强调逻辑、教条、形式的方向。对亚里士多德法治的强调导致了近现代法国、德国的概念法学和法典万能主义的诞生，但即便同样是受古希腊罗马影响的英美法系，却强调超越概念法学和法典万能主义。这作为一个现实的例证证明：概念法学和法典万能主义不是普世的、绝对正确的，或绝对适用于任何地区的。

　　不过,面对中国的腐败现实,目前似乎还是以适用法典万能主义为妙,因为当下中国的法官还没有足够的知识素养,也没有充分的不受行政干预的自由,可以按照法律人的良知自由心证(不过,下文将谈到,优秀法官的优秀判例可以通过律例结合原则,让体现良知的好判例有立法法上的效力)。

　　不过需要警醒的是,我们是否仅仅需要西方法治的源头(尤其是法典万能主义、概念法学的源头)——亚里士多德"形式"本体论下的法治,其最终的良法源于正确理性,而最正确的理性只有理性神才拥有,因此其理念与现实是二元分裂的。这种二元分裂的哲学理论导致中世纪神学(例如阿奎那神学)也是二元分裂的,其理论设计认为,人由于有此岸的肉身,导致人的自由意志只能通向原罪,永远也达不到彼岸的最高德性。而法治时代反专制的制度设计(例如民主等)可以遏制人性的腐败,但却不能从根源上遏制人性中的罪性及其腐败,所以,现代性有可能堕落为仅彰显欲望自由的时代,法治理念如"为权利而斗争"就可能堕落为"为恶俗而斗争"。而在物理学中,量子力学已经走向一元论,以至于霍金嘲笑西方哲学已经落后于物理学了。这就急需回到中华文明本有的文化基因中寻找超越二元论的根,进而填补近代西方传入的世俗法治的终极性德性、心灵秩序之缺漏。

　　因此,面对西方,我们更需要与自然法进行比较,即以苏格拉底之前的赫拉克利特之一元论理性为哲学根基的犬儒学派及其传承者斯多亚学派中的西塞罗的自然法,其自然法是与亚里士多德法治中的"良法"有区别的、以"本性"为追求的自然法。

　　在第四章,笔者通过细致的对比研究发现,西塞罗的自然法和佛性论在义理上可以沟通——这源于佛法在历史上向西传播到了古希腊罗马,或许影响过古罗马的斯多亚学派及西塞罗。这得力于佛教使者向东、西两个方向的传播,以及亚历山大大帝东征带来的文化融通,其中最有力的证据是《弥兰王问经》。这是一个希腊人弥兰陀王在印度做了国王后，与那先比丘的对话而形成的经典，可以将其作为佛教思想与古罗马西塞罗的思想（及其学习过的古希腊思想）的义理沟通的切入点——但是与其说历史重要，毋宁说更重要的是二者在义理上可以得到沟通。

佛教倾向于"不二"（本体与现象不一不异）的本性（佛性），道家（尤其是老子、庄子）倾向于人与道合、"道法自然"的无为，而斯多亚学派的西塞罗源于犬儒学派、赫拉克利特意义上的逻各斯、最高理性、正确理性、神，倾向于人这个小宇宙可以和大宇宙之"本性"合一。三者的相通之处是皆主张一元论的宇宙哲学观，而非柏拉图、亚里士多德式的二元论宇宙哲学观。这是中国之道与古罗马自然法精神能够沟通的关键处。

不仅如此，其实释迦牟尼的佛性论与苏格拉底、亚里士多德的理论也不是格格不入的。一方面，佛性是现实、现象事物的终极因，现实事物都是无常的、流变的，而在流变的现象自身中可以发现本体（或本质、本性）。在"一元论"这一点上，佛性论与老子的"道"、赫拉克利特的"逻各斯精神"及犬儒学派（第欧根尼等人的德性）和斯多亚学派（芝诺、西塞罗等人的"个人小宇宙与大宇宙的本性合一"）是一致的，都希望人通过努力向更高的德性（佛性、自然本性、道）升华。但另一方面，佛性论又是对现实、现象之物的否定，在"否定现象"这一点上，却与苏格拉底、柏拉图、亚里士多德基督教神学更相近，即要否定对现象的执着。只不过佛教更彻底，要人否定到极致，不仅否定感性（五种感官），还要否定理性（第六意识），更要自我否定，打破我执——第七识，即西方心理学中的"ego"（幽禁于自我中的意志）及其自我意志（will）的盲目冲动。《金刚经》言："一切贤圣皆以无为法而有差别。"由此推论，站在佛教视域来看，老子、孔子、赫拉克利特、第欧根尼、芝诺、西塞罗、苏格拉底、柏拉图、亚里士多德等人皆是圣贤，只是各自要求放下的妄念及欲望（即佛教所言"有为法"）的深浅有些微妙区别，各自最后的旨归也有意趣之别。

　　或许有的哲人只肯定其中一面，而否定另一面。在佛性论中，则恰恰是两面的结合，即"本性"（buddha-dhātu，佛性）是现实、现象事物的终极因，所以是内在于事物的，而非彼岸的（非二元论），无论现象之人是否发现"本性"；但现象、现实之人如果仅仅局限在现象、我、我执（ego）及其自我意志的盲目冲动中，现象、现实事物也可以说成是《金刚经》中的"如梦幻泡影"、①《弥兰王问经》中的如"影子"，或苏格拉底、柏拉图的模仿真相（或理念）的"影子"。综合两个方面，佛性论恰恰是内在于现象与超越现象的统一，所以佛教创造的"buddha-dhātu"一词才有两个对立的词根：一个是词根"bhu"，即流变的相对存在（有生老病死，是有限的现象存在）；另一个词根是从 as 派生的"sat"及其派生之"dhatu"（是，绝对存在……）。

　　可见，"buddha-dhātu"一词中有这两个对立词根的统一，恰恰体现了佛法的辩证性，以至于我在正文中每次使用"佛性"一词时，不得不经常加一个括号辅助解释是"绝对存在与相对存在的统一"（不过佛教相对更注重对相对存在的超越）。所以，"buddha-dhātu"一词虽然有否定我执或曰"ego"（自我存在感）及其自我意志（will）的盲目冲动的一面，但另一面，恰恰要通过人的自我否定，让人自我努力，超越自我，向最高的德性、无烦恼的生命升华。如果在地球上实现人人皆平等地放下我执或曰"ego"及其自我意志，那么，地球就成为此岸的天堂，法之道就得以完全实现，而不仅仅是理想。正因为本体是空性的，而非规定我们、让我们成为宿命的彼岸权威，所以才可以努力创造此岸的天堂。

　　综上，中国人可以实现在义理上有至上、崇高、本体意味之"道"与古希腊罗马的本体论尤其是西塞罗式的"本性"基础上的自然法达到沟通。但是，如果要现代人回到前现代，退回到由神的本

---

　　① 《大正藏》第 8 册，第 752 页。

位代替人的权威并找到神赋予的人的意义，这对于"上帝已死"的现代大势而言肯定是不可能的。因此，只能将神本位的西塞罗之自然法内在的法治精神赋予"道"，从东方人本位的释道儒三家中寻找基因来进行现代转化，为现代人文主义寻找意义之根。换言之，西塞罗论证的高于人类的神明为人类立法的自然法，作为神本位的理想法则，只能成为美好的人类精神遗产。

所以，现代人在缔结社会契约的同时，可以"与道立约"，即可能与自我自身潜在的纯粹良知、至善本性立约，从而寻回现代性丢失的意义之根，即三家之"中道"启迪出的、与现实从未二元分离的人之本体、本觉、良知德性构成的"法之道"，作为人本位的理想法则，可以作为现代法治的崇高追求，让法治不仅有最低限度的道德底线，还有最高的德性境界之指引。

如斯，以良知德性构成的"法之道"作为法官心中的至上性基准，法官就可以通过良知在现实的具体个案中实现实质正义。法治不再是作为一个外在于人类的、二元分裂的某个"形式"、逻辑、律法在统治人类，而是人类的良知在统治人自身。

二、三个层次的现代人类理想法则是共时性存在

（一）人类理想法则的共时性存在

上文通过佛性论沟通中、西方的崇高性精神后总结出人类理想法则的定义，梳理"法之道"的定义，并认为可以用"本性法"重新翻译西塞罗的"natural law"。但为了概念界定清晰，还是遵循约定俗成的惯例，将"natural law"翻译为西方的"自然法"，而将西方古老观念中的"正确理性的自然法"（如上文西塞罗的自然法）对应于中华法哲学本体论即至善的"法之道"。

但在将中华"法之道"与西方的自然法进行比较后，笔者认为顺应现代的人本位大势，应悬置西塞罗的、神本位的自然法。关于

现代西方的自然法与中华"法之道"的关系，笔者已有另文详述，在此简要概括为：由于人类良知的潜在存有之可能，人本位的、现代人类理想法则自我提升的阶梯是存在的，从中可以区分出"功利论"、"义务论"、"本性法"（法之道）的境界，相应的，现代西方的自然法与中华的"法之道"也存在三个层次、境界。①

1. 情感与功利论自然法

这种自然法仅凭情感和计算理性的意见，类似于智者派的"自然"（physis），是"自然存在的物理世界及其人类栖息者的自然本能"。② 荀子的"性恶论"也是从感性的现象界发现的，不过其要用君王来限制人性恶。而近代功利主义哲学背景下的霍布斯的自然法，也是逻辑思维下感性之恐惧的结果，但后者崇尚普通人的自然欲望，并以之作为现代民主的基石，与荀子、韩非子之性恶论的目的有区别。

近现代功利主义自然法假如蜕化，而形成的进化人文主义的结果只能导致人类的毁灭，是完全不可取的。如果人类仅有追求幸福、和平的功利主义自然法原则，没有更高的道德追求，就会在追求幸福快乐、长生不死、化身为神中滑向相反的方向，可能导致灭顶之灾。

问题是：面对霍布斯式的狼与狼的恐惧假设，人为何选择的是和平、诚信而非进化人文主义的弱肉强食原则？由此可以推论出，功利主义需要朝向更高尚的（理性）自然法精神，才不会滑向进化人文主义。

2. 向善理性的自然法

自然欲求有时有朝向更高德性的冲动，这种冲动可能是康德义务论诞生的心理基础。向善理性的自然法是以康德、罗尔斯等为代表的。康德及罗尔斯等现代学者的理性，其主张是人的知性

① 参见费小兵：《三种自然法共时性存在背景下的算法正义观》。
② 马万东：《自然与人为的智者之辩》，《学术研究》2012 年第 8 期。

有限，与柏拉图、西塞罗相比，这不是最高的理性范畴，虽然康德在
实践理性中也主张道德。

柏拉图要在流变的感性事物中寻找确定性，确定用"一"为"单
一"的、不拥有感性的杂多的"努斯"定义，所以作为纯粹精神的"努
斯"（灵魂的理性直观）被柏拉图"定义"为"理念"，这就是理念与现
象的二元分离。亚里士多德走出分裂，试图用"形式"（逻各斯本
体）与"质料"（现象）二词将二者合一，但最后其用理性为人民大众
立法的法治，依然是以"形式"（理性神）为"质料"立法的二元论。
古罗马学者西塞罗的"正确理性的自然法"，不是亚里士多德之理
性意义上的、"一"与"多"完全二元分裂的自然法，而倾向于赫拉克
利特之理性意义上的、一元论的自然法，但依然是理性神本位的自
然法。此自然法的地位在西方是最崇高的——高于近代的功利论
与义务论自然法。

因此，亦需要从康德的"统觉""先验自我意识"或曰"局限于自
我执着的自由意志"及其有限理性之中超越，升华为"无自我执着
的自由意志"。

以上所述证明，自由意志需要找到自己的内在本质或自由的内
在意义、根据，否则只是无根的自由，即没有至善，正当就失去根基。

那么，自由能否自我完善、找到意义，从而完善社会契约论？
自由最后的目的是什么？自由的追求是盲目的吗？由此可知，重
叠共识中的终极至善或曰源于纯粹良知判断善恶而产生的"法之
道"是存在的。

3. "法之道"即中国自然法

由于中华哲学中的道（本体）之意涵是非二元、无实体的存在，
所以笔者只能发现它未遮蔽的状态、与此岸现象无二无别的本来
存在性质，才能推衍出"法之道"：源于"本体"未遮蔽之"本性"、
"本性"呈现之"本觉"存在，由此生起的智慧，应物而产生"纯粹良
知"，进而判断善恶所得出的规则，是"本体"直接呈现出的法则，即

是"法之道"。与之相关,纯粹良知是后得智意识的第一瞬间、直观反应,未用逻辑或欲望时的第一反应;良知是不虑而知,不虑即不经过逻辑思辨,因此是先验的、直观的判断力,能够知道、判断善恶;但良知需遇事而生,良知未遇事物时,仿佛是空无,故不是实体。进一步对"法之道"进行阐释,即在释道儒三家共同认可的体用不二的本体论中,在无为、无我的前提下,在直观思维模式下,未遮蔽的本体即本性,其在人心上展现出的后得智慧,遇到事物而呈露的纯粹良知,直观判断力判断出的法则,就是东方思维模式下定义的生命及人类至善法则,可以作为中华法哲学的本体论,即强名为"法之道",约定俗成曰中国自然法。它是没有被异化的、最纯正的"本体的自然",是没有被人的"有为"、"我执"、妄念污染的"自然",是"自性清净"、绝对至善,但本性空无实体而超善恶的。它涵盖现实中有限理性下的良知之"自然法",所以也认可"功利论自然法""义务论自然法"等,只是后者要受到源于本性的纯粹良知的直观检验。当"法之道"自然而非异化地体现在人心中时,呈现出至善的、"纯粹良知"的法精神。"法之道"在至善的地位上约等于西塞罗的"正确理性的自然法"。

这里还要清晰地区分一个问题:王阳明的"致良知"与"纯粹良知"的关系。知善知恶的良知来自"本性",但为善去恶的良知是逻辑思维,后者等同于第二层次"理性的自然法",有可能没有达到纯粹良知推论出的善恶法则。也可发现,"良知"其实是东、西方理想法则的共同义素,是二者可言说的重叠共识。但"致良知"与理性比较,并不是说亚里士多德理解的理性不是最崇高的,而是说二元分裂的思维并不能达致对至善的直观发现,而只有良知的直观才可能直接超越二元分裂,而达到纯粹的良知。不过,"致良知"的前提是要打破我执,如果没有打破自我意识,良知就不可能纯粹,所以还需要提升为纯粹良知。

总之,在纯粹良知推衍出的"法之道"境界,其法精神超越了"应然"与"实然"之二元分裂，实现了内容可变与本体不变的统一，宇宙起源论与本体论的辩证融通，平等与自由的平衡，体用的不二。

以上三个人类理想法则的精神境界是有层次的，不过，它们皆是人类的崇高的法精神。并且，"法之道"能够涵盖三层境界的理想法则意涵（功利论的、义务论向善理性的、良知的）；但反过来，前二种，即功利论的、义务论向善理性的自然法精神不能涵盖"法之道"的意涵、境界。与"法之道"的"无物相应时是空，有是非时是通过良知直观判断的法则"的意涵相应，"法之道"的形式原则应是"空"的。"法之道"有一个义素是在"形式"上非实体，即它不是某个东西，从而不能被任何人或事物所代表，任何人都不能说唯有自己就可以代表一"个""大道"。这才可能有宽容异己、民主和平的存在。但"道"是体用不二的，它"用"在活生生的世事中，比如由法官的良知自由应对具体的法律生活现象时，就"有"了具体的"内容"——有了具体的善恶判断。这就是"法之道"的内容；内容是可变的，随着时代、境遇、习俗的不同而有所区别。①

4. 共时性存在

功利主义的自然法、向善理性（义务论）的自然法、纯粹良知（至善）的"法之道"（即中国自然法），其实皆是人类的自然法，只不过是人类理想法则的不同德性境界而已，所以，三者之间是有内在联系的，并且，法之道如果扬弃了传统的内容，是可以接纳功利主义的自然法、理性的自然法的内容的。

不过，这三种自然法虽有各自的特色，即虽然各自在实践中有主要方向和内容，但却是"共时性存在"，②因为无论东方还是西方

---

① 参见费小兵：《三种自然法共时性存在背景下的算法正义观》。

② 参见［瑞士］荣格：《共时性：一个非因果关系的法则》，邓小松译，华龄出版社 2020 年版，第 36—37 页。《易经》、占星术也有助于荣格研究共时性，参见 C. G. Jung, "*Hiding in plain sight: Jung, astrology, and the psychology of the unconscious*", *Journal of Analytical Psychology*, Volume 63, Issue 2. 2018, pp.207-227.

的一些有识之士，皆发现了现代性的内在危机，所以皆不约而同地呼吁反思现代性，但又不约而同地认可现代化的基础地位。"共时性"一词借用的是荣格的概念，本书作了微妙修正，指的是无因果关联的平行存在、同时呈现。这三种自然法的产生有先有后，但的确都是在现代性过程中产生的，尤其是"法之道"，其所源出的"道"与西方渊源的古希腊的理性精神存有"共时性"，皆是不约而同地出现在轴心期。并且，笔者十年前撰写博士论文时，[①] 与别人一样，发现了现代西方的民主、法治及其自然法可以救治中国传统文化中腐朽的一面；但后来笔者又发现，现代性法治也存有自身的局限，需要兼容东方、中国之"道"——笔者的这一观点恰与赫拉利等倾向于后现代的学者是不约而同同时产生的，这又是一个"共时性"存在的现象。

由此，"法之道"是可以反思现代性的，其与认可现代化之基础地位的功利论之自然法或义务论（其实是理性的自然法精神），可能水乳交融地、不离不弃地以一对阴阳的形式同时存在，这也是一种共时性存在。并且，这三者产生的时间看起来不存在巧合，但它们之间还存有重叠共识——这重叠共识本身也实是一种奇妙的巧合！即三者彼此间虽然有不同义素，但也有共同义素，例如：良知就是"道"与自然法可以达成的共同义素（只不过本书中的"法之道"更强调良知直观发现的方法）。可见良知存在于人类的集体无意识之中，从而良知亦是"法之道"与自然法存在的重叠共识，这实际上展现了"法之道"与自然法虽有现象上的分歧，实质上却是"一体不二"的。

要理解这一点，必须明白"共时性"的发生源于非线性时间。通俗地说，虽然在现象界，时间是线性的，但在人当下的心灵中，某

---

① 参见费小兵：《〈老子〉法理念探微》，西南政法大学 2010 年博士论文。2013 年更名为《〈老子〉法观念探微》，由中国政法大学出版社出版。

些事物（例如三种自然法）是同时存在的，因此透露出"一体"、彼此连接的信息。

　　不过，这"法之道"与自然法又各有现实价值，因为功利主义的、感性的自然法有助于保障人们的权利，避免退回到前现代的道德强制主义、虚伪的形式主义、压迫的等级制度；理性的自然法，如罗尔斯的正义制度，有助于保障道德的存在，以及人类社会内部的基本公平、正义和秩序；而"法之道"（第三类人类理想法则）的理念有助于在社会法领域保障弱者的自由意志和权利或人类的整体权利，同时还有一种功能，即人文主义依然能找到内在崇高的、至善的、本体的意义根据，有来自人可能达到的内在超越、潜能高度作为人本主义的根据——这依然是人本位的而非神本位的，从而能够重建自由的价值追求，也就是说以灵性自由为理论基础的自由、平等及其社会正义，才能从根本上防止数据主义、进化人文主义从功利主义中蜕化而出。这样，"既非个人主义又非专制"的未来制度才是可能的，即以市场为基础，以自由、平等、民主及其相关制度建设为必要条件，同时以纯粹良知判断善恶而推衍出的"法之道"（第三类人类理想法则）作为参考标准、价值指向和充分条件，以社会法为"法之道"的主要体现领域（下文详述）。①

　　换言之，罗尔斯的正当优先所推衍出的自由优先，与良知推衍的法之道及其内在至善追求，这二者是共时性存在的，即自由优先及其相关的民主、人权和法治精神与至善、良知、生态（含预防人类被人工智能奴役的灾难）是一体两面的奇妙共存，是辩证统一的。也就是说，二者阴阳一体，阳中有阴，阴中有阳。"一阴一阳之谓道"，二者的共时性存在意味着缺一不可，正当与至善本然是一体的，缺一就意味着不完整。现象世界中，如果缺失自由优先及其相

---

① 参见费小兵：《三种自然法共时性存在背景下的算法正义观》。

关的民主、人权和法治精神，就会在千年的专制帝制、治乱循环中让人民陷入"兴，百姓苦；亡，百姓苦"，走不出轮回的悲剧，无法实现真正的长治久安；但如果缺失至善、良知、生态（含预防人类被人工智能奴役的灾难）的"法之道"精神，就可能让自由朝与至善相反的方向运动，从而导致现实中功利论常常优先于义务论成为主导，而功利论又有往进化人文主义方向行进的冲动，导致诸如为了健康长寿、幸福、不死而促进脑机结合、新人类产生的冲动，从而可能加速人类的毁灭。

综上，笔者吸纳并超越罗尔斯的正义公式，即人的纯粹良知判断善恶直接推衍出的法则皆可名为法之道（广义），但其实涵盖了法之道（狭义）、理性自然法与功利主义（感性）自然法。这三个自然法的共时性存在，才是人类普遍的重叠共识的综合展现，才可能产生平衡的、正当与善辩证统一的法则，才是不偏阴、不偏阳、不偏左、不偏右的法则，才可能促进健康状态的、生态平衡的人类社会，否则就可能让社会陷入病态。

与之相关，未来有的国度的巨大系统（政府）就可能不仅仅是赫拉利所言之"应该为国民的幸福与福利而服务"，还应该为国民的其他普遍愿望服务，如同马斯洛所言，人有五种需求，最高的需求是"自我实现"。而这样的自我实现可能包含着旁观的良知状态下对生命意义感的探索，因此，巨大系统（政府）有必要创造自由、宽松、有利于探索和创新的良好环境，才能让国民有独立思考能力，有闲暇去思考人生，践行自己选择的道路。这样的良好环境应该是邪不压正的——但却不是道德强制主义，因为道德强制主义并不能带来真正的道德，只能带来虚伪的迎合与窒息的礼教。不过，这句话存在着张力，要想邪不压正，前现代的政教合一的巨大系统就可能标榜一个"正"，这就可能导致道德强制主义。因而，"中道"或许是政教分离的巨大系统的智慧选择，既需要邪不压正的风气由社会自生自发地养成，政府无需理性建构，又需要保持宽松的环境，社会上的有识之士自然就可能脱颖而出，带动社会风气向善好的方向发展。这样才更有利于通过社会法领域保障人工智能、基因工程、代孕、生态等全球化危机不让人类走向灭顶之灾，保障人类不被新人类（基因智神或脑机结合的精英）统治、奴役。①

（二）"法之道"的现代理想图景

如果打开人们对利益和恐惧的心结，就被代替之以新的杠杠，即"法之道"所展示的、向着至善的人间净土进化的理想图景，应该成为世界前进的新动力。本书诠释的"法之道"（在应对西方语境的意义上，可以说是最高的自然法精神），可以作为现实人间的参照，为当代法治之良法提供借鉴，这不失为探寻法治精神之终极崇高感的一种路径。这种参照除了前述法的目的价值等级体系外，可概括为"法之道"的如下理想图景：向着至善努力的人间净土，人皆自由而有德性，民主而无群氓，以向善、光明（无私）、德性、自由为风向。

但是我要做一个重要说明：在现代人类的欲望非常充沛的前提下，我们不能期望"法之道"这样的理想法则及其理想图景能够实现，它只是一个遥远的理想法则。因而，在现实当中，尤其是在传统的民法、刑法领域，我们还得遵循康德、罗尔斯式的理性的自然法，以之作为法治中良法的标准，并采取其他相关配套的措施。而"法之道"在现实中主要适用于社会法领域，而在传统的民法、刑法领域，一般情况下可以隐而不用，因为像义务论等理性的自然法精神，其实都内含有人类的良知，从而实际上都蕴含着"法之道"的精神，因而只有中华"法之道"与现代法治精神的综合融通，才能够走向纯粹良知的"法之道"的理想。

---

① 参见费小兵：《三种自然法共时性存在背景下的算法正义观》。

第三节　中华"法之道"的未来新理念概述

　　如前所述,在新兴的社会法法域,应以"法之道"的公平、平等精神为价值追求,但在传统的平等主体之间的民法法域以义务论等足也,则"法之道"的具体功能在日常生活中可以隐而不用,除非在急需公序良俗时以其相关之法理原则救急。为了防止数据主义导致的人类灾难,在"法之道"与现代理性自然法之共时性存在背景下,在现实的多元救济制度中就需要有不同法域的功能划界与功能互补,而"法之道"的公平原则主要在社会法法域发挥功能。总之,重叠共识中的终极之至善,即源于纯粹良知判断善恶而产生的"法之道"(中国自然法)是存在的,以"法之道"为方向去实践,即便在民法领域以义务论等理性的自然法精神为主导,其实也内含有人类良知,指向的是"法之道"的理想图景;加上社会法法域直接以"法之道"为主要价值追求,就可逐步实现人类的潜能,实现良知状态下的人类自由与平等。

　　随着时代、空间、习俗、文化的变化,"法之道"的内容即法之"理"必然随之发展,而实现其现代新理念转型。[①]　因此,中华"法之道"之新理念的思路是:近现代法治的使命是追求自然权利对神权、君权的反抗,但除此之外,未来信息时代的法治还需直面多元现代性,人的欲望的迷茫无根、无限泛滥,或借助信息时代高科技以奴役人类、破坏地球甚或毁灭人类的问题。所以我们不能仅仅关注过去的立法精神,还要思考中华"法之道"在未来如何继续发挥精神根据和价值指引的作用。

　　所以,在防止未来高科技导致人类灾难这类社会法法域的立法中,"法之道"具有不可替代的意义与价值。"法之道"在实践中

---

　　① 这新理念特别体现在笔者的《算法正义论》(另文详述)和部分论文之中。

有文化审视价值,可以推衍出社会法领域中的保护弱者优先原则、危机状态下的倾向人类公益原则。此外,还可以让一些传统思想在现代法治背景下进行创新性转化。

首先,没有必要用"一种二元对立、非此即彼的视野和论争",认为中国传统的法律已经完全过时,或认为法庭审判必须是按照法典得出的符合演绎逻辑的判断,而否定调解的价值。① 笔者及调研团队通过调研也发现,在当下法官员额制、法官数量与案件数量严重不成比例的情况下,专职调解员的存在的确减轻了法院的负担。所以,面对重调解的文化传统,结合中西方的优点,可以说是结合了中西方的逻辑理性与中华民族超逻辑的良知、智慧的思维向度。

具体而言,就是促成懂法律的调解员来参与调解,在是非判断基本明晰的基础上进行调解,这就是使人心服口服的调解。这样就能建立调解与法官审判皆纳入正义司法体系的多元纠纷解决机制——未来甚至可能形成让部分简单案件由人工智能参与判决,复杂案件由法官审判,而当事人同意调解的案件由调解员调解的多元纠纷解决机制。笔者认为,可以借鉴《老子》的无为而治,即基层治理可随顺社会自化的规律。但老子的"任其自然"不是"任由欲望"摆布,"法自然"一方面是顶层应"治大国若烹小鲜",不能拔苗助长,而应任民自为;另一方面,当放任的欲望"化而欲作"时,道家是"吾将镇之以无名之朴",即以合乎本然、自然之"道"镇住、升华、转化异化的欲望。由此可以推论出:调解是社会自化的一部分,是矫正异化欲望、化解矛盾时可以最先使用的经济方便的方法,当其无效(或预估无效)时,则应转由司法解决。

所以,笔者及调研团队建议,作为社会自化的某市 N 区"三调合一"调解机制(访调对接、警调对接、诉调对接'三调合一'新机制)及其街镇调解中心,就不能只是政府的某一级无编制的临时机

---

① 参见黄宗智:《再论调解及中西正义体系融合之路》,《中外法学》2021 年第 1 期。

构(并面临各方面的尴尬),而应引入政府购买服务的理念,让街镇调解中心到民政部门登记成为正式的社会组织,并以此为依托,利用政府所投入的同样多的经费,择优录取,组建高素质的调解队伍,解决调解员身份地位尴尬、收入不高等问题,从而吸引更多法律专业人才(如刚毕业、无案源的法学本科毕业生等),提升调解员的法律素养。①

其次,未来算法时代需要自由、平等精神吗?梁启超论证众生之普遍本性时,曾从借鉴佛学入手来解释"性法"(本性法)及其平等精神。而在全球生态危机包括即将出现算法危机的当今及未来时代,亦需要进行古今对话,借鉴轴心期源头的启迪,返本开新,综合创新,以便走出危机。例如,超越感觉,聆听心灵的直观声音,就能以心灵自由超越生化算法的奴役。从释道儒三家之"道"可以得到启发:无我执的自由让人不再依赖算法,从而算法就不可能成为人的君主,就不可能奴役人类;心灵不受感官奴役,人的每一感受和行为都可能在直观观照下随心所欲而不逾矩。

据此,受道家、佛家启迪而重新定义的"自由"是:无执的直观智慧应对事物而自主决定、全然自在、任运自如的思想与行为,这样的自由意志呈现出旁观而完全超越人我之分隔,直接产生纯粹良知,而不受"叙事自我"及其逻辑理智和五种感官的牵引和支配。这样才能不受自动化决策的引诱乃至奴役,即无我执的自由才能最终超越算法的决策。而基于"法之道"的视域可以发现,生命不同于人工智能,人工智能的所谓意识是程序的"算法",而人可能处于"无我"(或 0 信息)状态,具有本觉及其纯粹良知,因而与必须依赖信息的、无机的人工智能区分开来,从而推衍出相关算法原则,如生命优先原则、人类与新人类平等原则等(另文详述)。

---

① 端木旭阳:《"三调合一"调解机制研究——以 C 市 N 区为例》,重庆邮电大学2022 年硕士论文。

而为了预防人类被强人工智能、脑机结合后新人类奴役的灾难，可以在社会组织及大众媒体中招标成为公益、生态等方面的监督主体，并增加社会组织为公益诉讼的主体。

再次，网络信息社会的主要特点是不确定性、复杂性、易变性、模糊性、非线性发展、跳跃式发展等。这就意味着颠覆式创新随时都会诞生，价值观、潮流、新闻故事也会频繁变化，所以立法的滞后性常常暴露出来。但又急需快速、正确地处理各种矛盾、纠纷，加上互联网是一种天然的无边界存在，跨界的案件将会越来越多，这就需要更多有高智商、智慧、灵感、正直而灵活的法官，提高司法能动性，尤其是在立法滞后的疑难复杂案件上，可让法官有更大的自由裁量权，运用合法律原则的、其实质是合于"法之道"精神的良知来处理许多于法无据的案件。

因此，信息社会的程序法第一新原则是律例结合原则，具体是：应恢复中华法系的"律例结合"的形式，给法官更大的自由裁量权，并让优秀判例成为立法的一部分，附属在法律条文之后，且被赋予法律效力。这些判例应比法律条文的法律效力低（因为法条是大家公认的理论结晶，判例却可能有争议），但至少良好的判例有了法律效力。当新的法律理论得到大众认可后，每过几年就可以更换"律例结合"中的案例。这就需要修改《立法法》，让中国法官的良好案例成为立法效力等级中的一级。①

最后，中华法哲学本体论即"法之道"精神在信息时代的运用，还将产生一系列新的法理念，例如：无偏见、无情绪的人工智能统治人类社会，弊大于利；扁平化、平台化的自媒体网络导致人的自组织能力提高，因此民主是未来的趋势。又如，在无实体观的视角下，未来应有新的主体观——既认可世俗意义上的主体性，又认可

---

① 参见费小兵：《信息时代的实体法与程序法第一原则》，寿步、黄东东、陈龙主编：《网络空间治理前沿（第一卷）》，上海交通大学出版社 2020 年版，第 111—117 页。

超世俗意义上的主体间性、无私根基上的主体性。再如，新的自由观是：既认可自然欲望基础上的自由，又认可追求至善、逍遥、解脱的自由。新的平等观是：既认可法律权利上的平等，又认可终极的本性、良知的潜能意义上的平等。再如，多元化、碎片化的后现代的思想群体可能自由地寻根而殊途同归，法的目标之一是通过立法保障思想宽容、宗教宽容，鼓励人不成为网络的奴隶，让人的德性在自由中深度升华。还如，无实体视角下，任何经典都是随条件而流变的，任何经典都不是唯一真理，所以不存在某个上帝与另一个上帝的冲突，从而可能在文化上促进全球多元文化、宗教、观念间的相互理解与沟通（诸如此类新的法理念，限于篇幅，不能展开，另文详述）。

小结："法之道"的新理念将开启未来中华法哲学的凤凰涅槃

综上所述，现代理念中的中华"法之道"就是：人皆有可能源于"本体"未遮蔽之"本性"及其产生的后得智慧，潜在有应物而旁观呈现的"纯粹良知"，其判断善恶而产生的规则，是"本性"直接呈现出的法则，即是中华"法之道"（"本性法"或曰"中国自然法"）。

这源于笔者对张晋藩所言"以巩固中央集权专制主义为最终归宿的中华法系已经随着专制时代的终结而总体上消亡了"的思考和回应。借用《鼎卦》所意味的革故鼎新，中华法系消亡了，可否在汲取人类文明成果的基础上凤凰涅槃？该如何认识古典的中华法哲学观？自信如何避免成为盲目自大？华夏民族未来又将有怎样的新的精神气质、生活品质，以及与之相关的法律环境？

承前所述，现代性的观点认为，现代人类的体验是意义和权威的来源，不需要"天"作为其来源，也就是说，现代理性规范的前提是"祛魅""去道德化""去伦理化"，形式理性的完满自足，足以保证规范的有效性。而儒家礼法恰巧是伦理法，并且是以"天"作为意义和权威的来源，是否已经不合时宜了？从现实上来说，现代人文主义主要有三大分支，包括自由主义、社会主义和进化人文主义。这三个分支的共性是即现代人类的体验是意义和权威的来源。而作为现代人文主义的中国，是不需要"天"作为意义和权威的来源的，所以不是从理论上，而是从事实上，旧儒家尤其是汉武帝以降的政治儒家似乎进入了历史的博物馆。这似乎也是主张民主的新儒家如牟宗三、李明辉等学者的心声。

如果说旧的中华法系及其以"天"为中心的儒家自然法被"消亡"了，以"现代人类的体验是意义和权威的来源"为特点的中国在精神上将走向何方？笔者受禅宗启发认为，"天道"不干预的前提是没有一个实体的"道"（本体）或"天"作为意义和权威的来源，也就没有"天子"作为"道"的代言人，因此，只有彻底的没有任何造神运动即造偶像运动之后，人的理性的自信才不会给人类自身带来新的伤害，所以不要害怕中华法系的旧传统之"消亡"，因为人类最初本来就是没有疆域、语言界限的，而最终的全面自由也将没有精神界限。

由此，在儒家、道家、佛家以及主张"天志"的墨家、主张君主至上的韩非法家等诸子百家，都随着中华法系一并"消亡"后，抛弃其糟粕，其中的优秀文化基因是可以在现代规范的前提下，作为现代法治的道德支撑、精神基因而涅槃重生的。

而禅宗的启迪是，要打破一切造神运动，打破一切偶像崇拜、信仰，这种精神恰恰是时代急需的。这样的精神或许可以作为现代法治精神的一个启迪，而不是形成新的偶像：破除不同风俗、不同神化打着"法之道"的旗帜之后，人民可以真正为自身立法——不是圣人，而就是普通人。但不是普通人变化无常的欲望和意志在为自身立法，而是说，只要信息绝对透明，每个普通人都可能站在纯粹客观的、纯粹良知的无知之幕视角，以潜在之纯粹良知去判断善恶是非。这纯粹良知判断善恶是非而形成的法则，就是现代人类自身的体验，是世俗的"法之道"——笔者曾用"中国自然法"一词表达。

换言之，现代中国的民主立法不仅应有社会契约，更应与道立约，即与人民潜在的、合道的纯粹良知立约，也就是应以中国法本体论即"法之道"或曰"本性法""中国自然法"为鉴别法律的标准或参考。

这可能就是旧的词汇消亡了，而人之纯粹良知的本性基础上的"法之道"涅槃重生了。"法之道"是人民潜在的、普遍至善的、超善恶的纯粹良知为人自身立法的法则。它既可暗合现代人类的体验是意义和权威的来源的现代人文主义，又不至于因无根性而道德堕落。并且，"法之道"即中华法哲学本体论是"道"之内涵本有的"本性"所推衍、启迪出来的，是中华民族思想内生的，而非比附西方的，但却可以用来翻译 natural law（西方的自然法），并最大程度接近 natural law 的部分义素。中华"法之道"与西方之自然法虽然存在三层境界的差异，但其中二者是共时性存在的。虽然通过《弥兰王问经》中东方直观思维与希腊逻辑思维的沟通切入，能够实现中华法哲学本体观与西方的西塞罗之自然法沟通的可能性，但是中华法哲学本体观是人本位的，在人文主义的现代能够代替神本位的西塞罗之自然法。

而面向未来，近代西方以假设为出发点的古典自然法学派的自然法曾作为立法的起点，在未来海量数据的"有知之幕"下将受到冲击，所以有必要在信息时代代之以良知直观发现而非假设的新理念。

总之，秉承道家又与时偕进的黄老道家之经典《尹文子》中有一段话，或许能在现代法治中再次与时偕进地予以阐释，从而提供"法之道"进行转化的实践思路：

> 田子读书，曰："尧时太平。"宋子曰："圣人之治，以致此乎？"彭蒙在侧，越次答曰："圣法之治以至此，非圣人之治也。"宋子曰："圣人与圣法何以异？"彭蒙曰："子之乱名甚矣。圣人

者，自己出也；圣法者，自理出也。理出于己，己非理也；己能
出理，理非己也。故圣人之治，独治者也。圣法之治，则无不
治矣。此万世之利，唯圣人能该之。"①

　　这段话的现代阐释是：尧时的太平是"圣法"之治导致的。圣
人的理虽然出于自己，但一旦产生了"理"，"理"就不再是自己私人
的"理"，而成为普遍的"理"。如果"理"仅是从自己的角度出发，就
不是真正的、普遍的"理"。所以，圣人如果按照真正的、普遍的
"理"治理，则无所不治，这就是万世之利；如果圣人仅仅按照一己
之私的偏见之"理"治理，则不过是仅适用于圣人个人的自我治理，
如果用于大众，就不再是真理，甚或是独裁之治，并不能无所不治，
也不会有万世之利。
　　尹文子的逻辑是，假如圣人从普遍的"真理"出发治理国家，就
是真正的圣人，否则就是假圣人。从真理产生、推衍出来的法，就
是圣法；假如圣人不在了，但圣法还在，依然会无所不治，依然有万
世之利。
　　因此，笔者再次强调，没有失去，就没有新的得到；没有死亡，
就没有更高境界的涅槃新生。而其实，只有转化，没有消亡，圣人
隐，则圣法显。这是法治精神的救赎，也是中华"法之道"的复活。
　　而在具体实践中，中华"法之道"的现代应用体现在拙文《国内
首例代孕所致监护权案引发的代孕合法性反思——基于中华法之
道与西方相关哲学的多维视域》(《民间法》2019 年第 1 期)中。此
外，关于"三调合一"调解机制、家庭矛盾纠纷对家庭和谐建设的影
响等方面的调研结果，也得到重庆南岸区妇联的实践检验，具有较
高的应用价值和参考价值。

---

　　① 王启湘：《尹文子校诠》卷下，古籍出版社 1957 年版，第 37 页。圣法之治并非
法家的暴力、刑赏二柄之法制，而是圣人立法后，依据圣法而治。

参 考 文 献

一、工具书
[1] 佛光大辞典编修委员会编：《佛光大辞典》，台北佛光文化事业1988年。
[2] 陈观胜、李培茱编：《中英佛教词典》，外文出版社2005年。
[3] 丁福保编：《佛学大辞典》，中国书店出版社2011年。
[4] 陈兵编著：《新编佛教辞典》，中国世界语出版社1994年。

二、佛教及其他典籍
[1] （东晋）瞿昙僧伽提婆译：《增一阿含经》，《大正藏》第2册。
[2] （东晋）佛驮跋陀罗译：《大方广佛华严经》，《大正藏》第9册。
[3] （北魏）菩提流支译：《金刚般若波罗蜜经》，《大正藏》第8册。
[4] （北魏）菩提流支译：《入楞伽经》，《大正藏》第16册。
[5] （北凉）昙无谶译：《大般涅槃经》，《大正藏》第12册。
[6] （姚秦）鸠摩罗什译：《金刚般若波罗蜜经》，《大正藏》第8册。
[7] （姚秦）鸠摩罗什译：《妙法莲华经》，《大正藏》第9册。
[8] （姚秦）鸠摩罗什译：《思益梵天所问经》，《大正藏》第15册。
[9] （姚秦）鸠摩罗什译：《维摩诘所说经》，《大正藏》第14册。
[10] 龙树菩萨造，梵志青目释，（姚秦）鸠摩罗什译：《中论》，《大正藏》第30册。
[11] （隋）笈多译：《金刚能断般若波罗蜜经》，《大正藏》第8册。
[12] （唐）义净译：《佛说能断金刚般若波罗蜜多经》，《大正藏》第8册。
[13] （唐）玄奘译：《大般若波罗蜜多经》，《大正藏》第5册。
[14] （唐）玄奘译：《般若波罗蜜多心经》，《大正藏》第8册。

[15]（唐）实叉难陀译：《大方广佛华严经》，《大正藏》第 10 册。

[16]（唐）般刺蜜帝译：《大佛顶如来密因修证了义诸菩萨万行首楞严经》，《大正藏》第 19 册。

[17]（梁）傅翕：《梁朝傅大士颂金刚经》，《大正藏》第 85 册。

[18]（隋）吉藏：《金刚般若疏》，《大正藏》第 33 册。

[19]（唐）澄观：《大方广佛华严经疏》，《大正藏》第 35 册。

[20]（唐）慧净：《金刚经注疏》，《卍新续藏》第 24 册。

[21]（唐）慧能：《金刚般若波罗蜜经解义》，《卍新续藏》第 24 册。

[22]（唐）慧能：《金刚经口诀》，《卍新续藏》第 24 册。

[23]（唐）宗密述，（宋）子璿治定：《金刚般若经疏论纂要》，《大正藏》第 33 册。

[24]（唐）宗密：《禅源诸诠集都序》，《大正藏》第 48 册。

[25]（唐）宗密：《圆觉经大疏》，《卍新续藏》第 9 册。

[26]（唐）宗密：《大方广圆觉修多罗了义经略疏》，《大正藏》第 39 册。

[27]（唐）慧能著，郭朋校释：《坛经校释》，中华书局 1997 年。

[28] 功德施菩萨造，（唐）地婆诃罗译：《金刚般若波罗蜜经破取着不坏假名论》，《大正藏》第 25 册。

[29]（唐）智顗：《金刚般若经疏》，《大正藏》第 33 册。

[30]（唐）智俨：《金刚般若波罗蜜经略疏》，《大正藏》第 33 册。

[31]（唐）窥基：《金刚般若经赞述》，《大正藏》第 33 册。

[32]（唐）知恩：《金刚般若经依天亲菩萨论赞略释秦本义记》，《大正藏》第 85 册。

[33]（宋）子璿录：《金刚经纂要刊定记》，《大正藏》第 33 册。

[34]（明）洪莲编：《金刚经注解》，《卍新续藏》第 24 册。

[35]（清）徐槐廷：《金刚经解义》，《卍新续藏》第 25 册。

[36]（清）谭嗣同原著，姚彬彬导读、注释：《仁学》，高等教育出版社 2010 年。

[37] 杨曾文校写：《敦煌新本六祖坛经》，上海古籍出版社 1993 年。

[38]《南传弥兰王问经》，巴宙译，中国社会科学出版社 1997 年。

三、中国现当代著作

[1] 刘笑敢：《老子古今：五种对勘与析评引论》，中国社会科学出版社 2006 年。

［2］陈垣：《中国佛教史籍概论》，上海书店出版社2001年。

［3］汤用彤：《汉魏两晋南北朝佛教史（增订本）》，北京大学出版社2011年。

［4］汤用彤：《隋唐佛教史稿》，北京大学出版社2010年。

［5］胡适：《禅学指归》，金城出版社2013年。

［6］汤用彤：《印度哲学史略》，北京大学出版社2010年。

［7］吕澂：《中国佛学源流略讲》，中华书局2004年。

［8］吕澂：《印度佛学源流略讲》，上海人民出版社2005年。

［9］吕澂：《佛教研究法》，广陵书社2009年。

［10］陈寅恪：《金明馆丛稿二编》，上海古籍出版社1980年。

［11］方东美：《中国大乘佛学》，中华书局2012年。

［12］杜继文：《佛教史》，江苏人民出版社2008年。

［13］杜继文、魏道儒：《中国禅宗通史》，江苏人民出版社2008年。

［14］杨曾文：《宋元禅宗史》，中国社会科学出版社2006年。

［15］潘桂明：《中国禅宗思想历程》，今日中国出版社1992年。

［16］麻天祥：《中国禅宗思想发展史》，湖南教育出版社1997年。

［17］洪修平：《中国禅学思想史纲》，南京大学出版社1994年。

［18］洪修平、陈红兵：《中国佛学之精神》，复旦大学出版社2009年。

［19］太虚：《佛学指南》，东方出版社2014年。

［20］印顺：《中国禅宗史》，中华书局2012年。

［21］印顺：《为居士说居士法》，中华书局2012年。

［22］印顺：《教制教典与教学》，中华书局2011年。

［23］印顺：《我之宗教观》，中华书局2014年。

［24］范文澜：《唐代佛教》，人民出版社1979年。

［25］葛兆光：《增订本中国禅思想史：从六世纪到十世纪》，上海古籍出版社2008年。

［26］闫孟祥：《宋代临济禅发展演变》，宗教文化出版社2006年。

［27］闫孟祥：《宋代佛教史》，人民出版社2013年。

［28］郭朋：《宋元佛教》，福建人民出版社1981年。

［29］漆侠：《宋学的发展和演变》，人民出版社2011年。

［30］陈钟凡：《两宋思想述评》，东方出版社1996年。

［31］郭东旭：《宋朝法律史论》，河北大学出版社 2001 年。

［32］黄云鹤：《唐宋下层人士研究》，河北人民出版社 2006 年。

［33］余英时：《朱熹的历史世界：宋代士大夫政治文化的研究》，生活·读书·新知三联书店 2013 年。

［34］陈兵、邓子美：《二十世纪中国佛教》，民族出版社 2000 年。

［35］陈兵：《佛教禅学与东方文明》，中国时代经济出版社 2008 年。

［36］龚隽：《禅史钩沉：以问题为中心的思想史论述》，生活·读书·新知三联书店 2006 年。

［37］龚隽、陈继东：《中国禅学研究入门》，复旦大学出版社 2009 年。

［38］龚隽：《觉悟与迷情：论中国佛教思想》，上海古籍出版社 2012 年。

［39］江味农：《金刚经讲义》，国际文化出版公司 2013 年。

［40］傅伟勋：《从西方哲学到禅佛教》，生活·读书·新知三联书店 1996 年。

［41］严耀中：《佛教戒律与中国社会》，上海古籍出版社 2007 年。

［42］杨庆堃：《中国社会中的宗教：宗教的现代社会功能与其历史因素之研究》，范丽珠译，上海人民出版社 2007 年。

［43］刘淑芬：《中古的佛教与社会》，上海古籍出版社 2008 年。

［44］饶宗颐：《中国史学上之正统论》，上海远东出版社 1996 年。

［45］皮锡瑞著，周予同注释：《经学历史》，中华书局 2011 年。

［46］周予同：《中国经学史讲义》，上海文艺出版社 1999 年。

［47］周予同原著，朱维铮编校：《经学和经学史》，上海人民出版社 2012 年。

［48］朱维铮：《中国经学史十讲》，复旦大学出版社 2002 年。

［49］姜广辉：《中国经学思想史》（第一、二、三、四卷），中国社会科学出版社 2003—2010 年。

［50］赖若翰：《十步释经法》，新世界出版社 2012 年。

［51］任继愈：《魏晋南北朝佛教经学》，国家图书馆出版社 2013 年。

［52］童玮：《二十二种大藏经通检》，中华书局 1997 年。

［53］程树德著，程俊英、蒋见元点校：《论语集释》，中华书局 1990 年。

［54］钱穆：《论语新解》，生活·读书·新知三联书店 2012 年。

［55］吴汝钧：《佛教的概念与方法》，台湾商务印书馆 1988 年。

［56］吴汝钧：《中国佛学的现代诠释》，台北文津出版社 1995 年。

[57] 吴汝钧：《印度佛学的现代诠释》，台北文津出版社 1994 年。

[58] 吴汝钧：《游戏三昧：禅的实践与终极关怀》，台湾学生书局 1993 年。

[59] 吴汝钧：《佛学研究方法论》，台湾学生书局 2006 年。

[60] 张曼涛主编：《现代佛教学术丛刊(84)·欧美佛教之发展》，台北大乘文化出版社 1978 年。

[61] 张曼涛主编：《现代佛教学术丛刊(4)·禅宗史实考辨》，台北大乘文化出版社 1979 年。

[62] 张曼涛主编：《现代佛教学术丛刊(40)·佛教目录学述要》，台北大乘文化出版社 1978 年。

[63] 张曼涛主编：《现代佛教学术丛刊(53—54)·佛教根本问题研究(一、二)》，台北大乘文化出版社 1978 年。

[64] 张曼涛主编：《现代佛教学术丛刊(82)·日韩佛教研究》，台北大乘文化出版社 1978 年。

[65] 江灿腾：《现代中国佛教思想论集》，台北新文丰出版公司 1990 年。

[66] 江灿腾：《中国近代佛教思想的诤辩与发展》，台北南天书局 1998 年。

[67] 江灿腾：《人间净土的追寻——中国近世佛教思想研究》，台北稻乡出版社 1989 年。

[68] 杨惠南：《禅史与禅思》，台北东大图书股份有限公司 2008 年。

[69] 杨惠南：《当代佛教思想展望》，台北东大图书股份有限公司 1991 年。

[70] 杨惠南：《佛教思想发展史论》，台北东大图书股份有限公司 1993 年。

[71] 蒋义斌：《宋代儒释调和论及排佛论之演进》，台湾商务印书馆 1988 年。

[72] 傅伟勋：《佛教思想的现代探索：哲学与宗教五集》，台北东大图书股份有限公司 1995 年。

[73] 傅伟勋：《从创造的诠释学到大乘佛学：哲学与宗教四集》，台北东大图书股份有限公司 1990 年。

[74] 刘子健：《两宋史研究汇编》，台北联经出版事业公司 1987 年。

[75] 黄敏枝：《宋代佛教社会经济史论集》，台湾学生书局 1989 年。

[76] 王文颜：《佛典汉译之研究》，台北天华出版事业股份有限公司 1984 年。

[77] 陈荣捷：《现代中国的宗教趋势》，廖世德译，台北文殊出版社 1987 年。

[78] 蒋海怒：《晚清政治与佛学》，上海古籍出版社 2012 年。

[79] 崔林林主编,张守东执行主编:《道法古今:自然法与中西法律传统》,
　　　法律出版社 2021 年。

[80] 魏敦友:《当代中国法哲学的使命》,法律出版社 2010 年。

四、国外著作

[1][日]道元著,何燕生译注:《正法眼藏》,宗教文化出版社 2003 年。

[2][日]忽滑谷快天:《禅学思想史》,宋立道译,中国社会科学出版社
　　　2018 年。

[3][日]铃木大拙:《禅の研究》东京丙午出版社 1934 年。

[4][日]柳田圣山:《胡适禅学案》,台北正中书局 1975 年。

[5][日]柳田圣山:《初期禅宗史书之研究》,京都法藏馆 1967 年。

[6][日]柳田圣山:《中国禅思想史》,吴汝钧译,台湾商务印书馆 2004 年。

[7][日]村上专精:《日本佛教史纲》,杨曾文译,商务印书馆 2022 年。

[8][日]镰田茂雄:《简明中国佛教史》,郑彭年译,上海译文出版社
　　　1984 年。

[9][日]高雄义坚:《宋代佛教史研究》,陈季菁译,台北华宇出版社
　　　1986 年。

[10][日]牧田谛亮:《中国近代佛教史研究》,索文林译,台北华宇出版社
　　　1985 年。

[11][日]田中良昭、冈部和雄:《中国佛教研究入门》,辛如意译,台北法鼓
　　　文化事业股份有限公司 2013 年。

[12][日]平川彰:《印度佛教史》,庄崑木译,台北商周出版社 2002 年。

[13][日]山口益:《般若思想史》,肖平、杨金萍译,上海古籍出版社
　　　2010 年。

[14][日]荒木见悟:《明末清初的思想与佛教》,廖肇亨译,上海古籍出版社
　　　2010 年。

[15][日]荒木见悟:《佛教与儒教》,杜勤、舒志田等译,中州古籍出版社
　　　2001 年。

[16][日]阿部肇一:《中国禅宗史》,关世谦译,台北东大股份有限公司
　　　1986 年。

[17] [日] 水野弘元、中村元：《印度的佛教》，许洋主译，台北法尔出版社
     1998年。

[18] [日] 水野弘元：《佛教文献研究》，台北法鼓文化事业股份有限公司
     2003年。

[19] [日] 木村清孝：《中国华严思想史》，李惠英译，台北东大图书股份有限
     公司1996年。

[20] [日] 平井富雄：《禅与精神医学》，许洋主译，台北东大图书股份有限公
     司2003年。

[21] [日] 铃木大拙：《禅与生活》，刘大悲译，上海三联书店2013年。

[22] [日] 渡边照宏：《佛教经典常谈》，钟文秀、释慈一译，陈一标校订，台北
     东大图书股份有限公司2008年。

[23] [日] 关田一喜：《坐禅的理论与实践》，曾桂美译，台北华宇出版社
     1988年。

[24] [日] 藤堂恭俊、坎入良道：《中国佛教史》，余万居译，台北华宇出版社
     1986年。

[25] [日] 土屋太祐：《北宋禅宗思想史及其渊源》，巴蜀书社2008年。

[26] [美] Holmes Welch：《近代中国的佛教制度》，包可华、阿含译，台北华
     宇出版社1989年。

[27] [美] 斯坦利·威斯坦因：《唐代佛教》，张煜译，上海古籍出版社
     2010年。

[28] [美] 刘子健：《中国转向内在：两宋之际的文化转向》，赵冬梅译，江苏
     人民出版社2012年。

[29] [美] 唐纳德·罗佩兹编：《佛教解释学》，罗广荣、常蕾、李建欣译，上海
     古籍出版社2009年。

[30] [美] 彼得·N.格里高瑞编：《顿与渐——中国思想中通往觉悟的不同
     法门》，冯焕珍、龚隽等译，上海古籍出版社2010年。

[31] [美] 克莱恩等：《基督教释经学》，尹妙珍等译，上海人民出版社
     2011年。

[32] [美] 威廉·詹姆斯：《宗教经验之种种》，蔡怡佳、刘宏信译，广西师范
     大学出版社2008年。

［33］［美］埃·弗洛姆：《精神分析与宗教》，孙向晨译，上海人民出版社2006年。

［34］［美］太史文：《幽灵的节日：中国中世纪的信仰与生活》，侯旭东译，浙江人民出版社1999年。

［35］［英］缪勒：《宗教学导论》，陈观胜、李培茱译，上海人民出版社2010年。

［36］［英］缪勒：《宗教的起源与发展》，金泽译，陈观胜校，上海人民出版社2010年。

［37］［英］渥德尔：《印度佛教史》，王世安译，商务印书馆2000年。

［38］［法］伯兰特·佛尔：《正统性的意欲》，蒋海怒译，上海古籍出版社2010年。

［39］［法］福柯：《知识考古学》，谢强、马月译，生活·读书·新知三联书店2007年。

［40］［法］列维等：《西洋汉学家佛学论集》，冯承钧等译，台北华宇出版社1986年。

［41］［法］谢和耐：《中国5—10世纪的寺院经济》，耿昇译，上海古籍出版社2004年。

［42］［德］韦伯：《印度的宗教——印度教与佛教》，康乐、简惠美译，广西师范大学出版社2005年。

［43］［古罗马］西塞罗：《论法律》，王焕生译，上海人民出版社2006年。

［44］［古希腊］柏拉图：《理想国》，郭斌和、张竹明译，商务印书馆2002年。

［45］［古希腊］柏拉图：《柏拉图全集》，王晓朝译，人民出版社2003年。

［46］［古希腊］亚里士多德：《政治学》，颜一、秦典华译，中国人民大学出版社2003年。

［47］［古希腊］亚里士多德：《亚里士多德全集（第九卷）》，苗力田主编，中国人民大学出版社1994年。

［48］［古希腊］第欧根尼·拉尔修：《名哲言行录》，马永翔等译，吉林人民出版社2003年。

［49］［古希腊］赫拉克利特：《赫拉克利特著作残篇》，［加］罗宾森英译，楚荷中译，广西师范大学出版社2007年。

[50] [美] 罗尔斯：《正义论》，何怀宏译，中国社会科学出版社 1998 年。

[51] [美] 约翰·菲尼斯：《自然法与自然权利》，董娇娇等译，中国政法大学出版社 2005 年。

[52] [德] 瓦格纳：《王弼〈老子注〉研究》，杨立华译，江苏人民出版社 2008 年。

五、主要论文

[1] 程燎原：《"性法"、"天法"、"自然法"：清末的译论略述》，李贵连主编：《近代法研究（第一辑）》，北京大学出版社 2007 年。

[2] 李季璇：《早期作品并非不重要洛克〈自然法论文集〉译后》，《科学文化评论》2011 年第 1 期。

[3] 费小兵：《异本合刊之〈老子〉：楚简本＋马王堆帛书本——兼论建立〈老子〉批判性版本》，《荆楚学刊》2016 年第 2 期。

[4] 林晓辉：《佛教哲学中的"是"》，《五台山研究》2007 年第 1 期。

[5] 杨维中：《大乘"三系判教"与如来藏系经典的地位新论》，《华东师范大学学报（哲学社会科学版）》2016 年第 2 期。

[6] 胡骏：《古希腊世界与早期中国的法律文化交流——以丝绸之路上的中亚希腊化王国为中心的考察》，未刊稿，2017 年 9 月 9—10 日。

[7] 白建钢等：《中西文化交流史迹考古新材料证实，丝绸之路的开辟可追溯到春秋以前》，《光明日报》1987 年 2 月 8 日。

[8] 许潇：《巴克特里亚与希腊化的佛教——以〈那先比丘经〉为中心》，《中南大学学报（社会科学版）》2014 年第 6 期。

[9] 蒲长春：《论佛教与希腊文化的相遇》，《重庆师范大学学报（哲学社会科学版）》2007 年第 5 期。

[10] 汪太贤：《从神谕到自然的启示：古希腊自然法的源起与生成》，《现代法学》2014 年第 6 期。

[11] 谢佳辉：《第欧根尼与亚历山大》，《吉林华桥外国语学院学报》2009 年第 2 期。

[12] 费小兵：《中国自然法基准下的"古代目的价值等级"——〈老子〉"上德不德"章的启示》，《华中科技大学学报（社会科学版）》2014 年第 1 期。

[13] 费小兵：《中国自然法基准下的"现代目的价值等级体系"——用符号学重释〈老子〉第 38 章》，《西南大学学报（社会科学版）》2014 年第 3 期。

[14] 费小兵：《龙华民与莱布尼兹对"道"的误读——以中国自然法的直观思维为视域》，《哲学评论》2015 年第 1 期。

[15] 欧阳康：《社会信息科学的学科定位与研究思路》，《华中科技大学学报》2007 年第 1 期。

[16] 杨彪：《代孕协议的可执行性问题：市场、道德与法律》，《政法论坛》2015 年第 4 期。

[17] 王贵松：《中国代孕规制的模式选择》，《法制与社会发展》2009 年第 4 期。

[18] 杨遂全、钟凯：《从特殊群体生育权看代孕部分合法化》，《社会科学研究》2012 年第 3 期。

[19] 任巍、王倩：《我国代孕的合法化及其边界研究》，《河北法学》2014 年第 2 期。

[20] 王彬：《法律论证的伦理学立场——以代孕纠纷案为中心》，《法商研究》2016 年第 1 期。

[21] 张燕玲：《论人工生殖子女父母身份之认定》，《法学论坛》2005 年第 5 期。

[22] 刘余香：《论代孕的合理使用与法律调控》，《时代法学》2011 年第 3 期。

[23] 侯卫青：《代孕子女监护权纠纷中的利益衡量及法律路径选择——以全国首例代孕子女监护权纠纷案为例》，《青少年犯罪问题》2017 年第 1 期。

[24] 费小兵：《〈弥兰陀王问经〉之精彩对话片段——佛学思维与希腊思维的碰撞》，学愚主编：《汉传佛教义理研究》，宗教文化出版社 2017 年。

[25] 欧阳康：《复杂性与人文社会科学创新》，《哲学研究》2003 年第 7 期。

[26] 韩毅：《宋代僧人与儒学研究》，河北大学 2004 年博士论文。

[27] 王路：《"是"之研究述评》，《哲学动态》1999 年第 6 期。

[28] ［日］半田晴久：《日本入宋僧研究——以日本汉文史料为中心》，浙江大学 2009 年博士论文。

六、学术网络资源数据库

〔1〕中国知网 http://epub.cnki.net/kns/brief/default_result.aspx

〔2〕中国国家图书馆 http://www.nlc.gov.cn

〔3〕中华电子佛典协会 http://www.cbeta.org/index_list.htm

〔4〕国立台湾图书馆 http://www.ntl.edu.tw/mp.asp? mp=1

〔5〕台湾 ndltd（博硕论文系统）http://etds.ncl.edu.tw//cgi-bin/gs32/
gsweb.cgi/ccd=15SpUA/webmge?Geticket=1

〔6〕台湾大学图书馆 http://www.lib.ntu.edu.tw

〔7〕台湾人名规范资料库 http://authority.ddbc.edu.tw/person

〔8〕佛学数位图书馆暨博物馆 http://buddhism.lib.ntu.edu.tw/DLMBS/
index.jsp

〔9〕香光尼众佛学院图书馆 http://www.gaya.org.tw/library

〔10〕CiNii 日本学术期刊数据库 http://ci.nii.ac.jp

〔11〕INBUDS 日本印度学佛教学论文数据库 http://www.inbuds.net

〔12〕KISS 韩国学术期刊数据库 http://kiss.kstudy.com

〔13〕RISS 韩国高等教育与研究信息服务数据库 http://www.riss.kr/index.do

〔14〕美国国家图书馆 http://www.nlm.nih.gov

后 记

非常感恩我的博士后导师陈兵教授,是陈老师引领我进入了佛学的神圣而博大精深的殿堂,我才能在对佛学理论的正确认识基础上,有底气写作本书儒道佛三教"法之道"的比较等章节。我与老师、师母缘分深厚,老师尊名"陈兵",我名曰"小兵";我是1974年农历四月十四日出生,而据说老师与佛学的最初结缘在1974年农历四月初八。记得在几年前在西安时,我问导师要字画,陈老师看了看我,挑选了一副他写的字送给我,内容是《金刚经》中的最后一首偈颂:

> 一切有为法,如梦幻泡影,
> 如露亦如电,应作如是观。

他还送给我他亲自制作的古月琴,在古月琴上有他的题诗:

> 言思不到处,太极未分前。
> 天籁无声曲,问君可会弹。

感谢四川大学道教与宗教文化研究所的盖建民、段玉明、张泽洪等教授,还要感谢四川大学文学院的张勇教授,西南民族大学的索南才让教授。另外还要感谢道教与宗教文化研究所的杨雯老师和过去负责博士后事务的邓曦老师，是她（他）们无怨无悔地为我服务，让我在千里之外能够顺利地处理好复杂的答辩程序，还帮我打印博士后出站报告送给评审专家。

感谢给予我写作与发表经费支持的四川大学博士后基金、重庆市社会科学规划一般项目（2018YBFX022）、重庆市人文社会科学基地项目（2018SKJD04）、重庆邮电大学人才引进基金项目（K2017-04）、重庆市教委人文社科一般课题（21SKGH074）以及重庆邮电大学出版基金、重庆邮电大学网络空间安全与信息法学院，让我有较为充足的研究、出版经费。

感谢重庆邮电大学的所有领导、同事、学生，尤其是我们学院的领导、同事和社科处的领导、同事为我提供了工作之余的时间便利，以及诚恳而周到的服务。

感谢上海古籍出版社编辑为此书辛勤的付出，与对我的支持、帮助。

感谢我从本科到博士毕业一直就读的母校西南政法大学的所有老师、同学对我一如既往的关爱与照顾，感谢我从小学到高中的所有老师和同学，感谢所有有缘的亲朋好友。

最后，感谢柯岚老师在百忙之中给拙作写序。感谢我的家人、父母，我的爱人陈进对我在学习、工作、生活上的支持与付出。在世事变幻中修行、写作不易，感谢有你们伴我前行。

愿以此小书，祝福世界和平，国泰民安，内涵德性终极追求（但现实以人性为本）的法治与民主常驻人间，所有人民德福一致、康乐自由。

费小兵

2023 年 10 月

图书在版编目(CIP)数据

中华"法之道"：比较、融通与转化 / 费小兵著
. —上海：上海古籍出版社，2023.11
ISBN 978-7-5732-0917-7

Ⅰ.①中…　Ⅱ.①费…　Ⅲ.①哲学－研究－中国
Ⅳ.①B2

中国国家版本馆 CIP 数据核字(2023)第 218912 号

中华"法之道"：比较、融通与转化

费小兵　著

出版发行　上海古籍出版社出版发行
地　　址　上海市闵行区号景路 159 弄 1－5 号 A 座 5F
邮政编码　201101
网　　址　www.guji.com.cn
E-mail：guji1@guji.com.cn
印　　刷　上海惠敦科技印务有限公司印刷
开　　本　890×1240　1/32
印　　张　9.75
插　　页　2
字　　数　245,000
版　　次　2023 年 11 月第 1 版　2023 年 11 月第 1 次印刷
印　　数　1—1,050
书　　号　ISBN 978-7-5732-0917-7 / B·1355
定　　价　58.00 元

如有质量问题,请与承印公司联系